軍国少年・少女の誕生とメディア

子ども達の日満親善交流

是澤博昭著

世織書房

軍国少年・少女の誕生とメディア——子ども達の日満親善交流

目＊＊次

第2章　満州国建国と少年・少女、女性の役割■満州国少女使節と協和会女性使節……43

第3章　小学生による日満親善の試み■満州国承認と日本学童使節……87

【凡例】

1、一九三〇年代の新聞等では「滿洲」という表記が一般だが、すべて「満州」に統一した。

2、大新聞四紙は、『大阪朝日新聞』は『大朝』、『東京朝日新聞』は『東朝』、『大阪毎日新聞』は『大毎』、『東京日日新聞』は『東日』と略記する。なお引用にあたり「『大朝』（一九三一年六月二六日朝五面）」のように、原則として発行年月日、朝・夕刊の別、掲載面の順に記す。但し、第2章から第4章までは、一九三二（昭和七）年の発行年は略し、月日と朝・夕の別、掲載面の順に記す。

3、引用文の一部は現代仮名遣い、常用漢字に改めたところがある。また適宜、読点、句点、ルビを付した。

4、特に断りないかぎり、引用文中の括弧内及び傍線は引用者の補足、強調である。又、文中の空きは原文のとおりである。

軍国少年・少女の誕生とメディア

序章――近代的子ども観とメディア

本書の目的――近代的子ども観〈汚れなき子どもというイメージ〉

時代や地域社会のなかでさまざまに存在していた大人と子どもの境界は、近代的な制度の成立にともない、年齢という一つの尺度でまとめられる。そして子ども時代は働く時代ではなく、社会や家庭で守られ、自立した社会の一員となるために学校で教育をうける時期だ、という考え方が日本に紹介され、大人へと成長する未熟で、弱く、守られるべき子ども期が出現する。つまり子ども期は、一種の近代的な「制度」、歴史の一時期につくりだされた社会的観念である(1)。

かつて、子どもは「家」の子どもとして生まれ、幼児期をすぎるあたりからある程度将来が決まった小さな大人として育てられた。しかし明治に入り近代国家の建設をめざし、さまざまな制度が整備されるなかで、新しい子ども期の必要性が高まる。子どもは「家」の子どもではなく、天皇の臣民（天皇、皇・公族以外の者）として近代的な国家体制を支える一員となるために、学校で教育される存在となる。明治政府は、欧米的な教育制度を取り入れ、明治五

（一八七二）年学制を公布するが、近代日本の「子ども」は、まず国民教育の対象として制度的に生みだされたといえるだろう。そして明治二三（一八九〇）年に教育勅語が発布され、教育の基本として忠君愛国の精神と家庭道徳が強調される。

しかし上から強制的に押しつけられた「子ども」観が民間に浸透するには、もう少し時間が必要であった。二〇世紀に入り学校制度を支持する中・上流層の教育要求が高まり「教育玩具」ブームがおこる時期と連動して、近代教育を受ける対象として幼児を含む子ども全体が明確に意識される(2)。さらに明治末から大正期にかけて、家族の要として子どもが位置づけられ(3)、新中間層を中心に教育熱心な教育家族が誕生する(4)。そして児童の権利思想が広まり、内務省に社会課が置かれ、社会事業として「保護に欠けた児童」への救済策が本格化する。ここに社会で保護され学校で教育される「子ども」が表れる。それとほぼ同時に近代化へのアンチテーゼを含めた文学上の主題として小川未明をはじめとする「大人の文学者の詩、夢、退行的空想として」子どもを純粋で無垢な存在とみるロマン主義的な子ども観が見出され(5)、過剰なまでに子どもが賛美されるのである。このような子どものイメージは大正七（一九一八）年創刊の児童雑誌『赤い鳥』を中心とする児童文学運動で確立されたことは周知のとおりだが、それにともない子ども（童心）を理解する人や子ども好きな人は善人であるというイメージも形成される。

大衆化社会の出現とともに、このようなイメージだけが一人歩きを始め、昭和初期には平和・友好という対外的なイメージ戦略として、子どもは国際関係のなかで積極的に活用され始める。詳しくは本論でふれるが一九二〇年代から三〇年代にかけて純粋・無垢な子どもというイメージは大衆化し、昭和六（一九三一）年の満州事変を契機に、マスメディアをはじめ軍部・政府・植民地支配層によって、日本のアジア侵略を正当化する世論の形成や対外宣伝・国際交流に意図的に活用されるのである。つまり子どもは、一九三〇年代前半になると大日本帝国の新たな植民地政策の展開のなかで利用される。本書の課題は、それまでの道筋を「近代的子ども観」の浸透をキーワードにして、描きだすことである。

「近代的子ども観」とは、保護され教育される純粋・無垢な汚れなき存在という社会が抱く子どもへのイメージをさす。この汚れなき子どもというイメージの大衆化とその利用をとおして、黄色人種であり、アジア人でありながら、欧米列強の一員であろうとした、日本人の屈折した心性が近代日本に与えた影響を明らかにしたい。

前著『青い目の人形と近代日本――渋沢栄一とL・ギューリックの夢の行方』では、子どもを主役とする国際文化交流の先駆的な事例として昭和二（一九二七）年の日米人形交流を位置づけ、いわゆる排日移民法の成立から日米人形交流までに見られる日本人のアメリカへの両極端な反応の変化、朝鮮や大連の在留邦人、在米日本人移民の対応等に注目した。そしてそれらの検証と分析をとおして、近代化の過程で形成された当時の日本人の多くが共有する一等国のコンプレックスともいえる複雑な意識を浮き彫りにした(6)。それをふまえて本書では、近代的子ども観が昭和初期の日本人の心性に与えた影響を明らかにすることを目的としている。

子どもによる日満親善

一九二〇年代の文化の特色は、大衆文化の発展とされるが、この頃をさかいに新聞・雑誌・映画などが人々の日常的な消費財となる。大都市を中心に発信される文化情報は、全国的なコミュニケーション・チャンネルをつくり始め(7)、「情報の加速度的な増殖と流通」がみられる(8)。さらに雛祭り、新入学、七五三、クリスマスなどの消費イベントや子ども用品の流行操作が本格化し(9)、大正中期以降には、新聞社が「婦人子供博」、「こども博」などを主催するとともに(10)、健康優良児表彰や文化事業など、他のメディア・イベントでも、子どもが社会的に注目される(11)。

これらの子どもをめぐる諸現象は、一九二〇年代後半から一九三〇年代初頭にかけて、大人から保護される子どもという存在が大衆化し始めたことを物語っている。なかでも国民的規模で注目を集め、新聞雑誌に大々的に報道されたのが、昭和二（一九二七）年のシドニー・ギューリックと渋沢栄一を中心とした、日本とアメリカの子ども達による世界の平和と友好・親善を目的とした日米人形交流であった。

その後、子どもは、平和の使者や感動・美談の主人公としてマスメディアで積極的に取り上げられ始める。特に際立っていたのが、中国の東北地方、いわゆる満州であった。それは関東軍（満州に駐屯した旧日本陸軍部隊）将兵への小学生を中心とする慰問企画に始まり、満州国の既成事実化を促進させるために派遣された満州国少女使節、その答礼である日本学童使節、建国一周年の祝賀の満州国人形使節等、子どもや少女をとおした日満親善交流である。

十五年戦争の源泉

満州事変を契機に新聞論調に著しい変化が起り、中国での日本の行動について事実を歪曲した国民的規模の錯覚がつくりあげられ、日本国内の排外熱が高まる。そこに東西の朝日・毎日の大新聞が大きな役割を果したことは、すでに指摘されている(12)。マスメディアは、「中国への軍事侵略という陸軍の政策に対して民衆の支持を動員」(13)し、大日本帝国の非公式プロパガンダの役割を果たしたのである。さらに陸軍が展開した国防思想普及講演会を中心に地域や教育現場、デパート、新聞社の主催する映画会・講演会・展示会などさまざまなイベントが開催された。だが政府や軍部、および満州国側からの広報活動とそれに迎合した新聞をはじめとするマスメディアなどにより、これらの幻想が一方的に大衆に刷り込まれた、という構図だけで説明するのは無理がある。

国内の排外熱は社会主義運動が高まるなかで形成された。大正一四（一九二五）年の普通選挙法成立後、労働組合・農業組合を基盤とする社会主義勢力は、合法的な無産政党を組織し、議会を通じて社会改造をめざすようになる。中国統一をめざし北上する蒋介石ひきいる国民革命軍に対して、満州における日本の権益を守るために山東出兵を実施した田中義一内閣に、いち早く反対の声をあげたのも無産政党である。政府や軍、資本家や地主などの支配層は、社会主義運動を実態以上に恐れ、昭和三（一九二八）年選挙直後に多くの共産党関係者を検挙し、日本労働組合評議会などの関係団体を解散させた（三・一五事件）。そして治安維持法を改正し、道府県の警察にも特別高等課（特高）

を設置するなど、政府は思想・言論の取り締まりを強化する。さらに支配層が社会主義勢力を恐れたのは、昭和四(一九二九)年一〇月に始まる世界恐慌の影響をうけた、いわゆる昭和恐慌であった。企業の倒産が相次ぎ、賃下げや人員整理が行われ、東北地方を中心に農家が困窮し、労働争議や小作争議が頻発すると同時に政党政治や資本家を攻撃する声が高まる。しかし、満州事変をきっかけに、大衆の不満の矛先は、日本政府ではなく中国に向けられ、何かに憑りつかれたように軍の行動を熱狂的に支持する世論が排外熱となって噴出する。やがてその対象は中国に加勢する欧米列強や国際連盟にまで拡大し、軍部の台頭を許し、政党内閣の崩壊を招き、国際連盟から脱退することは周知のとおりである。

江口圭一は、戦争批判やそれに否定的な国民意識の形成が抑えられた理由として、表現の自由を抑圧する法律と公教育とともに「新聞による排外熱と戦争熱の鼓吹の問題」を指摘する(14)。L・ヤングは、マスメディアが満州事変を積極的に報道することで日清・日露戦争とは異なる次元の、まるで国民に自己犠牲を競わせるかのような愛国心を喚起し、労働者や女性などの社会的弱者が、自ら積極的に戦争を支援する運動に参加する過程を描きだしている。その背景には一九一〇年~二〇年代の日本の社会的・文化的な進歩があり、彼らを動かしたものは政治的発言力や社会的認知の向上にあったとする(15)。だが満州事変から始まる中国への軍事侵略をなぜ国民的規模で正当化したのか、という疑問が残る。その理由の一端を明らかにするためにも、大正一三(一九二四)年の排日移民法の成立から日米人形交流までの三年間に、反米と親米の間を極端に揺れる国民が一体となったような、ヒステリックな反応をみせる日本人の心性を考察することも必要であろう。

満州事変は関東軍の謀略であったという事実は知らされず、国民が新聞報道によって扇動されたという面は確かにある。それでも日本の満州侵略を支持したのは大衆であった。だからこそ熱狂的な満蒙ブームを新聞・雑誌等が自社の利益のために利用したのである。さらに国内の排外熱は近代化の過程で形成された日本人の多くが共有する一等国のコンプレックスと融合し、相乗効果を生みだし、国民的レベルで加速度的に幻想が増殖された。それは排日移民法成立時にみせた熱狂と同根のものだが、ただ一つ排日移民法当時と異なるのは労働者や女性はおろか、子どもまでもまきこんだまさに国民的規模の熱狂であったということだ。

そこで本書は、満州国の建国・承認期の、国内の排外熱が一時沈静化した昭和七年（一九三二）という時期に注目する。五・一五事件をはじめテロが横行する反面、その間に、アジアの平和と友好という美名のもとに社会的な弱者である子ども（幼児や少女・少年）や若い未婚の女性などのイメージが動員され、官民それぞれの立場で日満両国の融和がはかられた。それは排外熱と一体化した融和策という表裏一体の動向だが、後者、特に社会的弱者というイメージを利用した融和戦略という裏面については、これまで研究の対象として取り上げられることはなかった。

本書の目的は、政治・外交上には無力な企てとして無視されがちな、これら一連の子どもによる日満親善交流の事例を掘り起こすことで、いわゆる十五年戦争に大日本帝国が国を挙げて突入した源泉の一端を国民意識という視点から考察することである。

第1章、第2章では、子どもや少女を主役にした一連の日満親善交流は、昭和二（一九二七）年の渋沢栄一を中心とする日米人形交流をモデルにしたものであることを明らかにする。

悪化した日米関係を国民的レベルで緩和するために、明日を担う子ども（少女）を主役に次世代の平和・友好をめざしたのが日米人形交流であった。一連の日満親善交流は、その形だけを利用して純粋・無垢な子どもに平和・友好のイメージを被せる。それにより新聞社や植民地支配層が血なまぐさい軍事侵攻の事実を緩和させるために、子ども（少女）ばかりか若い女性などを意図的に利用するという方法を生みだしたことを明らかにしたい。

日露戦争後の日本では、「民間レベルで外国との友好関係や国際平和の維持を目的とした国際的な親睦団体」が多数誕生する(16)が、国際交流や対外宣伝の主人公として、本格的に女性・子どもが登場を始めるのは、昭和初期に入ってからだ。例えば、日米人形交流から三年後の昭和五（一九三〇）年には、関東大震災当時のアメリカからの援助に対する謝意表明のために、五名の日本女性が「遣米答礼使」（時事新報社主催）として派遣される(17)。また国際協調と理想主義的国際理解を掲げる少年赤十字の活動も、満州事変以降は「国際理解」の名のもとに、日本の紹介や対外宣伝活動に変化する(18)。

第1章では、満州事変に関する大阪朝日新聞社の報道に注目することで、いたいけな子どもや少女までが満州に駐屯する日本将兵を激励するという構図を利用した、同社の編集方針をはじめ陸軍省新聞班が収集・紹介する美談を参考にしながら純粋無垢な子どもというイメージを活用して、マスコミが国内の満州事変ブームを煽るまでの過程を描きだす。

第2章では、満州国建国からリットン報告書発表までの期間に、満州国政府によって企画実行された「満州国少女使節」と同国協和会から派遣された二名の女性使節の動向を概観する。これによって軍部・政府、植民地支配層やマスコミなどにより、少女や若い未婚の女性が、満州国建国と承認の気運を盛り上げるプロパガンダに活用されるまでの過程を考察したい。

昭和六（一九三一）年九月の満州事変から高まる日本国内の排外熱は、一〇月二四日の国際連盟理事会前後に本格化し、中国から国際連盟や欧米列強にまで、その対象は拡大する。つまり「満州事変は、南満州鉄道株式会社（以下、「満鉄」と記す）の線路を中国側が破壊したことによる正当防衛なのに、国際連盟理事会は、被害者である日本に満州撤兵を勧告するなど、不当な扱いをしている」という、事実と異なる認識が日本国内を支配する。そして国際的な孤立化への国民の危機感が強まり、満州事変への共感と支持が熱狂的に拡大する。しかし昭和七（一九三二）年三月満州国建国宣言をへて戦況が落ち着くと、ヒステリックな排外熱は一時沈静化に向かう。それが再び噴出するのは、昭和八（一九三三）年二月から四月にかけての国際連盟脱退をめぐる時期であった(19)。

この約一年間、特に昭和七年三月から同年九月の満州国承認までの約半年間に唱えられたのが、アジアの融和と平和であった。その延長線上に満州国承認促進運動があり、新国家満州国から子ども・少女、若い女性とともに満州国国民代表として交通部総長丁鑑修一行が派遣される(20)。なかでも特に日本のマスコミに注目されたのが、満州国少女使節と満州国協和会使節に含まれていた二名の女性であった。両使節に対する大新聞の対応と報道をとおして、少女やうら若き女性を日本国内の満州国承認に向けた機運を盛り上げるために満州国側が活用するまでを概観する。

さらに少女使節の訪日から約三カ月後に、小学校の教員団体が中心になり国やマスコミに働きかけて結成された「日本学童使節」が満州国に出発している(21)。これによって子どもによる日満親善交流が実現する。第3章では、その成立過程や目的に注目することで、平和国家満州国と正義の国日本というイメージが、子どもという存在をとおして国民の間で増殖される過程の一端にせまりたい。

日本学童使節は、大阪毎日新聞社・東京日日新聞社と民間の教員団体である全国連合小学校教員会（以下、当事者の略称を用いて「全教連」と記す）の共同主催であり、全教連が主導する非公式な親善使節であった。しかし学童使節は、日満両政府や関東軍の積極的な協力を引きだし、さらにそれを大衆が支持するという、相乗効果を生みだす。

そこで全教連と新聞社による学童使節派遣までの経緯、特に新聞社が主催事業として少女使節の答礼計画を企てたところ、全教連からも同種の計画があり、それに新聞社側が便乗するまでの事情及び全教連の実態と役割、そして学童使節が満州国への友好や建国を祝福する使命を担った使節として国民的に認められる過程、全教連が使節を派遣した目的を明らかにする。これらのことをとおして、民間の教育関係者が満蒙ブームを支えた役割を確認したい。

第4章では、学童使節をマスメディアや政府がどのように利用し、その何が大衆の支持を得るのにつながったのか、という問題について論及する。

新聞をはじめとするマスメディアが開催の主体となり、報道・販売・広告活動の拡大を目的とする手段や戦略として、計画的に実行するメディア・イベントは、大正期から本格化するとされる(22)。新聞社が共同主催する学童使節は、まさに子どもを中心としたメディア・イベント(23)の一例である。当時の満蒙ブームを背景としたマスメディアの報道のなかで、学童使節が、満州事変や満州国建国に関連づけられたイベントへと変化する経緯、また子ども達は満州国、及び関東州・朝鮮でどのような行程をたどったのか、そしてその何が日満両政府と関東軍の積極的な協力を引きだす要因となったのか、それらをふまえて、その後の日本国内に及ぼした影響等を考察する。

ここでは大衆社会の出現とメディアの大衆的展開期のなかで形成された近代的子ども観が、満州国をめぐる新たな植民地政策の展開のなかで、メディア・イベントとして政治的に利用されるまでの道筋を明らかにする。

第5章では、東北代表の学童使節松岡少年の生育環境に注目して、少年と軍都仙台市の地域性、特に軍隊と学校・街の関係から、少年が東洋平和の為に日本のアジア支配を正当化する国民的使命を自覚するまでの背景にせまりたい。学童使節に選ばれた小学生が郷土の誉れ、母校の名誉として地方を中心に異常な関心を集め、国民的レベルで注目されるが、なかでも満州事変の主力となって参戦した第二師団のある仙台市の反応は、他の地域にはみられない独特の展開を見せている。仙台では子どもによる日満親善にとどまらず、郷土兵への慰問という意味も加わり、盛大な歓送迎会が開かれるのである。

第6章では、一九三〇年代はじめには満州事変から満州国建国・承認に至る日本の大陸侵略を熱狂的に支持する基盤が、子どもをふくめた国民的規模ですでに形成されていたことを指摘する。すなわち満州国へ派遣された子ども達は、すでに日本のアジア侵略を正当化する軍国主義的イデオロギーを自発的に身につけていたこと、そしてそれこそが日本の少年少女の意識形成に大きな役割を果たしていたことを明らかにする。

日本学童使節の少年・少女は、日本のアジア支配を正当化する国民的使命を自覚した子ども達であったという意味では、彼らはまさに「軍国少年少女」である。そのイデオロギーは学校をはじめとする教師や新聞・軍部の扇動・家庭を介して大人から子どもに一方的に刷り込まれたばかりではない。子ども達自身が自発的に摂取する社会的環境があり、それこそが彼らの意識形成に大きな役割を果たした、と推測される。なかでも最も影響力が強かったのが、少年（少女）雑誌であった、と筆者は考える。

そこで一九三〇年代前半（昭和五～九年）最盛期を迎え、圧倒的多数の子ども達が愛読した講談社の雑誌『少年倶楽部』、あるいは『少女倶楽部』の影響力に注目する。さらに同誌の連載で人気のあったいわゆる軍事愛国少年小説の作家山中峯太郎、平田晋策の作品と日本学童使節達が帰国後に記した感想文などをあわせて取り上げることで、当時の少年少女を軍国主義イデオロギーに誘った源泉を考察する。

なお『少年倶楽部』に関する先行研究として、田中秀東「児童雑誌『少年倶楽部』における対米イメージ――一九三一～一九三七年」（上智大学アメリカ・カナダ研究所編『アメリカと日本』彩流社、一九九三年）、澤田次郎『近代日本のアメリカ観：日露戦争以後を中心に』（慶応義塾大学出版会、一九九九年）に所収の「後編　第二章『少年倶楽部』のアメリカ像」がある。これらは大きな発行部数と人気があった『少年倶楽部』には、大人が次の世代（子ども）に意識的、あるいは無意識的に支持したものが映しだされており、そこから当時の平均的な日本人の描くアメリカ像を読み解くことができるという問題意識による研究である。したがって、それを読者である子どもが内面化する過程を論じるという視点はない。

佐藤卓巳は、講談社の大衆雑誌『キング』が、もう一つの重要なメディアであるラジオとともに、大衆を公共圏（他人や社会と相互に関わりあいをもつ空間）へと誘い、国家への参加意識を共有する「国民」を誕生させ、その国民が戦争への道を歩んでいく過程を描きだしている。『キング』の少年版である『少年倶楽部』にも同じことがいえるが、それは公共圏への参加を許されなかった少年に示された公共性への呼びかけであった。それに熱中した少年達が戦時体制に翼賛したことは十分理解できる(24)が、その政治的メッセージを少年が主体的に選びとっていくところにイデオロギー装置としての強みがあった(25)。

一〇代初めの少年の心に雑誌や読物が与えた影響を厳密に測るのは不可能だが、当時は少年向けのラジオドラマもなく、少年の情報収集の手段として雑誌の役割は高い。この時代尋常小学校か高等小学校を卒業すると、進学することなく社会にでる子どもも多かった。社会にでた「小さな大人」である少年少女も含めた子どもの心に『少年倶楽部』『少女倶楽部』が消しがたいイメージを焼きつけたことは確かである。

ちなみに「軍国主義」とは、軍事による対外発展を重視し、戦争とその準備のための政策や制度を国民生活の最上位に置き、政治・経済、文化や教育までも従属させようとする制度のことだ。日本では日中戦争頃、つまり昭和一三（一九三八）年の国家総動員法から太平洋戦争中に最盛期を迎える為に、この時代に少年期を迎え学校教育をうけた昭和初期生まれの戦時体制下の子ども達が、軍国主義に染められた、いわゆる「軍国少年（少女）」の中心世代である、というイメージが強い(26)。しかしすでに満州事変当時の少年・少女の多くは、大人とともに日本のアジア支配を正当化する国民的使命を自覚した子ども達であった。

なお軍国少年という語は、明治三三（一九〇〇）年の鬼雄外史『家庭教育軍国少年』（金桜堂）あたりからみられ、職業軍人を志す若者の意味にも用いられるが(27)、本書でいう軍国少年は日本の大陸侵攻を正当化するなど、いわゆる十五年戦争を支えるイデオロギーに染められた少年少女という意味で用いる。加えて少年少女とは、主に『少年倶楽部』『少女倶楽部』の読者層である、一〇代初めの一〇歳から一四、五歳の小学校高学年から中学生、あるいは小学校をでたばかりの幼い社会人であることをあらかじめ断っておきたい。

以上の検討をとおして、メディアと植民地支配層、そして民間の教育関係者が、それぞれ独自に汚れなき子どもというイメージ（近代的子ども観）を動員して計画を実行し、それに軍部、政府が協力した日満親善交流が、国民的規模で受け入れられた理由の一端が明らかになるであろう。

第1章――満州事変と排外熱

■純粋無垢な子どもの利用

1　満州事変と大新聞

1　満州事変による寡占化

近代戦争は国民戦争であり、国民の支持なくしては戦争を遂行できない。満州事変も熱狂的な国民の戦争支持の声に助けられ遂行されたが、問題は世論がどのように形成されたかにある。昭和六（一九三一）年九月一八日におこった満州事変は、関東軍の謀略により始まったが、国民はその事実を知らされることはなかった。日本では中国側が日本の「生命線の根幹である満鉄線路を不法・卑劣にも破壊した」ので、この攻撃に対する正当防衛が満州事変であるという錯覚がつくりあげられる。

さらに一〇月二四日国際連盟理事会が一一月一六日を期限に満州の撤兵を勧告する決議案を可決すると、「被害者のつもりが加害者あつかいされ」た、として国民世論はさらに激高する。中国が巧妙な手を使って国際世論を味方につけたという誤解が浸透し、それは「事変への熱狂的な共感・支持となって噴出」したのである(1)。

満州事変における日本側の行動について、事実を歪曲した国民的規模の錯覚をつくりあげるために絶大な役割を演じたのが新聞である。江口圭一は、満州事変を契機とする排外主義は、なにより新聞マスメディアの産物であると指摘する。大量生産・大量消費が進み、人々の生活の仕方や考え方が画一化する大衆社会では、マスメディアの発達による情報化が進み、少数の送り手が圧倒的多数の受け手に一方的に影響を与える。第一次世界大戦や関東大震災、満州事変の報道をつうじて、ともに大阪に本社があった『大阪毎日新聞』（以下、「『大毎』」と記す）と『大阪朝日新聞』（以下、「『大朝』」と記す）、及びその姉妹紙である『東京日日新聞』（以下、「『東日』」と記す）・『東京朝日新聞』（以下、「『東朝』」と記す）の四紙、いわゆる大新聞は急速に部数を伸ばし、日本側の行動を熱狂的に賛美するキャンペーンが展開される。国際的な孤立化の進行に「不安・不満を鬱積させていた大衆の感情を導」き、大新聞は排外熱、戦争熱をあおり販売部数を拡大していくのである。

実際、朝日新聞社は、事変が起こる前の昭和六年正月の部数は『大朝』九一万四四〇〇部、『東朝』五二万一二二八部だが、昭和七年『大朝』一〇五万四〇〇〇部、『東朝』七七万三六九部　計一八二万四三六九部(2)へと驚異的な伸びを示している。同年『大毎』一五〇万八三七一部、『東日』一〇五万一八二八部、計二五六万一九九部(3)で、新聞の二大中心地である東京・大阪の近接地では、すでに寡占化が進んでいたが、満州事変を契機にさらに拡大する。

『昭和六年版日本新聞年鑑』（第二篇現勢）は、昭和五年の東京各紙の販売部数（実売部数）を「Aクラス六十万台（二紙）、Bクラス三十万台（二紙）、Cクラス二十万台（二紙）、Dクラス十万台（三紙）」「併せて約三百万部か」と推定している。「Aクラス」は『東日』『東朝』、「Bクラス」は『報知』『時事』のことだ。「かつては『国民』を含めて五大紙と称されていたのだが、今やランク分けができるほども懸隔が生じて」いた(4)。

どちらかといえば軍部に協力的であった『大毎』『東日』はともかく、これまでリベラルな主張を掲げ、軍縮の必要性を説き、軍部に批判的であった『大朝』『東朝』も軍部の行動を極力支持する方針に一転する。そして在満軍隊慰問金をはじめ言論、報道、号外、ニュース映画、展示会、慰問使派遣、特派員戦況報告講演会など、社の総力をあげて満州事変支持のキャンペーンを展開するのだ。

2　新聞の論調の変化

『新聞総覧』（昭和七年）によれば、『大阪朝日新聞』は「支那特電三七八五通……各地常置員外の派遣員七五名、連絡員二〇名、飛行機航空回数一八八回」の他、一五〇一カ所で映画を上映し、特派員報告演説会七七カ所、聴衆六〇万人、号外発行百三〇回などと記している。それと同時に『大朝』『東朝』は、「駐屯軍の将士を精神的慰安し、一層その志気を鼓舞するため」「全国小学校生徒諸君よりの慰問状」を募集する（『東朝』一九三一年一〇月二八日朝七面）。これは子ども向企画であると同時に、販売部数拡大を視野に入れた大人向けの満州事変キャンペーンの一環であろう。

『朝日新聞』の方針転換は、確かに「右翼の直談判、軍をあげての不買運動などの圧力が強ま」った結果であった(5)。だがそれと同時に国民の関心が集まる事変・戦争の報道戦に乗り遅れるわけにはいかなかった、という指摘も忘れてはならないだろう。「戦時報道には軍部の協力が不可欠なので反軍路線はとれない」、つまり「新聞の反軍・平和路線なるものは国際協調システムが機能しているときだけのもので」、「新聞も商品なので売れねば企業体としてもたないという経営上の論理と非常事態に噴流する民族主義的・国家主義的情動が相乗したものが転換の起動力」(6)でもあった。

『大朝』の方針転換については、憲兵司令部からの極秘通牒「憲高秘第六五八号大朝、大毎両社ノ時局ニ対スル態度決定ニ関スル件報告」が、そのいきさつをよく物語っている。

昭和六年一〇月一二日午後一時から八時まで同社の重役会議で、取締役、各部長が集合し今後の方針を協議した結果、次のような決定をする。

……軍備ノ縮小ヲ強調スルハ従来ノ如ナルモ国家重大時ニ処シ日本国民トシテ軍部ヲ支持シ国論ノ統一ヲ図ルハ当然ノ事ニシテ現在ノ軍部及軍事行動ニ対シテハ絶対批難批判ヲ下サス極力之ヲ支持スヘキコトヲ決定

そして、翌一三日午前一一時より編集局各部の次長及び主任級以下三〇名を集めてこれを通達した。その席で『大朝』は外務省のように軍部に追随する意向なのか等の質問があったが、高原操編集局長は「現時急迫ナル場合微々タルコトヲ論争スル時機ニアラス」と一蹴した(7)。それでも社論転換に対する『大朝』編集部の反発は収まらなかったが、軍部の抗議を恐れた首脳部が人事刷新を断行することで納めた(8)とされる。

重役会議の方針転換をうけて『大朝』『東朝』は、一〇月一六日「在満軍隊慰問金募集」を始め、満州に駐屯する将士のために一万円を出資し二万個の慰問袋をつくり、原田棟一郎取締役一行の慰問使を派遣する。「連日軍隊を歴訪して慰問と感謝の意」を表し、一〇月二七日には奉天で本庄繁(一八七六〜一九四五)関東軍司令官を訪ね目録を手渡し、「厚き慰問の言葉を述べた」。これに対して、本庄から「どんなに軍の志気を振作することか」と深い感謝があった(『東朝』一九三一年一〇月二八日朝二面)。さらに一般の人々にも「満州駐屯軍慰問応募金」を募り(『東朝』一〇月二七日朝一一面)、すでに金額は一万数千円に達したので「第二回の慰問方法」を模索し、「十一月十五日より五日間排日ポスター展を本社に開催して支那排日の実相を展じ」ている。それはすべて前述の国際連盟理事会の満州撤兵の勧告決議案期限(一〇月二四日〜一一月一六日)の間の出来事である。

3　新聞への不安と不満

発行部数拡大を含めて『大毎』『東日』及び『大朝』『東朝』の大新聞ほど「満州事変から直接の利益をひきだして成長した企業は、軍需産業や在満企業を別とすれば、おそらく他にない」。これを『朝日新聞社史』が言うように言論弾圧のやむえない結果と称するとすれば詭弁」だ(9)という評価は確かにある。だが満州事変を原則的に批判する立場であった『東洋経済新報』も、昭和七年二月から三月に屈服している(10)ことからみても、やはり『大朝』の方針転換を現在の視点から一方的に責めることはできないだろう。ただしどのような理由であっても、新聞報道が画一化し、国民に一面的な情報しか伝わらないことに、当時から不安と疑問を抱いた人々もいたことは事実である。

例えば、雑誌『婦人之友』は婦人誌でもあり、あまり目立つことのなく気軽に発言ができたのだろうか。元新聞記者であった長谷川如是閑（一八七五～一九六九）は、次のような寄稿をしている。

今日の新聞を見て誰でも気のつくことは、どの新聞もどの新聞も、申し合はせたやうに、同じやうになつてしまつてゐることです。同じ内容を、同じ大きさで、同じ気分で、同じ興奮で載せているのだから、新聞はどれを見ても同じものに見へます。……（昔の新聞は立場が違っていたが）どれもこれもが一様なのに奇異の感を抱かざるを得ない筈です。だからもし一朝何か国家社会の大事が持ち上ると、新聞は報道から議論から写真まで、まるで号令をかけられたやうに一つになつてしまひます。現に今の新聞がそれです。殊に満州に日本の軍事行動が起されてからは一層です。……国家社会の一大事に当つて、国民が自分達に理解されない力で引ずられてゐるといふのは封建時代のやうなものです。今日の新聞は大衆を「引ずる力」の機関になつてゐますが、大衆を「理解させる」機関になつてゐるとはいはれないやうです(11)。

そして昭和八年満州の問題で国際連盟からの脱退をめぐり日本中に緊張感がただよっていた頃、東京帝国大学教授で政治学者の蝋山政道（一八九五～一九八〇）宅で行われた、「客間開放の会　最近の国際事情」という座談会が『婦人之友』の企画で開かれた(12)。出席者はリベラルな論調で知られる元『東朝』記者の評論家清澤冽（一九〇八～一九四五）、『東京日日新聞』の圓地與四松（一八七五～一九七二）、東京帝国大学教授で国際法学者の横田喜三郎（一八九六～一九九三）などであった。

清澤　……外国の新聞はどこの国のをみても、日本のやうに歩調が一致してゐない、従つて同じ国の新聞でも各独自の意見があつて、一つのニュースにもそれが出てゐる。日本のはどの新聞もきちんと判で押したやうに同じニュースばかりだ。殊に国際事情に関しては。……

圓地　僕は記者はニュースを報道するだけで差つかへないと思ふ。何も英米独の国の新聞は主義主張をニュースの中に書いてゐるから日本もしなくちやならんとは思はない……

横田　（外国の新聞は各階級別の読者をもっているから同じニュースでも違った見方の報道になる）従つて、各新聞の代表するグループが異るによつて、新聞の意見も一致しなくなる。それを現在の日本にあてはめてみると、日本の主張を通すためには、国際連盟で決裂してもかまわないといふ主張と、日本の主張を多少譲つても、兎に角和協を成立させることが第一だといふ主張と日本の新聞に二通り位の意見があつてもよいはづなのに、どの新聞も判で押したやうに同じだ。……新聞の代表する社会群の分化がまだ充分でないことによると思ふ。

圓地　そりや無理だ、日本の新聞社に意見があるとすれば「どうやつたら読者にうけるか？」といふことしかありやしない。日本の新聞はなんでもいゝから沢山売れることを目的としてゐる。そこへもつてきてその読者といふのが都会のインテリもあれば、百姓もゐる、女にもむくやうに、青年にもむくやうに、あらゆる階級のあらゆる人に一応満足のゆくやうにつくらなくてはならない。そのためには意見のある新聞なんかつくれつこありませんよ。……

横田　だが圓地君、君だつて日本の新聞に異つた意見がないといふことが特色だ位は認めるでせう。

清澤　単に特色ぢやない、欠点だ。

満州事変が関東軍の謀略だったことがわかるのは戦後だが、多くの国民は新聞の一面的な報道などから日本の正当防衛と信じたのである。それは確かに清澤のいうように日本の新聞の特色ではなく、大いなる欠点であった。

2 排外主義と子ども

1 新聞美談と社会的弱者

満州事変の戦況をいちはやく国民に伝えるため、大新聞は激しい号外競争に突入する。新聞にとって号外はその真価を示す最大の宣伝戦であり、部数拡張競争の花であった。特に戦況を伝える号外は読者の関心が高く、ニュース速報ではラジオが優位にたったとはいえ、新聞社にとって「号外が依然として最大、最強の速報手段」であった(13)。さらにニュース映画、特派員らの戦況報告講演会での全国巡回、各種の展覧会などの催しも大成功をおさめ、大新聞はセンセーショナルなキャンペーンを展開する。そしてそれは女性や子どもを含む国民全体を一面的な幻想に導き、排外主義の形成に大きな役割を果たしたのである。

例えば、『大朝』（一九三一年一二月一日朝七面）は、「子供の喧嘩は正義感から　日支事件この方急に殖えた戦争ごつこや兵隊あそび」という見出しのもと、特集記事を掲載している。

> 児童が自然で正義感の強いものであることは近ごろの満州事変がいたく児童の心に浸み込んでゐるのでも判ります。このごろ急に喧嘩とまでゆかなくとも兵隊遊び戦争ごっこがふえて来ました。「ぼくは日本だ君は支那だ、さあ来い！」の声は随所で聞かれます。……児童には相ついで伝はる満州事変に天津事変、支那の暴戻さにわが国民の血はいや沸きに沸きかへつてゐるときわが少国民にもこの時局はどう映つているか、彼ら少国民の唯一の表現機関であり日ねもすの遊び友達である玩具について観てみませう。……

そして兵隊あそび・戦争ごっこがふえ、「男の子といふ男の子は殆ど全部が軍事関係の玩具を買ひたがり」「彼ら少国民が『ボクハニツポングンジンダ』と沸きたぎる正義の血しほで兵隊遊びや戦争ごつこ」をし、サーベル・鉄砲などの戦争ものがストックまで底をつく売れゆきであったと報じている。

さらに大新聞には満州へ駐屯する関東軍への慰問関連の記事が並ぶが、その主役の一つは純真無垢な幼い子どもであり、そして老人、女性という弱者であった。

例えば、「八十余の老婆も　可愛い園児も　挙つて兵隊さん慰問」（『大朝』一九三一年一二月三日朝五面）の見出しのもとに、大阪北区の幼稚園児60名が小遣いをためて醵金した記事が写真入りで掲載されている。さらに「可憐な女児四人が　寒夜に行商して　儲けたお金を本社へ」（同一二月四日朝五面）、「可憐な真心から　絞出した慰問金　面白い絵などを添へ　全市児童から九千円」、「愛国少年の死　慰問金募集に出た　翌朝発病して斃る」（同一二月一五日朝五面）などの記事が連日のようにならぶ。もっともこれは『大朝』だけでなく、『大毎』も「少年が街頭で　募る『児の一銭』　お砂糖の箱に銅貨二千六百余枚　続々と慰問金集め」「ちり紙行商で　三少女が慰問金　本社を訪れて寄託」（『大毎』同一二月一日朝五面）のように基本的には同じだ。

江口圭一は、この時期の『大朝』『東日』、陸軍省新聞班「つわもの」編集部編による『満州事変の生んだ美談佳話第一輯』（後述）などに掲載された児童の作文二九編なかで、その情報源を特定できるものを分析している。たとえ父親や学校の教師からの教えであっても、その基になる情報源が新聞社にあるものは七二・四％に及び、まさに大新聞の影響力は家庭だけでなく、学校や教師をとおして子ども達へ影響を与えたことがわかる。

さらに関東軍将兵への慰問金品の寄贈者は、「純真な後援者の筆頭が女学生であることも面白い現象」で、次に中学生、小学生、それに無産階級の順で「昨今はやうやく名士富豪などもこの少国民や無産階級の純情に動かされてボツボツ寄附金や慰問品を申し出」る（『大朝』一九三一年一一月二一日朝一一面）ありさまだった。

これについて江口は、「恐慌でもっとも強く痛みつけられた無産大衆の憤まんは、反体制に結集されないまま、国外の敵にむかって吐きだされ」(14)たとする。だがこのような現象について、次世代の子どもへの教化が徹底していたこと、女性、子どもまで巻き込んだ排外主義の形成は大新聞の操作の産物だ、と指摘する(15)。しかし、それは同時に、子ども・女性という弱者を前面にだし、「美談」にしたてあげることは新聞にとって大衆の興味を引く(売れる)記事になりやすいという事情があったからではないか。けなげな子どもが戦争協力をする姿は、国民感情を煽り、本質から目をそむけ満州事変を正当化するために効果的な主題であった。これは大小さまざまな慰問にかんする数々の美談を新聞が報道した結果の現象であり、慰問熱でもあった、と筆者は考える。

2　純粋無垢な子どもの活用

『大朝』(一九三一年九月二四日朝五面)は、大阪福島署へ小学校二年生の男児が「お母さんから号外や新聞の記事で支那で働いてゐられる軍人さん方のお話を聞いてゐます。国のために働いて下さる兵隊さん方へ僅かですが僕が日々頂いたお小遣ひを」と一円為替を同封した仮名つづりの手紙が送られたことを、「軍事美談」として掲載している。

この傾向は大新聞だけでなく地方の新聞も同様で、例えば、満鉄の御用新聞である『満州日報』(一九三二年七月一七日朝四面)も「可憐な少女から　満州国に献金　老総理大いに感動」という見出しのもと、朝鮮に住む日本の一少女(小学生)が「熱誠のこもつた手紙」とともに国費の一部に使ってくださいと一円が送られ、鄭孝胥総理はいたく感動したことを報じている。このよう記事は相乗効果をもたらすのであろう。

満州事変を中心とする関東軍の一連の行動を物心両面でささえる挙国一致のムードを盛り上げる報道を支持する国民に、新聞は社会的弱者である子ども・女性・貧しい人々などを効果的に記事に取り上げることで答え、支持と共感を得た。そしてこのような土壌がすでに形成されていたことは、昭和二(一九二七)年の日米人形交流への新聞各社の報道合戦ともいえる現象が物語っている(16)。

明日を担う純粋な子ども(幼児や少女・少年)が隣国の幸福を考え、友好と平和を願うという構図は、国民に好意的に受け入れられる有効な手段であることを、マスコミや文部省をはじめとする教育関係者そして軍隊の報道機関さえも、日米人形交流の成功体験をとおして学んだのではないだろうか。

次にその推測の根拠を、陸軍省新聞班内「つはもの」が編纂した『満州事変の生んだ美談佳話』と『大朝』の「在満将士慰問のための小学生の作品募集」をとおして考察してみよう(17)。

3　満州事変と子ども

1　子どもによる将兵への激励――陸軍省新聞班の思惑

①　陸軍省新聞班編集の美談――陸軍省新聞班「つはもの」編集部が編纂した『満州事変の生んだ美談佳話』（以下、『美談佳話』と記す）は、帝国在郷軍人会本部内つはもの発行所から三冊（第一輯～三輯）が確認できる（図1）。昭和六年一二月、第一輯に続き第二輯が、翌年三月には第三輯が発行されているが、いづれも一五〇頁程度の小冊子だ。

第二輯は「出征軍人及其遺家族の巻」であり、口絵の写真は「北満の空に輝く日章旗」で、「父子相次いで君国に殉じた倉本少佐」に始まる。戦争で死傷した軍人の美談や「お国に為なら死んでも喜ぶ」「捕虜でなく戦死であつてほしい」「嬉し泣きに泣く戦死した一等兵の家兄」など遺族の話である。第一輯と第三輯は「国民後援の巻」「国民後援の巻続編」であり、銃後の一般国民の戦争協力に関する『美談佳話』は、主にこの二冊に集中している。

陸軍省新聞班は、大正八（一九一九）年五月に陸軍の宣伝広報活動や新聞検閲などを一元的に管掌した部局として設置された。その前身は大正三（一九一四）年に陸軍大臣官房に官制外組織として設立された新聞検閲委員だ。官制外組織のため官規上は編制表に存在しない機関だが、大正一五（一九二六）年から軍事調査委員（後に軍事調査部）の所属下に置かれた(18)。

新聞班は、世論指導に関する計画と実施、及び対外宣伝に係る諸業務を担当した。そこには「一般大衆ヲ目標トスル普及事業」も含まれており、その一つに「重要ナル問題発生ノ機会等」の折に発行する「パンフレット」があった。したがって、この小冊子(19)には国民世論を満州事変を支持する方向にどのように導くのかという、陸軍省の思惑と方針の一端が透けて見えるかもしれない。『美談佳話』第一輯の「はしがき」には、発刊の趣旨が次のように記されている。

すなわち、満州で奮闘する将兵に「老も若きも男も女も挙つて」血書・血判とともに激励の辞を寄せ、慰問の金品を送るものは「日夜引きも切らず」の状態である。「中には貧困の身を以て骨を削るが如き浄財を投ぜらる、あり或は可憐なる児童にして零細なる貯蓄の全部を提供し来る」ものまである。そこで新聞班は「国民銃後の熱誠なる後援」に感激し、「事変が生んだ美談集を編纂」して在満将士一同に国民の声援を伝え、国民の熱誠に報いることにしたのである。

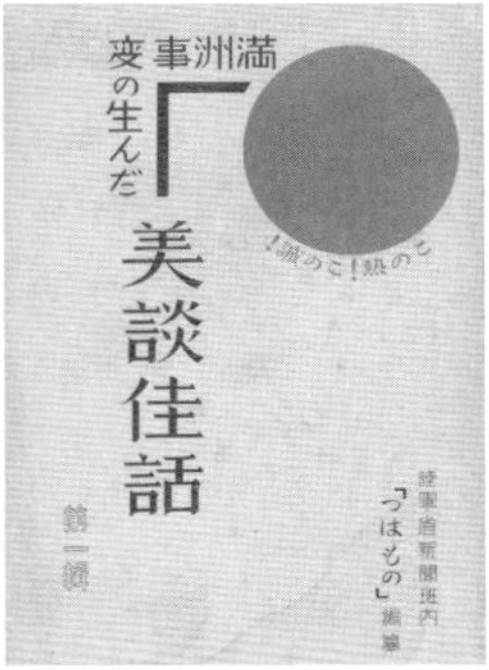

図1　『満州事変の生んだ美談佳話』第一輯

満州事変勃発からわずか三カ月で刊行された第一輯と第二輯は、「急ぎ編輯せしものなるを以て不備の点」はあるが、それは将来的に補修修正するのでただ「巻中に溢る、報告赤誠の精神のみを掬まれんことを望む」(『美談佳話』第二輯「はしがき」)という。『美談佳話』は、熱狂的に盛り上がる国民の満州事変への戦争支持をさらに確実なものにするために、陸軍省新聞班によって急いで編集・発行されたのであろう。

図2　「熱田神宮に祈願を籠むる小学校教員団」(上)「靖国神社の仮宮に詣づる小学校児童」(下)(『満州事変の生んだ美談佳話』第一輯より)

②　『美談佳話』の内容——第一輯の巻頭の口絵写真

図3　「千人針弾丸除けの腹巻に街頭針を運ぶ少女達」（『満州事変の生んだ美談佳話』第一輯より）

図4　「兵隊を激励する少女の詩と絵」（『満州事変の生んだ美談佳話』第一輯より）

には、「熱田神宮に祈願を籠むる小学校教員団」「靖国神社の仮宮に詣づる小学校児童」の写真が掲載（図2）されている。小学校教員と小学生による事変への協力が強調され、次に「山脇高女生の慰問袋作製」「愛国婦人会本部の慰問袋発送」「千人針弾丸除けの腹巻に街頭針を運ぶ少女達」（図3）などの女性や女学生の奉仕、最後に在郷軍人会の靖国神社への祈願と大学生の街頭での募金活動などの写真が続く。

さらに目次と本文の前には、満州吉林小学校六年生の女子児童の『兵隊さん』という詩と両手に日の丸をもって兵隊を激励する少女の絵が掲載されている（図4）。本文は「第一、一般男子の部」（四〇頁）、「第二、一般女子の部」（四〇頁）、「第三、児童の部」（四二頁）、「第四、学生の部」（一四頁）、「第五、諸団体其他の部」（一〇頁）からなり、全一五八頁の構成で、わずかだが「児童の部」がもっとも頁数が多い。

「一般男子の部」は、「学校の小使さんから」「男女職工の化粧料と煙草代を」「引きも切らぬ無産階級の浄財」など、社会的には恵まれない薄給の人々からの支援を強調する。「一般女子の部」は、「明治神宮賽物中から血書に添へて黒髪」「健気な母親」「四人女の血書従軍願」「女中女車掌女従業員連の赤誠」などである。

例えば、女子部の巻頭を飾る「明治神宮賽物中から血書に添へて黒髪」の内容を見てみよう。賽物とは神社をお参りするとき供えるものだが、その整理中に白紙四枚の血書を添えた奉書に包まれた黒髪があった。血書には「自分は昼は働き夜間に学ぶ女性だが、女に生まれたことを非常に残念に思う、敵を滅ぼして日の丸を揚げるようわずかだが慰問袋を届けた」と記されていた。うら若き女性の銃後の戦争協力への覚悟が述べられている。

第三輯は、「兵器献納の部」「戦勝祈願の部」「恤兵金と慰問品の部」「血書と激励の部」「出征軍人遺家族慰問の部」「出征兵の送迎と慰霊祭の部」「軍馬等に対する同情の部」、それぞれテーマ別の七部構成となっている。「八十の老婆が栗を売つて」「盲人さんが新年宴会費を節して」など老人や障害を持った人をはじめ、全体を通して無産階級、女性、子どもなどが主人公を務める。前出の『大朝』(一九三一年一一月二一日)の記事と同じく、社会的な弱者が満州事変に慰問金をはじめ惜しみない協力をしている、一般国民も遅れてはならないという方針で、『満州事変の生んだ美談佳話』は編まれているように推測される。

次に児童の部の内容をみてみよう。

③ 満州事変を支える子ども達

「児童の部」の冒頭は、「可憐な少女の手紙と慰問金」と題する小学校二年の作文だ。

「お正月のまりはかはないの」

まんしうにいつておくに(御国)のため私たちのためはたらいて下さるおぢさまお兄さま、ひさ子はいま二年生です。毎日がつかう(学校)でせん生からみなさまのおはたらきになつたことをきいてうれしくてなりません。ひさ子も男にうまれたらきつとお国のためにつくします、でもひさ子は女でこどもです、せんそうにはゆかれません、お父さまやお母さまにいただいたおこづかいをためて一えんたまりました。

お正月のかまりはかはないのか

おいしものをかつてたべて下さい、そしてせんそうにはきつとかつて下さい。

さようなら

十一月二十九日

茨城県助川尋常小学校二年生
永沼壽子
（『美談佳話』第一輯、八一〜八二頁。強調は原文）

「一銭銅貨で一円六十銭を」を貯金箱ごと陸軍省に持参した小学校三年生の男子は、「係員が『おおきくなつたら兵隊さんになるんだね』と尋ねると、『うん』と元気にうなづいて」帰っていった（『美談佳話』第一輯、八二〜八三頁）。そして「伊勢神宮祈願者日毎の増加」「少年少女の心にひゞく満州事変」など、高学年の児童の健気な戦争協力を紹介する。

その一方で、「幼稚園児童からの可愛い慰問」「六歳少女がこの美挙」など幼い少年少女の小遣いをためた寄付とともに、「鮮人少年の街頭義金募集」「貧しい児童がお小遣い集めて献金」など、子どものなかでも特に恵まれなかったり、差別された弱者からの美談が強調される。

例えば、深川区東川尋常小学校の三年五組の児童は、先生の話に感動して、これから毎日小遣いをためて満州の兵隊に送ると申し出る。

……児童たちの両親は何れもその日暮らしの自由労働者や道路工事の人夫や号外売り、定まつた職をもつてゐるものとしてはチンドン屋さん位のもの…と云ふ実情で、小供たちに与へる小遣ひと云つても毎日一銭か二銭精々三銭止まり、これはお昼の弁当代りに焼芋や塩煎餅や大福餅になるもの、文字通り骨身を削る尊いお金である。

この子ども達の「愛国の一銭」が三円八〇銭まで積もり積もったので、担任がお金を足して五円を陸軍省に届けた。「詳しい事情を聴いた係員も、その燃えるやうな貧民児童の愛国心に打たれ折返し手厚い礼状を出すと共に現物を南陸相に見せ陸相も同様すつかり嬉しくなり相恰を崩して『オウオウそれはそれは』と感激の眼をしばた、いた」（『美談佳話』第一輯、一〇一～一〇三頁）。

巻頭の小学生の写真や女子児童が兵隊を激励する姿と詩を見開き二頁を使い掲載するなど、陸軍省新聞班も大新聞と同じく、純粋無垢な子どもの戦争協力というイメージを際立たせる編集方針をとることで、事変への国民的な戦意高揚を意識していることがわかる。

『満州事変の生んだ美談佳話』第一輯が出版されたのは昭和六年一二月一〇日だが、それとほぼ同じ時期でありながら、東京朝日新聞社が各小学校の児童に慰問状を募集したところ全国から第一回分で約二万通も集まった（『美談佳話』第一輯、一〇七～一〇八頁）。そのことまで新聞班は紹介している。次に大阪・東京朝日新聞社の子どもを中心とした慰問状募集のキャンペーンの内容をみてみよう。

2　『在満将士慰問生徒作品』と子ども

①　小学生からの募集――

『大朝』『東朝』は、満州事変にあたり「駐屯軍の将士を精神的慰安し、一層その志気を鼓舞するため」「全国小学校生徒諸君よりの慰問状」を募集する（『東朝』一九三一年一〇月二八日朝七面）。『大朝』一九三一年一二月一〇日朝刊七面に募集の内容が大きく掲載されている。

これから寒さの加はるにつれ満州の曠野に奮闘するわが将卒の労苦は実に言語に絶するものあるを思はせます。

本社はこれら忠勇なる将士の陣営生活に心からなる慰問と感謝をさゝげるため、こゝに全国小学生諸君から左の趣旨の規定によりひろく慰問作品を募集して、純粋無垢なる童心から遠く満州の将士に呼びかけたいと存じます。いつ如何なる場合にでも天真なる子どもの心ほど人の魂を打つものはありません、まして出征勇士の如く母国を離れて遠く満州の野に陣営生活を続けられつゝある人人に取つて、ふるさとの少年少女によるこの心からなる慰問と感激の声は如何ばかり感激とよろこびを以て迎へられるでせう何卒奮つて御応募下さい。

募集作品は「出征兵士の忠勇なる働きに対する感謝とその苦難多き陣営生活への慰問の真情を端的に表した感想文（又は童謡）並びそれにふさはしき自由画の二種」で、応募資格は「尋常小学校一年生より高等小学校二年までの生徒、各学校毎に男女各種目毎に一名づゝ（学年を問はず）四名以内の事」、感想文は八百字以内、自由画は紙四つ切以下、締め切りは本月（一二月）二五日としている。

これは子ども向けであると同時に、発行部数拡大を視野に入れた大人向けの満州事変キャンペーンの一環であろう。明日を担う純粋で守られるべき子ども（幼児や少女・少年）が、日本のために満州に駐屯する将兵を激励するという構図は、この頃すでに国民に好意的に受け入れられるテーマとなっていたのだ。

② **純情な真心の作品**――昭和七年一月二四日付『大朝』には、A四版八頁の小冊子『在満将士慰問生徒作品』が読者に配布されている。

表紙のタイトルの下には鹿児島市の小学四年生の童謡「兵隊進め」が掲げられ、その二番は「日本の兵たい勇敢に／とつかん　とつかん　そら進め／ごうれいかけてまつしぐら／支那の　兵たい追つぱらう」という一節が踊る。

中央には小学低学年ぐらいの男女がそれぞれ日章旗と旭日旗を両手に持ち万歳をする写真が「日本のヘイタイサンバンザーイ」とキャプション付で掲載されている。そしてその右は小学一年生のカタカナの作文「シナノヘイタイヲシカツテクダサイ」（大阪市桃園小学校尋常一年生）であった（図５）。

マンシユウ（満州）ノニツポン（日本）ノヘイタイサマ、アノサムイサムイマンシユウノ　ノハラ（野原）デ、オクニノ　タメニイサマシクハタライテクダサルミナサマ、アリガトウゴザイマス。ワタクシハ　マイ日　センセイ（先生）ヤオトウ（父）サマニ　マンシユウノミナサマノゴリツパナオテガラ（お手柄）ヲキイテ、ウレシクヨロコンデ井マス。ワタクシハシナ（支那）ノヘイタイガ　ニククテナリマセン。ドウゾワタクシタチニカハツテ　シカツテクダサイ。ワタクシハマイアサウヂガミサマニ、オイノリシテ井マス。ワタクシタチノニツポンノヘイタイサマ、ドウカ、オカラダヲタイセツニシテ、ソシテ一日モオハヤクガイセンシテクダサイ。デハゴキゲンヨロシク。ニツポンノヘイタイサマ　バンザイ。

そしてその左には「心をこめてこの作品をさゝぐ」として、次のようにこの小冊子刊行の趣旨が述べられている。

大阪朝日新聞

本社募集 在満将士慰問生徒作品

兵隊進め

シナノヘイタイラ シカツテクダサイ

日本のヘイタイサンバンザーイ

心をこめてこの作品をさゝぐ

図５　『大阪朝日新聞』昭和７年１月24日朝附録１面

満州の兵隊さんに真心こめてこの作品をさゝげます。これは全国小学生から本社で集めました慰問作品中入選の優秀作のみです。どうかこの純情をお受け下さい。そしてあなた方の背後にあつてこの幼き人々がいかに愛国正義の至情に燃え、あなた方への感謝に小さな胸を脈打たせてゐるかを御想像下さい。荒涼たる雪の陣中生活に、この幼きもの、捧ぐる心の火が幸ひ喜びと慰安とを以て迎へられんことをこひねがふものであります。

3　健全な国民教育の成果

①　**購読者への配布**——小冊子は新聞の購読者全員に附録として配布されたらしい。作品は「公募期間が短かったにもかかわらず二六〇〇点余に上り、入選三二点と佳作二〇〇点を選抜して紙上に発表した」。そしてこの他に優秀作の自由画は『コドモアサヒ』四月号に色刷りで掲載されるという。附録の七面には審査の評が次のように述べられている。

「審査をすませて」

（これらの作品は）今回の事変に対する国民一般の冷静にして公正なる批判、特に満州に対する認識の十分であることが彼等の後継者たる少国民の書いたものにもハッキリとあらはされてゐることである。小学生の頭にも我国の公正な態度や国民の世論が正しく反映してゐる証拠といつてよい。

即ち今度の事変は日本の正しい権益擁護のためにやむをえず干戈を動かしてゐるのであることを十分に認識してをり、そのために出動してゐる多数軍人の苦観に対しては、実に満腔の感謝と同情を捧げてゐる。のみならずこの国家多難の秋に際して、国民が何を目的に進むべきかをもはつきり理解してゐるのは心強い。これは現下のわが国民教育が極めて健全に甚だよく徹底してゐることを物語るものであろう。

したがって感想文はいづれも「その内容、その構想を一つにしたおきまりの格」に陥っているようだが、「国民精神の大きくハッキリ」とした反映なのでやむをえない、というのである。では満州事変に対する正しい認識の反映とは何か、その一例を紹介しよう。

② **満州事変への正しい認識**——それは日本の権益、生命線をわが物顔に踏みにじる鬼や獣のような中国人、この非道の敵と世界平和のために日本人は戦っている、という認識である。

……日清日露の戦に数万の貴い人命を犠牲にし何億ともしれぬ多くのお金をかけた満州を我が物顔にふみにじり、無残にもわが日本人を殺したりする支那人は、決して人間とは言へないと思ひます。さうです先生の仰しやつた様に「満州は日本の生命線だ、鬼や獣の様な支那人に委せてはならないのだ。世界平和のために我が日本帝国のために何としても満州を守らねばならないのだ」と思ひます。（兵庫県多可郡重春小高等二年）

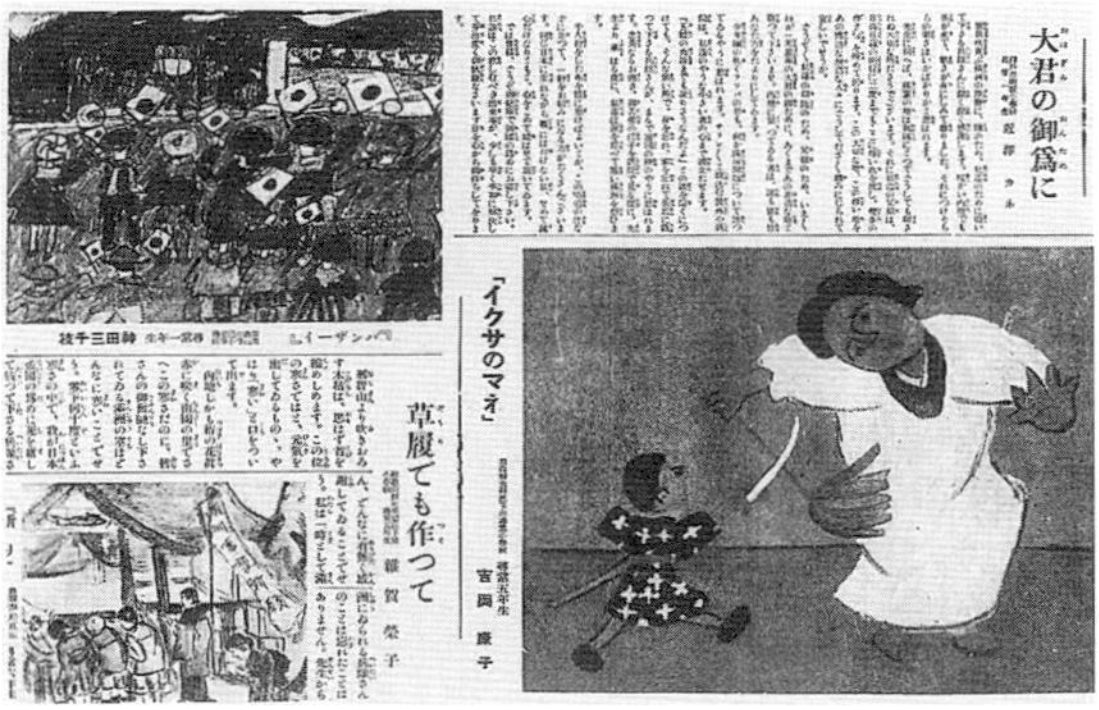
大君の御爲に
「イクサのマネ」
草履でも作つて

図6　『大阪朝日新聞』昭和7年1月24日朝附録4面

「大君の御為に」

先生に伺へば、満蒙の地は我国にとつてどうしても離されぬ大切な所ださうでございます。それに私達の父祖は、日清日露の両役に二度までもここに尊い血を流し、幾多の尊き屍を埋めて居ります。この大切な地、この尊い地をあの惨逆《ざんぎやく》な無道な人々にどうしてむざ〳〵踏みにじられて宜しいでせうか。

どうぞ〳〵私達の祖国のため、父祖のため、いえ〳〵わが一天万乗の大君の御ため、あくまであの非道な敵と戦つて下さいませ。内地に留まつてゐる者は、誰も彼も皆あなた方をたよりにしてゐます。（神戸市明親小学校高等一年）（図6）

昭和六年当時、日露戦争は二六年前のことであり、多くの人にとって戦争の記憶は鮮明であった。そうでなくても、日清日露の戦争の犠牲、つまり〝十万の生霊、二十億の国帑〟の犠牲により獲得したのが満蒙権益だというイメージが教育を通じて植えつけられていた。そして中国人への蔑視感などが満州事変におけるマスコミのセンセーショナルな報道により噴出し、不況にあえぐ日常生活へのうっぷんのはけ口となった。そして「いつの間にか、単なる権益ではなく満州の地そのものが日本のものであるという観念さえいだかれるようになり、それを中国に奪われてなるものかという転倒した判断が下された」(20)。それは「大新聞が紙面の内外で展開してきたキャンペーンの文脈そのもの」であり職場・地域、そして学校へと満州事変を支持する行動エネルギーを供給し排外主義の形成に寄与したのだと江口圭一は指摘している(21)。

4　教育界と子ども

①　子どもへの働きかけ——文部省をはじめとする教育関係者も、子どもへの働きかけの必要性を認識していた。

例えば文部省構内財団法人社会教育会では、満蒙正解運動を「小学校上級児童、女子青年団員及び一般家庭に普及」させるために、『満蒙読本』(四六判三三頁、一冊五銭)を作成し、「先づ内地及び植民地の各小学校に寄贈し」た。すでに一般向けの『満蒙研究』(四六判六四頁、一冊一〇銭)は十数万部を地方官庁により無償配布したが、この書は「将来の日本を担ふべき少国民にも、満蒙を正解し、正しい日本の立場をしらしめるために」作成された子ども向けの冊子だ。「最も平易で、且つ興味ある一篇の物語として書かれたもので」「先生及び父兄母姉方によつて、全国児童にこれが普及徹底せられんことを」願っている、という。昭和六年一一月一九日発行で、筆者の手にしたものは同月三〇日ですでに三〇版を数えている。

同書は満州事変の翌日の九月一九日、号外の声に眼を覚まされた父親が新聞を読むところから始まる。日露戦争に従軍し多くの戦友を亡くした経験をもち、戦後も奉天に二〇年近く滞在した父は満州を自分の故郷のように思っている。そして奉天で生まれ二歳の時に帰国した息子に、父親から日本側の論理で事変の概要を話して聞かせる構成だ。

「支那が自分の悪いことは棚に上げ、嘘八百日本の悪口をならべ立てたので」それを国際連盟が真に受けたこと。「日本は戦争なんか決してしたくないが、あまり支那が日本を馬鹿にして乱暴したから、こんなことになつたのに、他の国まで無茶な支那の味方をするとは残念なことだ。どこまでも日本のやつたことは正しいのである」(22)。それは今日の満蒙の発展をみればわかる、と父は言う。おそらく一〇月二四日の国際連盟理事会の勧告決議案をさしているのであろう。そして日清戦争から三国干渉、日露戦争まで多くの犠牲をはらい日本が権益を獲得した苦労話とともに、満蒙の資源の豊富さ、満鉄の役割を話して聞かせる。それなのに「支那人がこれまで満蒙を開いてくれた日本人をどうして排斥するのだろう。日本人が満蒙で利益を得ているよりも支那人が日本のお蔭を蒙つていることがどんなに大きいか知れない」。その証拠に「満州にゐれば、日本が守つてくれるといふので、内乱の多い地方から逃げて」きて、人口は「二倍以上増加して三千万になつてゐる」。そして最後に次のように結ばれている(23)。

息もつかず話しつづけられたお父さんは、ふと言葉を切つたかと思ふと、いつのまにか僕の肩に手をかけられてゐた。……ところで、おしまひに是非つけ加へておかねばならぬことがある。いゝか、今まで満蒙発展の事業をお父さん達がやつたのだが、これからの発展はお前達のやうな子どもの任務だ。しかし度々いつたやうに満蒙発展といふことは決して支那の領地を横取りすることではない。忘れてはならないのは、支那人の幸福も考へて、東洋の平和を乱さないやうにすることだ。……

これこそが『在満将士慰問生徒作品』審査評がいう「国民精神のおおきくハツキリ」とした反映であり、中国に対する正しい認識であり、「国民教育がきわめて健全に甚だよく徹底している」ことを物語っている証拠なのである。

② 正義の味方――したがって「正しい権益擁護」のためやむをえず戦っている満州の将兵は、いさましい旗をな

満洲は寒いでせう

號外を見て

『日本の兵隊さん』

『センソウ』

千人針

図７　『大阪朝日新聞』昭和７年１月24日朝附録６面

びかせ、悪い支那人を降参させ、わからない支那人を善い方向に導く正義のヒーローとして称賛される（図7）。

日本の兵隊さんは「正しいから」きつと勝つと、みんないつてゐます。僕もさう思ひます。そして勝つて早くお帰りになるやうに神様にいのつてゐます。（長崎県稲佐小学校尋常三年）

……早くいぢわるの支な兵にひかうきからばくだんでもおとして下さい。今でもぢつと目をつぶつて見ると、満州のせんそうがうかんで見えます。いさましい日本のはたが立つてゐるのが見たいのです。（大阪府小二）

……大和魂を一寸のまも忘れず、支那をこうさんさせて見事に我が国の力を示して下さい。……世界の中心に在り、世界の目じるしとなつてゐる我国こそ、非常な重大なつとめを持つて平和を守らねばならないのでありますが、私達がいつも笑ひながら安心して眠る事のできるのは、皆兵隊さんのおかげであります。……あなた方は平和の守り神様です。早く悪い支那を降参させ、日の丸の旗を輝かしながらがいせんの時をおまち申します。（熊本県小四）

わからない支那人を善いやう導いてやつて日本の平和東洋の平和のために「十分身体に気をつけて健康で」奮闘して下さい。（岸和田市小六）

ただしこれらは満州の兵隊に向けてというよりも、同時に国内の大人に向けた子どもからのメッセージという意味も含まれているだろう。

4　子どもの美談と幣原家の軍国少女

1　子どもの美談

子どもを中心とした美談は他にも数えきれない。例えば『東日』は次のような記事を掲載している。本所の押上市民館の子ども達二百人が、浅草観音の護符を贈ったことがきかっけで関東軍の軍曹、上等兵と文通していた。満州事変がおこると、彼らを慰問するために皆でわずかな小遣いを集め六円の慰問金を贈ったところ、自分達は軍隊から小遣いをもらっているので、これは戦死者の遺族に贈るようにと返されてきた。それに子ども達が感激し、「われ等の兵隊さん」として話題の中心になっているという（『東日』一九三二年五月一三日朝八面）。そして『大朝』は、満州国建国に反対する反満州国軍に奉天の小学生がメッセージを送ったことを記事にしている。

可愛い勧告文　奉天の学童が反満州国軍に

奉天市各小学校では今度可愛い小学生から熱誠をこめた勧告文を北満一帯の反満州国軍に送ることとなつた。その手紙には「叔父様、叔母様、お兄様、お姉様、貴方は何故満州国に反対されるのですか、私達はこの上もないこんなに幸福になつて毎日学校に通つてゐますのに」と心をこめて満州国への協力を勧告したものである（『大朝』一九三二年六月三日朝一一面）。

涙で描く人生縮圖

夫を探し求めて
東海道七十日の漂旅
辻占を賣り飢と闘ふ妻子八人
貧しい同情に泣く

同僚の嫉視から
幣原家を追はる

侘し旅日記

健気な軍國少女
映畫にもなった

ピストル四發

図８　『大阪朝日新聞』昭和７年６月13日朝７面

このように子どもに関係する美談が数多く登場するが、なかでも英米との協調外交を推進し軍部や右翼から軟弱外交として非難された幣原喜重郎（一八七二～一九五一）家の軍国少女に関する報道は興味深い。

２　映画のモデルになった軍国少女

『大朝』は六月一三日朝七面の約半分をとり、「健気な軍国少女映画にもなった　荒木陸相、鳩山文相の感激」の見出しと「軍国少女静江さん」の写真とともに、幣原家をおわれ一家離散に追い込まれた少女に関する、次のような記事を大きく報じている(24)（図８）。

「元外務大臣幣原喜重郎男爵邸に使われていた下僕の家族が満州事変に活躍する皇軍戦士の労苦を偲び辻占を売り零砕《ママ》金をかき集めて慰問金として寄付したことに端を発し同僚の嫉視から下僕は男爵邸に居堪らず」一家十一人が離散し、東京から大阪にたどり着き中之島音楽堂のルンペン達から同情を寄せられている物語がある。

すなわち一家は皇軍の慰問金をだそうとしたが給料ではたりず、一二歳の長女が辻占をうり五円二五銭を慰問金として差しだした。これが荒木貞夫陸相、鳩山一郎文相の耳に入り映画化され美談として世間にひろがると、幣原家の小使取締をしている男が「男爵家の雇人家族が辻占を売っては困る」と言い、そのうえ一家の美談が同僚に嫉妬され皆と折り合いが悪くなり、一家の主である父金子音吉が解雇され一家は離散した。

それは彼女が映画『戦争と少女』の主人公になり、「鳩山文相も静江さんとともにスクリーンに見え、美しい純情を謳つた映画が巣鴨館に上映されると花束を贈り健気な軍国少女としてその善行を表彰した」ので、町内でも美談少女をだしたことを喜び大々的に表彰式を計画していた矢先の出来事であった（図９）。

3　軍国少女とルンペン

音吉は行方不明となり、妻子八人は大阪に流れ着き中之島音楽堂を仮の宿としたが「足腰のた、ぬ病身のふゆ（七歳）や子どもたちの悲惨な姿に群がるルンペン達は己が身の惨めさを忘れて」親身に世話をした。そして音吉の捜索願いを受理した天満署では、一家の救済策を講じることにした。

ここでは理不尽な不幸におそわれた軍国少女を社会の最下層にいるルンペンでさえ守っていることも、この記事の重要な主題になっている。さらに幣原家から冷たい扱いをうけた健気な軍国少女というイメージが強調されている。

健氣な軍國少女
映畫にもなつた
荒木陸相、鳩山文相の感激

軍國少女靜枝さん（昨夜中之島公園で寫す）

辻占を賣つて稼ぎ貯めた金を獻金して荒木陸相を感泣させた主人公—金子靜枝さんは「戰車と少女」といふ映畫の主人公にもなり鳩山文相も靜枝さんとともにスクリーンに見え

美しい　同情を蒐つた映畫が巣鴨館に上映されるや花環を贈り健氣な軍國少女としてその善行を表彰したが、この外當時の前田商相はじめ中島守利、川島正次郎兩代議士、佐藤巣鴨町長、巣鴨前町長、婦人同志會などからも金一封や盾、下駄などの寄附があり巣鴨町會でも町内からこの美談少女を出したことを喜んで

大々的　に表彰式をやらうとする矢先、東京市外巣鴨町一の六の自宅から靜枝さん一家は姿を消してしまひ、そのうち巣鴨署でも探し廻つたが遂に發見することが出來ず、同情品も巣鴨館に飾つたまゝ今日にいたつた

図９　『大阪朝日新聞』昭和７年６月13日朝７面

満州事変前の昭和五（一九三〇）年末から昭和六（一九三一）年の初頭にかけて、鉄道問題を焦点とする満蒙問題で幣原「軟弱外交」への攻撃は再燃していた。満州事変不拡大の方針をとる若槻礼次郎内閣の外務大臣幣原への風当も強く、同年一二月第二次若槻内閣は総辞職し、犬養毅内閣に交替する。その犬養も五月一五日、いわゆる「五・一五事件」により暗殺され、戦前最後の政党内閣は崩壊し、五月二六日に齋藤実による挙国一致内閣が成立した直後であった。そして幣原は軍部の行動を全面的に支持する新聞の論調を、「偏狭なる排外思想」と非難したことはよく知られているが、彼は国民の排外熱を煽るためにもスケープゴードにしやすい存在であった。

さらに「ルンペンさんの親切も嬉しかつたワ」という見出しで、後日談も報道されている。父親が東京で働いていることがわかり少女一家は帰京することになったが、途中下車した駅の「待合室は『あれが哀れな軍国少女一家だ』と人の黒山」、一家は新しい浴衣で中之島公園にたどりついた時の惨めさとは打って変わっていた。少女は一番うれしかったことを尋ねられ、「お父さんの居所がわかつたこと、中之島公園でルンペンさんが親切にしてくれたこと」と答えている（『大朝』一九三二年六月一六日朝一一面）。

L・ヤングは、「満洲事変の美談ブームは新たに競争形式の愛国心を促進」した、という興味深い指摘をしている。新聞は献金運動などで戦争に協力する女性版英雄的行為を賞賛することで、戦場美談とは別の銃後の美談の記事を洪水のように掲載する。それは、貧しい女子工員がわずかな稼ぎで二人の子どもと年老いた親を養っていたにもかかわらず身をけずる思いでためた金を献金したことや病気で戦争に参加できない息子の嘆きを聞いた農婦が家族の蓄えすべてを義捐のために献金したなどの犠牲的行為であった。ここには貧しい家族が互いに助け合うのではなく愛国心を壮大に見せることを目的した、愛国的な犠牲を競い合う「自滅的な出し抜きゲーム」がある。日清・日露戦争では集団のための意味のある犠牲が讃えられたが、満洲事変の軍国美談は「集団のための意味のある犠牲ではなく、センセーショナルな犠牲行為を競う個人的なもの」であり、自己犠牲が大きければ大きいほど、美徳も大きい。そしてそれに自ら進んで動員されたのが労働者であり、女性であった、という(25)。しかし、これまで紹介したけなげな子どもの美談は、このような範疇には収まりきらない。大人の世界の美談そのものをかきたてる効果があったのである。

大正から昭和初期にかけての文化の特色は、大衆文化の発展とされるが、確かに義務教育就学率が九九％を超え、高等教育機関の拡充により都市の知識層が大幅にふえ、ジャーナリズムも発達した。大正一四（一九二五）年にはラジオ放送も始まり、月刊数十万部も売れる大衆雑誌も創刊され、大衆・通俗的な講談社『少年倶楽部』（一九一四年）、『少女倶楽部』（一九二三年）、『幼年倶楽部』（一九二六年）の創刊など、子どもをめぐるいわゆる児童文化財も大衆化を始める。つまり関東大震災以降の近代化の浸透とともに、弱者である子ども・女性の地位や権利も、社会の構成員としてある程度認められる時代にさしかかっていた(26)。

そのような時代の到来を告げるかのように、昭和二（一九二七）年子どもを中心とした日米人形交流は、純粋な幼い人達の微笑ましい平和と友好を希求する企てとして国民的規模で歓迎されたのである。悪化した対米イメージは一時好転し、友好熱が異常な盛り上がりをみせる。いわゆる近代的子ども観の浸透により、純粋な子どもは大人社会の負の部分、つまり汚れた一面を浄化するもの、あるいはその一服の清涼剤として認知される。それとともに未熟なものとして大人が守り育てるいたいけな子どもというイメージは、満州事変が勃発する昭和初期には、マスコミにより美談の主人公として取り上げられる格好の題材となっていくのだ。

大新聞は純粋無垢な子どもをあえてセンセーショナルに取り上げることで、排外熱を効果的に盛り上げる戦略として子どもを意図的に利用したのである。社会的弱者である子どもを中心にすえた紙面づくりに共感する（つまり近代的な子ども観を共有する）だけの購買層がすでに形成されており、それを大新聞は販売部数拡大をはかるために活用する。そしてそれを可能にさせたのが、大正から昭和初期にかけての大衆文化の発展であったのである。

第2章――満州国建国と少年・少女、女性の役割

■満州国少女使節と協和会女性使節

1　満州建国と二つの使節

1　満州国の建国と対外宣伝

満州事変における満蒙熱の盛り上がりは、まだ最初の段階であり、満州国の建国宣言をへて「戦況が一段落する状態になると、さすがにヒステリックな症状は沈静にむかう」(1)い、その後、国際連盟脱退をめぐり第二のピークを築いていく。熱狂から覚めた比較的冷静な状態にある時にこそ、満州国建国の正当性とその意義を国民に訴え、より強固な一体感を形成する時期であった。

ここで満州国建国から国際連盟脱退にいたるまでの流れをまとめよう。満州国は昭和六（一九三一）年の満州事変により満州の主要地域を占領して、日本がつくりあげた、軍事・外交をはじめ、内政の実権も関東軍や日本人官吏が握る、日本人が事実上支配するいわゆる傀儡国家であった。

昭和七（一九三二）年三月一日建国が宣言され、「満州国」の建国年号を大同、国旗を新五色旗とすることが布告

された。同日九日清朝最後の皇帝溥儀が執政に就任し、国務総理に任じられた鄭孝胥（清朝の旧臣）が執政の宣言を代読する。そこでは「王道楽土」（王道に基づいて治められる安楽な土地）の実現こそ、満州国樹立の最高理念であり、目的であるとうたわれた。満州国は「王道楽土」「五族協和」などのスローガンがあふれ、建国とともに各都市では建国慶祝大会が行われた。

しかし、中国政府は満州事変を日本の武力侵略であるとして国際連盟に訴え、同年四月その実情を調査するためにリットン調査団が満州に入り現地調査を行った。満州国の誕生はリットン調査団の到着に先立ち、その既成事実をつくりあげるためであった。一〇月に同調査団の報告書が公表されたが、その直前の九月一五日、日本側は軍や国内世論の強い突き上げをうけて、「日満議定書」を調印して、満州国を正式に承認していた。そして昭和八（一九三三）年二月二四日の国際連盟総会で、満州国を占領している日本軍の撤退などをもとめる勧告案が可決されると、日本は同連盟を脱退し、国際的な孤立に陥ったことは周知のとおりである。

少女使節と協和会使節が派遣されたのは、まさに建国宣言からリットン調査団の調査中の間、すなわち昭和七年六月下旬から七月上旬にかけてであり、それは満州国の対外宣伝活動の一環であった。それとともに、日本各大学連合会が満州国建国をきっかけに設立した日満中央協会の要請により、満州国から派遣された交通部総長丁鑑修の一行の国民代表使節が派遣されているが、圧倒的に国内で注目を集めたのは少女使節と協和会の女性使節であった。

明日を担う純粋で守られるべき子ども（幼児や少女・少年）が、日本のために満州に駐屯する将兵を激励するという構図は、すでに国民に好意的に受け入れられるテーマとなっていた。満州事変をきっかけとするマスコミの報道合戦により少女・子どもが、平和・防衛（権益擁護）のための戦争と結びつき、有効なイメージ戦略の一つとして利用され始めたのだ。そして今度は隣国日本に満州国への援助を期待し、協力と理解、国家としての承認をもとめるために、子どもと少女、若い未婚の女性を主役にした二つの使節が登場するのである。

2　二つの使節と大新聞の報道

①　大新聞の独占取材——満州国少女使節は満州国の建国精神を日本の少年少女達に宣伝し、「日満親善融和」を

はかるために日本に派遣された（昭和七年六月一七日〜七月一一日）。中華民国の暴政を排して独立した国、それは民族協和を掲げ東洋平和、世界平和を願う理想にみちた新しい国でもあった。その理想に呼応するかのように満州国内（奉天、長春、安東）にすむ日本人、朝鮮人、満州人の一二歳前後の少女各二名が、満鉄学務課の推薦により結成された。後に詳しくみるように、少女使節は次の世代を担う子ども達による平和交流という、人形交流の形式を踏襲しているのである。

またこれと時を同じくして満州各地の諸民族の協和運動に奔走する満州国協和会から、「今回日本内地ニ於テ新国家承認速進及満州国建国精神ノ宣伝」のために、未婚の二〇歳前後女性二人を含む一四名（日本人六名・満州人八名）の使節が三班に分かれて日本に派遣されている（昭和七年六月一九日〜七月七日）(2)。そして協和会使節第一班に属した二人の女性使節が日本国内で注目を集めるのである。

少女使節（滞日二〇日間）・協和会使節（滞日一五日間）ともに、大新聞は連日その動向をつぶさに報道している。単なる動向の紹介から写真付複数段（四〜五段以上）の扱いまで含め掲載された記事の総数を大まかに数えると、『東朝』少女使節一四回（内写真付複数段五回）・協和会使節四回（内写真付複数段四回）、『大朝』少女二四回（内特集二回・写真付複数段一〇回）、協和会一〇回（内写真付複数段六回）、また『東日』少女・協和会ともに八回（内特集一回・写真付複数段五回）、『大毎』少女二五回（内特集一回・写真付複数段八回）、協和会一二回（内特集一回、写真付複数段七回）である。扱いは主に社会面で、朝刊の政治面に掲載されたのは『東朝』の少女使節二回（一九三二年六月二四日朝三面、六月二七日朝三面）・協和会使節一回の計三回（一九三二年六月二二日朝三面）だけだ。

少女使節のメッセージ（後述）を紹介したのは『東日』（六月二日朝一一面）、『大朝』（六月二一日朝一一面）と『国民新聞』（六月二一日朝七面）の三紙、『東朝』『大朝』は子ども会を中心にする歓迎会、『東日』『大毎』は主に座談会

を主催し両使節関係の記事を掲載しているが、報道の回数は少女使節の方が多く、また東京よりも大阪の方が熱心だ（表1）。

ちなみにかつて東京で『東日』『東朝』とともに五大紙といわれた『時事新報』は少女六回（内写真付複数段四回）・協和会四回（内写真付複数段二回）、『報知新聞』は少女六回（内写真付複数段三回）・協和会一回（内写真付複数段）、『国民新聞』は少女六回（内写真付複数段二回）・協和会一回であり、少女使節に関しては『東日』（八回）と回数的にあまり差がないようにみられる。だが記者発表や事実経過を報道するしかない三紙に比べ、特派員からの報告や『東日』主催事業をはじめ豊富な内部情報を含めた記事の充実度には、各段の違いがみられる。

三紙ともに少女使節については、入京と退京、各新聞社の訪問の様子などをはじめ、小学生三千人余が参加した日比谷公会堂で催された東京市主催の歓迎会で贈られる「答礼人形」（市松人形）の写真を掲載している。このイベントに『東日』『東朝』の大新聞はかかわらなかったので、逆に両紙ともにその報道がないことが興味深い。

以上のことから、大新聞は両使節の講演会や座談会などを主催することでニュースソースを独占し、他紙と明らかに異なる紙面をつくり、差別化をはかるという傾向がみられる。

② **大新聞と行政の連携**――昭和七年六月、七月の外務省記録には、両使節が通過、あるいは滞在した各地方自治体の首長などから頻繁に内務大臣・外務大臣等への動向報告が残されている。両使節ともまず東京を訪れ、宮城（皇居）遥拝・明治神宮・靖国神社参拝の後、少女使節は官庁訪問（首相、外務省、陸海軍省、文部省、拓務省、鉄道省）、『東朝』主催の歓迎会、『東日』主催の座談会、新聞社訪問（東朝、東日、時事、国民、報知）の他、子どもを中心とする歓迎会等に出席する。

協和会使節も同じく『東朝』主催の歓迎会、『東日』主催の座談会に出席、女性は本庄繁関東軍司令官の夫人を訪問、その間男性は官庁を訪問するなど、政治上の実務面は男性が、マスコミ向けの広告塔の役割は二人の女性が担っているようである。

両使節はともに大新聞と行政（満州国・日本政府）との綿密な協力関係のもとに、それぞれのスケジュールが組み立てられたことがわかる。

例えば、少女使節の来日の準備ために満州国資政局弘法處は、官吏森元三樹三（三一歳）、齋藤進次郎（三一歳）二名を派遣し、あらかじめ大阪の教育関係者との事前打ち合わせを行い、大新聞の主催事業であることを踏まえて計画を立てている。すなわち満州国から満州国少女使節の来阪に関して書面であらかじめ「市長宛依頼シ」ていたが、「少

表1　滞日中の少女使節・協和会使節の動向と大新聞の報道

昭和七年	少女使節	協和会使節	東京朝日		大阪朝日		東京日日		大阪毎日	
			少女	協和	少女	協和	少女	協和	少女	協和
三月一日	満州国建国									
五月一七日	少女使節派遣計画報道									
五月一九日										
五月二八日	【新京特電27日発】		○		◎		◎		◎	
六月二日							◎●			
六月三日	少女使節6名を決定									
六月四日			×							
六月五日									○●	
六月八日									○●	
六月九日			●							
六月一一日		派遣報道						◎		
六月一二日										◎
六月一四日										

六月一五日				◎	特					
		（颯爽ミス満州）						◎●		◎●
六月一七日	新京集合		×		○				○	
六月一八日	新京出発　2：30本庄	2：20本庄								
六月一九日	大連着（先発隊神戸着）	奉天出発（朝鮮経由）	○／◎		○				○／○	◎
六月二〇日	大連発	下関〜姫路〜大阪			◎●				◎●	×
六月二一日		東京着（8：30）・【東日車】宮城・明治神宮・靖国神社・新聞社訪問・東日婦人会主催座談会（14：00）・東朝講堂歓迎大講演会（14：00）【神田今城館】			◎●	◎●	○	◎○	○	◎●
六月二二日	門司着	本庄司令官夫人訪問（午前）男性首相官邸蔵相・外務省他	◎	◎●　◎●／	×	◎		◎●／徳　◎●／		◎●　◎●／
六月二三日	神戸着〜20：25東京着			◎●	◎		○		◎	
六月二四日	宮城・明治神宮・靖国神社・東京市長（午前）・東京市小学児童歓迎会（13：30）・全国教員会主催歓迎会（16：00）・東日主催歓迎会（17：30）		◎●　○●／		◎●		特／◎	●	○　◎●／	
六月二五日	官庁方訪問・新聞社（朝日・東日・時事・国民・報知）・朝日午餐会（正午）・東京職業指導大会（13：00）・朝日こどもの会（朝日主催）（14：00）		×　◎●／		◎●		◎●		○●	
六月二六日	市内見物・放送（18：00）	東京発（20：55）	◎●		○					
六月二七日	小学校参観・満鉄招待会	名古屋下車講演	×					○●		

六月二八日	日光見物					◎	特			
六月二九日	仏教少女歓迎・鎌倉見物・歓迎大会（増上寺）（15：30）・東京発（21：25）	大阪（11：35）・大毎主催満州婦人使節歓迎座談会（13：00）			特				◎	◎
六月三〇日	大阪着・大阪市学童との交歓会（15：00）・満州国即時承認座談会（18：00）（協和会使節と対面）・満州国特使の出迎え（20：55）	全関西婦人連合会主催大朝後援婦人使節歓迎交歓会（13：00）・大朝社長邸・生産党主催大阪実業座談会（19：00男のみ）	×			◎●			○	特
七月一日	満州国少女使節歓迎こども大会（於：朝日会館）・満州国即時承認国民大会（19：00）	鴻池別邸（11：30）・宝塚歌劇見学（2：00）・満州国即時承認国民大会（19：00）			◎●／ ◎●／ ◎／○	◎●／ ◎○			◎●／ ○／◎ ●／◎ ●	×
七月二日	大阪毎日座談会	大阪発（20：46）			○●／ ●／ ◎●	×／● ／○			○／◎ ●	
七月三日	奈良市公会堂で小学生との交歓（11：00）・宝塚歌劇								特	○●
七月四日		門司発（13：00）			○●				×	
七月五日	京都				×	○			○	○
七月九日	ラジオ放送少女使節送別会				◎●				○	
七月一〇日	京都（13：00）～神戸（14：14）								○	
七月一一日	神戸から帰満				○					
七月一七日					◎					
合計			14	4	24	10	8	8	25	12

注・特は特集、◎印は五段【四段囲み・それに匹敵する横幅をもつ複数段】、○印は見出しのある複数段の記事、×印は動向を伝える一段程度のもの、●印は写真（キャプション含む）を表す。

女使節委員トシテ使節一行ノ日程打合セノ為」一行に先立ち、両名は「本月二十日大阪駅」に着いた。彼らは「市役所ヲ訪問シ生田教育部長、岡教務課長等ト使節帯阪中ノ日程ニ就テ打合セノ結果」「少女使節一行ハ三十日午前京都ヨリ来阪府市大毎新聞社等ヲ訪問、仝日午後市主催ノ少女使節歓迎交歓会及ヒ七月二日午後大毎主催ノ日満少女座談会等ニ出席ナシ七月三日迄帯阪スルコトニ決定ヲ見タリ」(3)という。

実際はこの予定とは異なり、少女使節は六月三〇日東京から夜行列車で朝大阪に入るが、まず駅を降りるとすぐに大阪毎日新聞社・大阪朝日新聞社を訪問し、大阪府庁・第四師団司令部・大阪城見学・大阪市役所を訪れ、午後の歓迎会に臨む(4)など、新聞社訪問が行政府・軍部とともに重要な位置を占めていることがわかる。

資政局は建国の理念の実践化を指導し宣揚するために設けられた満州国の宣伝情報機関であり、彼らは後述するように大量の「宣伝用印刷物」を用意していた(5)。また協和会使節第一班が来阪するに際しても、大阪駅で「大朝、大毎両新聞社社員、国粋大衆党員、全関西婦人連合等ノ歓迎ヲ受」る(6)など、両使節の日程は大新聞の主催事業が大きな比重を占め組み立てられていたのである。

③ **満州事変からの熱狂**——ただし報道件数から見る限り、若い女性よりも子どもの方が記事になりやすかったことがわかる。さらに少女使節の方が各小学校との参観や教育関係者との交流や名所見学、ラジオ出演など訪問先が幅広く、また注目されやすい存在であった。ただし両使節の報道の回数に表れているように、その熱狂ぶりはすさまじく、センセーショナルな見出しをともなう連日の報道は、満州事変から続く国民の熱狂に支えられている、という印象をうける。

例えば、『国民新聞』もその様子を次のように伝えている。少女使節一行を出迎えるために夜東京駅に集まった人々は「関係者をはじめその他一般市民等三千の人出、五色の満州国旗と日の丸の波だつた」。

……俄に起る急○様な万歳のリズム！身動きの出来ない雑沓のフォームに後部二等寝台車から……六使節が愛くるしいひとみを歓迎の混雑にみはりながら、でもほゝ笑ましい微笑をたゝへつゝホームに降り立つた。其《ママ》の瞬間興奮した人の渦が……此の愛らしい珍客を包んでしまふ「余り押さないで下さい子供が可哀想です」と石田女史が先づ嬉しい悲鳴をあげる、写真班のフラッシュをあびながら……日本少女からの花束けを《ママ》う駅頭先づ日満少女の意義ある交歓が行はれる、可憐な使節は狂騒《ママ》的歓迎の人波に揉まれながら降車口に出て歓呼の声に送られて……帝国ホテルに入つた(7)

表2　昭和7年における満州国建国と関連使節の動向

日　付	使節の動向
3月 1日	満州国建国
5月17日	少女使節派遣計画報道
6月 3日	少女使節6名を決定
6月21日	協和会派遣使節入京
6月23日	少女使節入京
6月24日	凱旋将軍入京
7月 1日	満州国特使交通総長丁鑑脩一行入京
7月 5日	資政局廃止
7月25日	協和会発足
8月 8日	武藤信義関東軍司令官・関東長官・特命全権大使
9月 6日	満州国正式承認・武藤全権から全世界へ宣明の記事
9月 8日	本庄繁入京記事・学童使節の人選決定
9月15日	日満議定書（満州国承認）
9月18日	満州事変1周年・日本学童使節出発
10月 1日	リットン調査団、日本政府に報告書

東京滞在中の印象を聞かれた少女使節の一人は、「大歓迎を受けるだろうとはいはれてゐたが、こんな暴風のような熱狂的のものではないと思つてゐたさうで、兪さん（朝鮮代表少女）などは紙のようにくたびれさせられてしまつた」と話している（『東日』六月二八日朝八面）。

3　資政局と協和会

①　大雄峯会と満州青年連盟

――周知のように満州国は、満州事変により日本軍が占領した中国東北部を領域として成立した国家であり、事実上日本人が支配していた。満州国から少女使節と協和会使節が派遣された目的は、日本国内の満州国承認の機運を盛り上げる役割を担っていた（表2）。

少女使節の来日準備を取り仕切った資政局は、建国の理念の実践化を指導し宣揚するために設けられた満州国の宣伝情報機関で、笠木良明を指導者とする大雄峯会系の人々で構成されていた。また協和会は満州国建国後の自治指導部の継承発展を模索していた満州青年連盟の山口重次や小沢開作らが丁静遠、阮振鐸とともに結成した満州国協和党を母体とする民間の教化団体であった(8)。

つまり関東軍が満州「各県の地方自治会、治安維持会を統轄する機関」として自治指導部設置要領を決定していたが、「その実行にあたり在満日本人の協力要請に応じた団体」(9)が大雄峯会と満州青年連盟であり、彼らの協力が建国運動の大きな推進力になったのである。しかし建国を目前とした時期になり両団体の確執が表面化し、新政府へ「大学卒業者の多い大雄峯会系の部員は多数採用されたものの、満州青年連盟系」は「中央政府にはほとんど採用されれ」なかった(10)。そして前者が資政局の母体となるが、わずか四カ月に満たない七月五日に廃止され、職員全員が退官に追いやられる。一方、後者の満州青年連盟系を中核として、協和会が発足するのである。

② **協和会婦人班と学童軍**――協和会は建国精神を普及し、反共主義・反三民主義と王道主義を掲げて七月二五日名誉総裁に溥儀、名誉顧問に本庄繁関東軍司令官、会長に鄭孝胥らが名を連ね、当初は石原莞爾らが中心となり関東軍に代わり「新たに満州国の最高政策決定を担う機関として」想定されていた。しかし同年八月石原が本庄らとともに関東軍から転出すると、根本から改組され、経費も国庫補助金が充当されるなど関東軍と満州国政府から公認された御用達機関となる。もっとも「政府との協調関係が生まれるのは、じつは一九三四年八月協和中央事務局の執行メンバーが、民間人から政府の日系官吏に交替してから」(11)だという。協和会使節が派遣されたのは協和会設立直前のことであり、来日メンバーも新国家建設への希望に満ちていた。

和田齊が「建国精神作興の本源　満州国協和会　その重大使命と活躍ぶり」として、『大朝』『東朝』に協和会の役割を紹介した文章には、次のように記されている。

協和会は世間一般にいう政党とは本質的に異なり「政治には直接の連関は持」っていないが、その「指導精神は即ち満州国世論として力強く国政に反映すべく」訓練をうけた優秀な会員が、婦人を含めた数十班の宣伝班として全満州で活動を始めている。そして政治工作の他「童子軍、協和婦人会の組織」化の計画を進め、「すでに新京では可愛い童子軍が出来上」り、他の地域でも組織されることになっている。「かくて全満州国に『われらの祖国』を護る愛国少年団が出来上がるわけで、童子軍は五カ年計画の前期訓練をうける」。「また婦人班をも組織し、要人の家庭を訪問して、新国家の意義を説き入会を勧めある程度の同志ができればそこで婦人協和会を作ることになつてゐる。この婦人宣伝班中もつとも異彩を放つているのが、目下満州国承認促進運動のために渡日中の馬士傑（十九）丁若蘭（二〇）両嬢である」（『東朝』六月二六日朝五面）。つまり二人の女性使節は、満州国建国の精神を普及する女性班の将来の中心となる人材として期待されていたのである。

このように発足前の協和会の女性使節は、あくまで民間から派遣された協和会使節全三班一四名中第一班の構成メンバーにすぎず、形式上は非公式な人々であった。これに対して少女使節は国務大臣のメッセージを携え、まもなく廃止されるとはいえ、満州国資政局が全面的に支持する満州国の公式な使節であった。（満鉄・満州国政府も関係しているが）資政局、つまり大雄峯会系の人々の支援をうけた少女使節に対抗するかのように満州青年連盟系の人々が協和会使節を派遣したと思われる。そしてこの時期の両者の確執もあったために、両使節の訪日日程の調整ができず重複したのであろう。そしてそれはまさに資政局が廃止され、協和会が正式に発足するまでの期間であった。

したがって外務省記録を見る限り、両使節は日本ではほぼ同列に扱われていた。それは関東軍も同様で『本庄日記』によれば、昭和七年六月一八日二時二〇分協和会使節、二時三〇分少女使節が出発の挨拶に来た、と記されている[12]。同日奉天に訪れた両使節を、本庄は時間をずらして激励している。満州国・関東軍ともに両使節の訪日日程の調整ができない（行わない）まま、大雄峯会系・満州青年連盟系がそれぞれ独自に国民融和を試み、それを日本政府も受け入れたのである。もっとも協和会第一班の世話役であった満州青年連盟の鯉沼忍は、少女使節一行が入京す

図1　『東朝』6月22日夕刊1面

ると駅に迎えに行き、「同じ時に協和会や少女使節一行が入京するので」「東京は満州国関係で大賑ひです」(13)と本部へ報告している。両使節の目的は同じであり、必ずしも一方的に対立するものではなかった。

では次に非公式にもかかわらず大新聞あげて積極的に支援し、魅力的なニュースソースとして大きな注目を集めた協和会使節の役割に注目しよう。

2　協和会の女性使節

1　協和会使節の目的

① 報道の主役——協和使節は少女使節より一足早く二一日に入京する。その主要な目的は日本に満州国の承認を求めることにあり、そのために満州国の現状を国民に紹介することで、即時承認の機運を盛り上げることにあった。「満州国民使節／晴れの入京／新国家承認の前奏曲／東京駅頭歓迎の叫び」として『東日』六月二二日付夕刊は一面のトップで伝えているが、その写真中央にうつる姿は二人の女性使節であった（図1）。そして同日夕刊も二人の写真入りの記事が並ぶなど、マスコミ的には両嬢が報道の主役だ。それは大新聞ばかりか『時事』六月二一日付夕刊一面・『報知』六月二二日付夕刊一面など、他紙も同様である。

来日（二一日）前から彼女達の注目度は高く、『東日』（六月一六日夕二面）は、囲み記事で「颯爽・ミス満洲」と二人の顔写真を大きく紹介する。「満州国協和会から近く日本への使節として出発する一行中の花馬士傑さん（写真上）と丁若蘭さん（下）の颯爽たる姿です。新国家の本当の革命は婦人から」と「日本女性との握手といふ文化的使命をおびてほがらかに来朝する」（図２）と報じている。それは『東朝』（六月一五日夕二面）も同じく「訪日使節の華／伝統を蹴破つて／躍り出た二女性／一行は十九日頃奉天出発」と話題の中心として、両嬢を協和会使節の華として取り上げている。

報道によれば馬士傑は「奉天第十二小学校校長さんの愛娘、奉天高女を今春卒業したばかり」（『大毎』六月一二日朝一一面）で「日本人小学生に中国語を教え」（『東日』六月二二日夕二面）流暢な日本語を話すという。丁若蘭は「第十三小学校に体操教師をしており撫順の師範学校卒業後学良時代にあつた女子体育学校を卒業した」医師の娘であった。「両嬢は外界との遮断された満州風の家庭の反対を押切つて満州国婦人の向上と新国家の理想に起ちあがつた今様ローザ・ルクセンブルク女史（ポーランド革命運動の理論的指導者）なのだ」（『大毎』六月一二日朝一一面）と紹介されている。

図2 『東日』6月16日夕刊 2面

図３ 靖国神社訪問（『歴史写真』1932 年 8 月号より）

一行は『東日』の車を提供されるなど新聞社から特別なはからいをうけ(14)、宮城・明治神宮・靖国神社というおきまりのコースをとり、満鉄支社、警視庁、東日、東朝、国民、時事、報知、読売の順に各新聞社を訪問する（図３）。さらに昼食をとる暇もなく、『東日』婦人会主催の茶話会・座談会に出席すると同時に、『東朝』講堂で歓迎大講演会に臨んでいる。いずれも二時からと時間が重なっている。これについて前述の鯉沼は、次のように報告している。

直ちに朝日講堂に馳せつければ、講堂の前は人の山です。それに二人の女性を中心にしてトーキーを撮るといふので一行はまたカメラの人となり、群

（二）　昭和七年六月二十二日　（水曜日）

私達は断髪よ
でも白粉は大事
満洲國民使節中の紅二點
朗かに彼女は曰く！

図4　『東日』6月22日夕刊2面

衆に囲まれ乍ら講堂に入れば、さしもに広い会館は人の山です。……東日の座談会も同じく二時からなので二組に分れて漸く責任を果した程でした。着京早々一分の隙もなく引廻されるので聊か閉口の体ですが、然し斯くも反響のあることと思へば心中また微笑を禁じ得ないものがあります(15)。

女性はまず『東朝』で挨拶をして、男性陣を残して『東日』の催しに参加したのだろう（図4）。『東朝』講堂での講演会前の様子、つまり鯉沼のいう女性を中心に撮ったトーキーとは、おそらく東京大阪朝日新聞社製作のニュース映画『朝日発声ニュース第一一二号　帝都に輝く』のことであろう。それが昭和館に所蔵され公開されているのでその内容を紹介しよう（所蔵番号00035）。上演の時間は一分三七秒である

●テロップ

満洲国協和会使節
満洲国承認を求めに
来朝した
協和会代表一行は
東京朝日新聞社の
歓迎講演会に出席の前
本社玄関前で

緒方編集局長以下
社員の出迎を受けた

●テロップ
緒方局長と握手する
団長　丁沖漢氏令息　丁静遠氏
婦人代表　馬士傑嬢
仝　　丁若蘭嬢

（満州国の国旗をもった司会者）「緒方局長です」（それぞれ丁静遠・馬士傑・丁若蘭を紹介し握手をする。その後第一班の使節と思われる他の二人と握手するが名前の紹介はない。司会者は馬に）「前にお進みください」。（馬の挨拶）「わたくしは満州国婦人使節として日本にまいりました。満州国承認問題のため皆さまよろしくお願いします」。

流暢な日本語を話すとされる馬の挨拶は、堂々としており、発音など少したどたどしく聞こえるところもあるが、日本語としては整っており十分に聴きとれる。

さらに彼女達の在京の様子を、記録映画「満州国協和会派遣使節入京」として東京日日新聞社が製作している(16)。

② **男女の役割分担**――六月二二日付朝刊三面の社説に下に「満州使節交々起ち／熱烈な承認要求」として、『東朝』主催の講演で「熱弁を揮う丁静遠氏」の写真が政治欄に掲載されている。協和会使節の来朝の理由は三つだ、と丁はいう。すなわち満州国即時承認の要求、同国の真相の紹介、そして協和会の紹介である。続いて馬士傑が「私共

女性も男と共々満州国成立に努力」すると流暢な日本語で挨拶し、建国は男性女性を含めた国民の総意であることをアピールする。その後宣伝部長の黄子明が満州国の根本方針を述べ、最後に丁若蘭が馬士傑と揃いの服装で同趣旨の挨拶をし講演会を終え、映画の上映等があったという（『東朝』六月二二日朝三面）。社会面で取り上げられることの多い両使節だが、これは政治面で取り上げられ、しかも男性が中心に報道されている数少ない事例だ。

翌二二日は午前一〇時から関東軍司令官で建国の父と日本で報じられることもある本庄繁夫人を訪問し「見事な日本語で挨拶」（『東朝』六月二三日夕二面）するなど、女性使節が中心となり社会面の話題を提供している。ここでも鯉沼はその内幕を語っている。

私は前回も来て本庄さんの留守宅を承知してゐるので二人の女性を連れて中野のお宅に向ひました。本庄夫人は何時も変らぬ健康と朗かな容姿を以つて悦んで迎へて呉れました。処が新聞社等は抜目のないもので、こゝまで後を追うて来り本庄夫人を加へて活動写真を撮らせて呉れといふのです、本庄婦人に伺ひを立てたら悦んで御承知下さいましたので、小じんまりしたお庭を借りて夫人が吾等を迎へられるところをカメラに納めました……(17)

一方、男性陣の動向は、次のようなものである。

午前一〇時　丁静遠等男性使節は小沢開作に付き添われ首相官邸、斎藤（実）首相に協和会のメッセージを手渡し満州国の現状を説明

午前一〇時半　高橋（是清）蔵相　一時間にわたり現状を説明

午後　二班にわかれ、一班　外務省　他の班　永田（秀次郎）東京市長　三土（忠造）鉄道相・若槻（礼次郎）民政党総裁（『東朝』六月二三日夕二面）

これを見るかぎり、男性陣は実務的な政治活動をしていたようだ。二三日以降の動静については、外務省外交史料館に記録が残っているので、そのいくつかを紹介しよう。二三日は荒木（貞夫）陸相に丁静遠他七名が「満州ニ於ケル日本軍ノ活動ヲ感謝シ同時ニ満州国承認方請願」し、二四日小山（松吉）法相・中央満蒙協会・早稲田大学、二五日参謀本部・頭山満・岡田（啓介）海相、鳩山（一郎）文相、内田良平の他、座談会二回、講演会二回、二六日も各班に分かれて講演などを繰り返すなど精力的な活動をしている(18)が、女性使節に関係するもの以外はほとんど新聞に報道されていない。

女性陣は東京でも大阪でも歓迎会や座談会の中心になり、全体的にソフトな話題づくりの役割を担っている。だがその目的は「承認を求めて／満州国の女性は高らかに叫ぶ／ミス満州と共に代表来朝／けふ本社で座談会」（『東日』六月二一日朝七面）とあるように、男女ともに満州国の承認であることは同じであった。

では彼女達の存在は、日本人にどのようなメッセージを伝えることを期待され、演出されたのだろうか。

2 日満婦人座談会

① 美しい日満女性の交歓――『東日』大会議室で行われた東日婦人会主催歓迎茶話会・座談会（六月二一日）

（『東日』六月二二日朝八面）には、大新聞ひいては国民が彼女達に求めた役割が端的に表れている。

「満州国国旗と日章旗をかざり一行の使命が目でたく達成するように祝福」し、『東日』副社長、主筆以下が両嬢を出迎え休憩室にはいる。

新国家は一切の古いものを清算して新らしく、力強い建設の一歩をふみ出したのです。この大きな事業完成には日本の国家的援助は勿論仰がねばなりませんが、それよりもまづ満州人個人個人がよき国民であり、良き社会生活を建設するにはどうしてもみなさん――日本女性の支持をうけなければなりません。

と馬・丁が挨拶すると、激励の言葉が随所に起る。

その予想外の大きな声援に「二人とも倒れるまで新国家のためにつくすものです。見てゐるて下さい。今に満州を立派な楽園にして見せます」と感極まり、「両使節の目に白いものが光る。何と美しい日満女性の交歓だらう」と記者は感想を記している。

そして二時半から座談会が始まる。出席者は文相夫人鳩山薫子、前満鉄副総裁夫人江口春子、奉天領事夫人、高浜虚子令嬢、女子大学生二名、女子高師、大阪泉尾高女、松原あい子東日婦人会代表であった。そして紙面には「満州国婦人使節」の署名入りの二人の書、「東洋の平和は我等女性より」（馬）と「東亜和平自女界始」（丁）が掲載されている。馬の日本語の堪能ぶりがわかる。

発言は『大毎』（六月二一日朝一一面）にも『東日』の記事を簡略化して掲載されているが、ここでは女性使節の発言で主に両紙に重複されている部分を中心にぬきだしてみる。なぜなら新聞社が強調して伝えたい内容である、と考えられるからである（引用は『東日』六月二二日朝八面。【 】内は『東日』のみだが、一部『大毎』を含む）。

② 満州国の望みと目的

〔満州婦人は望む〕

（満州の夫人の気持ち?）

馬：明るい新国家が一日も早く完成するようにとの希望、そのためにはどんな努力をも惜しまず働かうといふ気持で一ぱいです。【しかし満州には未だ目ざめない女性はたくさんあつて、そのために建設事業も思ふようにはかどりませんから、私たち代表は何もかも打ち明けて日本女性の支持を仰ぐべく、協力の手を差のべ

るため参つたのです。】

丁：私たちが日本女性の声援を望む気持ちをはつきりみなさんに知つていただくためです。

（日本人は本当に満州を理解しているか？）

馬：【満州にゐたころは同色人種でありながらずゐぶん無理解と思ふこともありましたが、】来て見ると日本が満州を愛する心が意外に大きいのに驚いた位です。

〔社会方面の働き〕

（満州婦人の社会的な活躍）

馬：家庭内では良く働きますが、恥かしいことには社会的なこと、文化的な仕事は全く零に近い有様です、文化の低いこと、知識欲の欠乏は新国家建設途上の悩みです。

（女学校を出た人の進路？）

馬：お嫁にゆく人を除いては第一が小学校の先生、それからタイピスト、女事務員などですが、職業婦人は日本のように範囲も広くないし、全く数へる位しかないのです。

〔婦人の教育程度〕

鳩山：お国の教育程度はどうでございます。

馬：お話にならぬほどおくれてゐます。満州人の八割といふものは文字を書くことを知らないのです、小作人の子供は農事に使はれて学校へ行けぬものが多いし、これでは駄目だと今識字運動を起してゐます。

丁：教育費の予算だけあつても内乱のある度毎に持ち逃げされるし給料不払の学校も多いし先生が車をひいて生活費をかせいでゐたといふ話もあるほどです。

〔今度来た目的は〕

馬：【私共の今度参つた目的は満州国の承認、それから働く日本の女性と接して、満州婦人を開発することで

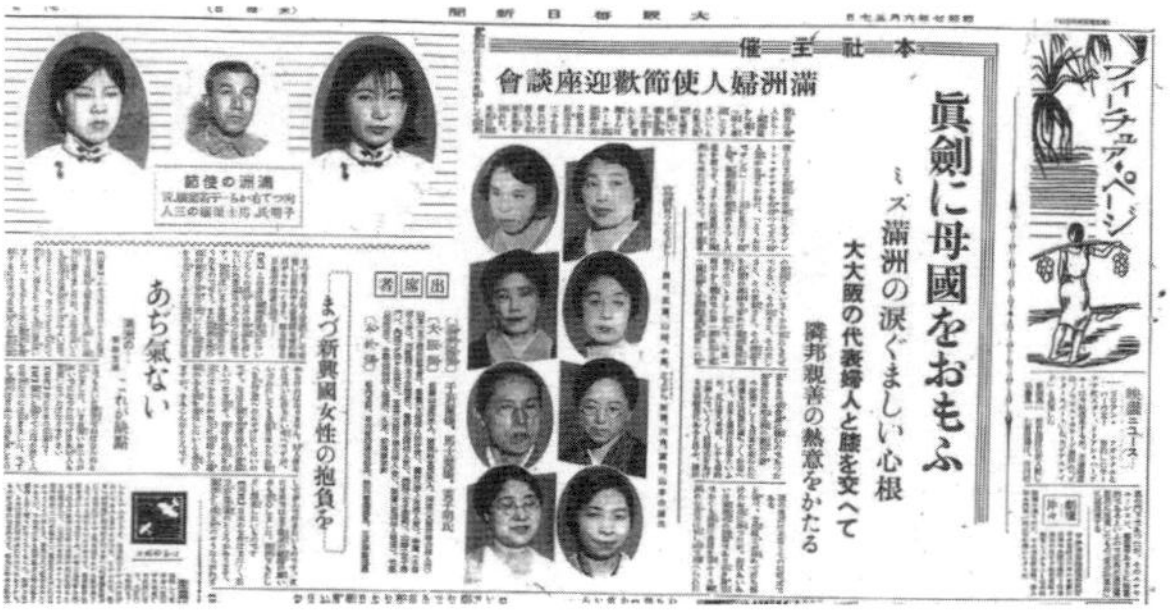

図５　『大毎』６月30日朝刊７面

す。】

鳩山：私たちで出来ることなら日本女性をあげて【満州国承認促進の―『大毎』のみ】応援致します。建設の礎石には女性の力も与つて力あることですから一生けんめいやつて下さい。

馬・丁：どうもありがとう御座います。満州へ帰つたらみんなに日本の女性の真剣な応援を伝へます。

3　女性の社会進出――視覚化される日本の先進性

大阪本社でも六月二九日同様の座談会（『大毎』六月三〇日朝七面）（図５）が、武藤山治夫人以下同じような構成で行われている。そして三〇日は、関西連合婦人会主催『大朝』後援の「婦人使節歓迎交歓会」であった。「女性と女性が　日満交歓の誓ひ　本社楼上における交歓会」（『大朝』七月一日夕二面）と見出しにあるように、馬は女性同士が「子供時代から共存共栄の思想を持たせたい」と日本語で挨拶し、丁は満州語で感謝を述べている。

基本的に丁と馬は、「日本より文化レベルも教育程度も劣る」満州の「新国家建設のために文明国日本人の援助と指導」が必要であり、「女性も日本からの満州国の即時承認を願っている」の三点を強調している。そして女性の社会進出も進んでいないので、一日も早く満州国を日本のような一等国になるように導いてもらいたい、という趣旨の発言も一貫している。

この頃日本では看護婦や教師、電話交換手、バスの車掌など大衆社会の出現とともに婦人の職場進出もさかんとなり、職業婦人という言葉も生まれる。国内外に日本の先進性を視覚化するという意味でも、若い未婚の女性が来日して、彼女達自身の口から女性の社会進出を語ることは効果的な演出であった。ここに日本がはやく満州国を承認してよい方向に国を導く役割があることを、日本人自身が自覚するためのわかりやすい理由があった。そしてその根底には、軍事力だけでなく生活レベル・社会制度などを含めてあらゆる点で日本は欧米列強と同等だという気負った自意識があり、日本型の近代を満州国に提供することは、日本に課せられた使命だという有難迷惑な親切心があった。まさに協和会の女性使節は、満州国から文明国日本への使者であったのである。

3　少女使節の誕生――満州国から日本へ

1　少女使節の派遣

建国宣言から二カ月後『満州日報』（一九三二年五月一七日朝七面。以下、「『満日』」と記す）は、「満州国から日本へ平和の使者を派遣　溥儀執政のメッセージを携へて　美しい少女数名」「平和の使者として可憐なる代表を派遣すべく計画中」であることを報じている。

満州国民政部文教司は、「日満親善融和」のため「満州国内ノ民間少女六名ヲ選抜シテ」日本に派遣し、「本邦青年婦女子トノ間ニ実際的親善交歓ヲナサシメ度シトノ意向」であることを外務大臣齋藤実に伝えている(19)。その人選は満鉄に依頼し、六月三日六名の少女を推薦することになった。有賀満鉄学務局長は推薦の事情を「各沿線の学校から使節代表として適当な者として推薦して来たものを学務課」で適任者を選任した、と語っているが、すべて満鉄が教育権をもつ附属地域の子ども達であった（『満日』六月四日朝七面）。

少女使節の内訳は民族協和の理想に呼応するかのように満州国内の都市、奉天、長春、安東にすむ日本人、朝鮮人、満州人から各々二名づつ、奉天加茂小学校尋常科六年生津田壽美・長春西広場小学校尋常科六年生和泉美幸・安東普通学校尋常科五年生金君姫・奉天普通学校尋常科五年生兪福順、長春公学校高級一年生楊雲・奉天公学校高級一年生雷静淑の一二～四歳の少女が選抜された。引率者は大連満鉄北公園幼稚園園長石田豊子であった(20)。

奉天から推薦された津田壽美の父は朝鮮銀行奉天支店勤務、兪福順の父は奉天に六年住んでいる土地の売買業であった。三少女とも成績優秀、運動家で、いわゆる文武両道に秀でた子ども達だ。特に雷の父は軍人だが特別に日本の教育を受けさせたいと娘を奉天公学校に入れた（『大朝』六月一五日朝七面）。同校は、中国人子弟を対象とした日本人が創立した学校であり、満鉄が教育機関の整備と成績向上はもとより、附属地域の満州国民、すなわち中国の子弟の教育にも貢献しているというアピールのため、内地からの教育関係者の視察先に加えられていた(21)、という。雷静淑の母親は東京の高等師範（現・お茶の水女子大学?）を卒業したという（『満日』七月二一日朝三面）から、日本に留学経験のある教員であろうか。また安東の金君姫の父は「朝鮮人会長として在満同胞のために身命を賭して活躍」している人物だという（『満日』六月四日朝七面）。

少女使節の派遣とともに、山田耕筰に作曲を依頼し、鄭孝胥作詞の満州国国歌の準備も進み、六月中旬には完成するという。これは同年七月に予定されていたロサンゼルス・オリンピックに「満州国代表」選手を派遣し、国際舞台にアピールするために国歌が必要になったためである。担当者の八木沼丈夫民政部広報部長は、「執政のメッセージは大体出来ましたが、これは近々発表します。何しろ幼い少女を遠い日本へ派遣するので並大抵ではありません。……この宣伝のほかにオリンピック競技に選手二名を派遣します。（その監督は決まっているし）秋に全満州をあげて満州国建設祝賀総動員を挙行する筈です」という談話をよせている（『満日』六月五日朝七面）。

満州国の海外宣伝の一つとして、まず「少女使節」を日本に派遣し、その歓送迎会で「新国歌の第一声を揚げ……七月のオリムピツクを好機として新国歌を新五色旗と共に世界に紹介する」という計画（『満日』六月六日夕二面）であった。女性・子ども・スポーツをとおして、対外的に満州国の存在を内外に示す戦略の一環のなかに、満州国少女使節があったのである。

2　少女使節の旅立ちから歓迎

安東・奉天から選抜された少女四名はいったん長春に集まり、六名の少女がそろって「満州国要人に挨拶した上盛大に当地を出発」する（『満日』六月八日夕二面）ことになり、「花の六少女使節　明日長春に集合」など、『満日』（六月一六日朝七面）は逐一その動向を報じている。

一七日午後長春に到着した少女四名が合流し、民政部に挨拶の後、鄭総理を訪問する。それぞれの二名の朝鮮・中国・日本の少女、計六人と国務総理鄭孝胥等の記念写真が『満州日報』（六月一九日朝七面）に掲載された。朝鮮・中国の少女が民族衣装なのに対して、日本少女は和服ではなく、洋服で、ブラウスにスカート、帽子を手にしている。日本の近代化をアピールするための演出であろうか。少女達は、日満の各小学校などを巡回し、国務院主催の茶話会などの後、翌一八日に長春を出発し、奉天で本庄繁関東軍司令官に面会する。本庄から子どもの立場で「満州国の事情を紹介」するように激励され、夜は奉天放送局から「満州国三千万民衆に対して、日、鮮、満語」でそれぞれの少女が渡日の挨拶をした。

翌一九日大連に到着した少女使節は、日満両国旗が打ち振られ、楽隊による「頌国歌」の演奏、少女使節歓迎の歌が合唱されるなか「市内各女学校・小学校・公学堂女生徒一千数百名及び市内各婦人団はじめ一般の市民」多数の出迎えをうける。「少女使節」という看板を掲げ、日満両国旗で飾った自動車六台に分乗し、大連神社を参拝。その後満州日報社主催の歓送迎会に向かう。それは一八日に発表されたばかりの奏楽「満蒙維新の歌」に始まり、満州文化協会理事・大連市長・大連公会議長の挨拶などおおがかりなものであった。同社の社長は「日満鮮全く融和して民族差別なき新国家の紹介に行かれる貴女方の役目は重大で内地の少年少女達は必ず皆さんを歓迎することであろう、そこで有の儘のお話をし合えばそれで充分使命を果せ、日、満、鮮、ひいては世界各民族融和の基を開く……」と激励している。そして「頌国歌」合唱ののち、満州国万歳を三唱したという（『満日』六月二〇日夕一面）。

ただしこれを報じる同紙の記事の下には、「満州問題の解決策を　国際会議に転嫁　日本は満州国参加要求」「わが

図6　日満握手の新型人形（さいたま市所蔵。吉徳商店『趣味の人形』より）

図7　市松人形を贈られる少女使節（『歴史写真』1932年8月号より）

対満態度を闡明　陸軍三長官会議にて決定」の記事が踊っている（『満日』六月二〇日夕一面）。そして翌日同紙一面の「連盟がどう出やうと　正々堂々と押し切る　内田伯対満方針を語る」という内田康哉満鉄総裁の記事の隣に、大きく「感激の渦に包まれ　少女使節鹿島立つ」の見出のもとに日本に向けて出港する少女達の写真が掲載されている（『満日』六月二一日夕一面）。

　同一行ハ昨二十三日……神戸ヨリ入京シタルカ同駅ニテハ東京市教育局、仏教青年伝道会、仏教婦人会、増上寺派信徒、東京朝日、東京日々ノ各新聞社、満州日報、大連新聞ノ各社東京支局ノ各代者及都下関係学校生徒等約一千名ノ出迎ヲ受ケ……（帝国ホテルに入り）其際記者団ニ対シ来朝使命ノ大意ヲ述ヘ一同就寝(22)

　翌六月二四日、少女使節一行は宮城遥拝の後、明治神宮、靖国神社に参拝し、東京市長訪問後、東京市の小学校の歓迎会にのぞんでいる（『東日』六月二五日朝一一面）。

　外務省にのこる日程表によれば、滞京中は「東京市教育局庶務課」で「諸般ノ斡旋」をして、官庁訪問（首相、外務省、陸海軍省、文部省、拓務省、鉄道省）・新聞社訪問（東朝、東日、時事、国民、報知）をはじめ、市役所の自動車を三台提供し、連日各地で少女達の歓迎会が開かれるなど、破格の待遇であった(23)。その間、後に答礼の学童使節を派遣する全国連合小学校教員会より引率の石田に「日満握手の新型人形」（図6）、使節の少女一人ひとりには「市松人形」が記念に贈呈されている（図7）[24]。また、彼女達は帰路、大阪、京都、神戸、下関、門司にも訪れてメッセージを披露し、各地で歓迎会に出席する（『満日』七月一五日夕二面）。滞日約二三日間に政府、マスコミ、教育関係者など日本をあげて、満州国の建国精神を伝えにきた少女使節を大歓迎していることがわかる。

3　公式の対外宣伝

少女使節の目的は、単純な日満両国の親善ではなく、満州国の建国精神を日本の少年少女達に宣伝することにあった。そしてそれは前述の長春領事から齋藤実外務大臣への通信にもあるように、「女性・子ども」をとおした満州国の公式の対外宣伝行事でもある。したがって、同国は広報担当者をあらかじめ派遣して、大量の「宣伝用印刷物」を準備している。

先発隊として派遣されたのは、前述のとおり国務院施政局齋藤進次郎・森元三樹三の二名で、国務総理鄭孝胥のメッセージや書籍などを携えて、「少女使節の目的宣伝」のために東京・大阪・京都の各市役所をはじめ、名古屋・静岡等の主要都市を訪れ「総理のメッセージを発表し、合せて少女使節の訪日の目的を述べ、日程の都合で三大都市以外を訪問し得ぬことに対し残念である意味」を伝える（『満日』六月一七日夕二面）。一方、日本側も満州国側に全面的に協力する準備を整えるために、「満州国少女団ノ件」について、次のような協議をしていることが、外務省外交史料館の史料からわかる[25]。

一、歓迎其他ノ諸種ノ催シニ関シ「満州国」ナル名称ヲ公然使用可否、同様満州国国旗使用ノ可否
二、諸官庁訪問ノ可否
　可ノ場合訪問ノ範囲ヲ決定シ場所時刻及方法ノ打合セ置〇〇

この記録の上には手書きで、一の「満州国」の名称や国旗を公然と使用すべきか否かは「差支ナシ」、二は「外務省ニ関スル限リ時間ヲ取極メ通知スヘシ」、また「総理ノ方決定セバ夫ニテ可」という書き込みがある。国際連盟から派遣されたリットン調査団の到着前の既成事実づくりのために樹立を急いだ満州国は、まだ世界のどこの国からも承認を得ていない。国名・国旗はあっても国際的に認められたものではなく、しかも国歌は製作中で、満州中央銀行も開業されていない。そのような段階にある満州国の国名と国旗を公然と日本国内で使用することは、リットン調査団の報告書ばかりか国際世論への何らかの影響がないとも限らない。それを外務省でも確認する必要があったのであろう。

先発隊の斎藤・森元の両名が全国の主要都市への宣伝を行ったことは、彼女達の東京訪問にあたり、警視総監藤沼正平が内大臣、外務大臣、拓務大臣などにだした「満州国少女使節一行入京ノ件」からもわかる。それは同時に神奈川、栃木、埼玉、静岡、愛知、京都、大阪、兵庫、奈良、岡山、広島、山口、福岡各府県長官宛でもあり、少女使節が直接訪問しない地域も含まれていた。担当者が手分けをして各地域をまわったことを推測させる(26)。

また少女使節来日の準備に際し、斎藤ら二人が先着し、各方面と打ち合わせ、多量の宣伝用印刷の準備をして、引率の石田豊子とともに今回の来日の使命を述べたところでは「日本内地人士ハ未夕新満州国ニ対スル認識ノ欠クル処ナキヤヲ保シ難キニヨリ、先ツ日本内地ノ少年少女ニ対シ満州国建国精神ヲ伝ヘ兼テ日満両国ノ親睦増進ニ貢献セントスルモノナリ、ト語レリ」と、その目的が端的に語られている。そのために斎藤・森元が携えてきた宣伝材料は、次のようなものであった。

一、宣伝ポスター（「満州国資政局」ノ署名アリ）　二万枚
一、唱歌々譜　1、建国頌歌　二万枚　2、建国記念運動会々歌　十万枚

一、絵葉書（三枚一ト組）一万枚
一、児童用手旗　1、満州国国旗　五万本　2、日本国旗　五万本
一、小冊子（「大満州の少女より」ト題セルモノ）一万部
一、国務総理鄭孝胥宣文　一千枚（「日本少女に送る」ト題セル日支両文ニシテ……）

ちなみに「ポスター二万枚中一万枚」は「満州国資政局ニ送付シ」、他はすべて「日本滞在中各種会合等」で配布使用する。建国頌歌・建国記念運動会々歌は、ともに資政局弘法処作歌・村岡楽童作曲で、日本語・中国語の両方の歌詞がついている。そして「来朝中最モ主要ノ会合タル日比谷公会堂ニ於ケル東京市主催市内小学校児童ノ歓迎会ニハ彼我児童ノ挨拶ノ交換記念品贈呈」後、彼女達が携えてきた国務総理鄭孝胥のメッセージを朗読する(27)、という(図8)。

図８　「新満州国少女使節の入京」（帝国ホテル。『歴史写真』1932年8月号より）

４　日本の子どもへのメッセージ

メッセージは「建国宣言」等に謳われた内容を、子どもにもわかるように噛み砕いたもので、いわば「子ども向けの建国宣言」であった。それとともに、広く一般の大衆への宣伝効果を意識していたように思われる。そしてその全文はいち早く長春の田中正一総領事代理から斎藤実外務大臣へ知らされていた(28)。少し長いが内容を紹介しよう(29)。

わが満州国は三月一日を以て誕生しました。これまでの満州は中華民国の一部でありましたがこゝで政を行つてきたものゝ方針が正しくなかつたの

で、色々と問題が起りました。そこで世界の人々は満州を東洋のバルカンとさへ称したのですが遂には昨年の秋、満州事変をひき起こすことになつたのでした。

その結果在満三千万民衆は中華民国から離れて新らしき国家即ち満州国を建てることになり、徳望高き溥儀執政を推戴して年号も大同と改称されたのであります。

新らしき満州国は建国の大方針として国内においては、これまでの様な暴政を排して美しい仁愛と道徳のあふれた民衆のための政治を行ふことにし更にこれまでと全く面目を一新した民族協和の理想を実現することにしたのであります、これは即ちこの国に住むものは如何なる民族でも少しの差別なく平等の取扱ひをなすといふことでありまず、詳しく言へば人民の大部分である漢民族をはじめ先住民族である満州民族、その他蒙古民族、大和民族、朝鮮民族、無籍のロシア人など総てこの国に住む人々はこの土地をお互の共楽土とすることが出来るといふことになるのであります。

又外国に向つては門戸開放、機会均等の原則によりどこの国の人民にも満州は門戸を開いて自由に生活を許し又自由に仕事をさせることにしたのであります。


満州国「建国宣言」は満蒙三千万の民衆は張学良政権の「残暴無法」のもと死を待つのみであったところ、手を「隣師」（隣国の軍隊）に借りて「醜類」（張学良らをさす）を駆逐したと述べ、その領土内にあるものは漢・満・蒙・日・朝の五種族をはじめ、すべて平等であると主張した。山室信一は、満州国建国の理念を集約的に示した文書は「満州国建国宣言」「執政宣言」「建国に対する対外通告」の三つがあげられるが、それらは①なぜ満州国が建設されなければならないのか、という建国の必要性をまず東北軍閥と国民政府に対する非難として並べあげ、②それに対抗して満州国が建設される正当性を建国理念として提示し、③そうして建国された満州国が国際的にいかなる地位をもちうるかを宣言する、という構成をもっていると指摘する(30)。

少女使節のメッセージも、満州事変を契機に中華民国の暴政を排し独立し、民族協和の理想と門戸開放、機会均等の原則により、あらゆる人々に門を開き、国と国との争いの一掃を根本方針とする、概ねこれに添ってわかりやすく述べられている。

しかし、ここで日本の子どもや一般の大衆に宣伝しようとするのは、「順天安民」「民本主義」「王道主義」など政治体制の話ではない。「子ども」「平和」「友好」というソフトなイメージ活用して国民感情に訴える、「民族協和」である。争いの源は各国のわがままからきている。各民族の間に友好の絆を築くことで、それを一掃しようというのだ。

世界の争ひは皆各国の我儘から来るものであります、然し我国は内においては道徳的善政を施し、こゝに住む各民族には仁と愛にみたされた生活を楽しませ、更に外国に向つては心よく、門を開いて国と国、人と人との争を一掃することをその根本方針としてゐるのであります。

さらに子ども達へのメッセージは続く。この満州国が取り組む理想を実現するためには、大人と子どもが力を合せてそれを妨害する人々を排除しなければならない。

故にこのよき理想に反する国と人は平和を破るものとして絶対に我国に入れることは出来ません。この理想を行ふためには勿論各国の親切な援助を必要とします。殊に隣国日本の援助こそは絶対に必要なのであります。そしてそれについては日本の大人ばかりの援助では決して十分とは言へないのでありまして次の時代を造る小国民たる皆さんの温かい手が満州国の小国民の手としつかり結びあつてこそ、我満州国の平和が約束されるのであります。

満州国が平和でなければ東洋永遠の平和は保ち得ません、東洋の平和が壊れゝば全世界が不安となることである、この意味からして満州国の平和を希ふことは東洋の平和、ひいては全世界の平和への道なのであります。これがため満州国に住む少女たちを愛情ふかき皆様と温く而も固く手を結び合せるために少女使節を日本に送ることは私の無限の喜びであります。

満州国の平和は、東洋の平和に不可欠であり、ひいては世界の平和につながる。そのため特に隣国日本の援助が必要だ。しかも大人達だけでなく、次代を担う子ども達が手をつなぐ必要がある、というのだ。なお鄭孝胥のメッセージが子ども向け建国宣言なら、その十倍の一万部用意された冊子『大満州国の少女より』は、日本の余剰人口のはけ口として満州国の豊富な資源を活用することにも言及する

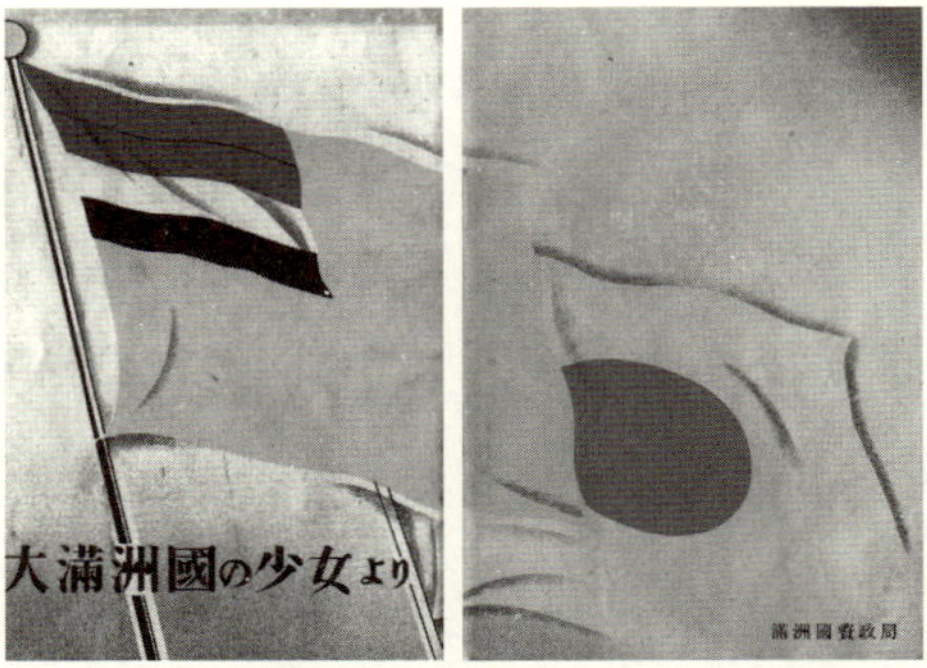

図９　『大満州国の少女より』。左は表・右は裏。

より詳細な案内書であった（図９）。

同冊子は、写真八頁を含む全二七頁ほどで、奥付には「大同元年六月　非売品　満州国資政局弘法處発行」とある。建国に至る経緯、国内及び執政と執政宣言の後、写真八頁には風景・資源・名所・満州国の少女の紹介、満州国の資源の豊富さと外国、特に日本からの援助の必要性が強調されている。

前述の『満蒙読本』に近い子ども向けの宣伝冊子だが、同書は父親ではなく満州国の少女の口から日本の子ども達に語られるのだ。

4　日本における少女使節

1　少女使節の来日――少女達の紹介と作品

「満州から少女使節／童心に国境なし」（『東日』五月二八日朝一一面）、「人類楽土の礎／日満童心の握手／『小天使』がもたらす世界平和への使命」（『東日』六月二日朝一一面）など、少女使節派遣の決定から門司港への到着、上京中の車中訪問記（『東日』六月二四日朝八面）、在京中の詳しい日程掲載（『東日』六月二四日朝一一面）まで、掲載数の一番少ない『東日』でさえも、とぎれることなく少女使節の動向を伝えている。このように日本国内でも少女使節の注目度は協和会使節以上に高い。特に『大朝』六月一五日朝刊七面は、「日満交歓の少女使節から　晴れの使節に選ばれた喜びを語る　本紙へ寄せた作品」として、来日前の六人の少女を写真付きで詳細に紹介している。「童心は国境を越える！……六人の少女たちは、この二十日大連を出発していよ〳〵日本へ参ります」。それに先立ち、大阪朝日新聞社本社に、彼女達から使節に選ばれた心のときめきを物語る作文や作品などを送って来たので「純情に充ちた彼女たちの心境を御覧下さい」、と同紙は記している。その作品のいくつかを紹介しよう。

満州代表楊雲（新京公学校一年）

……私の様な日本語を知らない者が無事に役目をへて来るか非常に心配してゐます。殊に日本語で日本の皆さんに御話するのだから大変心配です。（日本語は二年生から習ったが三年間で日本語を使う時間もわずかで家でもほとんど話さないからなかなか上手くならない。）「満州国がどうして出来たか」「これから日本と満州国とはどんなにして行かねばならぬか」等は毎日の如く川田先生から聞かされてゐます。

日本人代表和泉美幸（新京西広場小学校五年）

……東京大阪、京都そんなところで内地のお友達方とお会ひした時にはどんなことをお話ししたらよからうか？……内地の方は私達の満州をどんなに思つておられるでせうか？馬賊と戦争のこわい〳〵満州と思つてゐられるんぢやないでせうか？たくさんな人々の正しい願ひで生れたこの満州国。そしてその中で楽しく、仲よく暮してゐる私達の姿！それをお話すれば私の仕事は果せるのだ。

満州代表少女楊雲は、雑貨商の長女で、一番年上の一四歳、ほとんど日本語はわからないが、学校では満州国について連日教師から話を聞かされているという。そして彼女達の目的は、日本代表少女和泉美幸の「たくさんな人々の正しい願いで生れたこの満州国」を伝えることで自分の仕事が果たせる、という一言に集約されているように思われる。ちなみに彼女の父親は満鉄の社員である。

雷静淑（奉天公学校高級一年）

……日本の景色がすぐれて美しいと、交通が便利で男女ともよく働くことや東京、大阪、京都の様子、富士山、日光の美しいことなどを教はりましたが、今度初めて憧れのお国へ行くことが出来てこんな嬉しいことはありません……

雷は憧れの国である日本訪問を楽しみにしている。昭和二年の日米人形交流の際の『大朝』主催の歓迎歌募集に一等当選した朝鮮人少女が来阪した時も、「夢の国にきたように目を丸くした鄭さん」「お伽ぎの国へ来た少女のやうに驚きと嬉しさが一杯」という見出しとともに、大阪のイルミネーションや自動車・電車が行き交う日本の近代化に驚き、戸惑う少女という図式で報道されている(31)。それは満州国から来た少女使節雷静淑の場合も基本的には同じである。

2 東京の歓迎会――マスコミ向け演出

六月一八日に長春を出発した少女達は、大連で大連神社を参拝し、満鉄社員倶楽部での歓迎会のあと日本へ旅立った。そして二二日門司に到着、海路神戸に向かい、そこから列車に乗り換え上京するが、立ち寄り先の各首長も日本の政府へ、その動静を逐一報告している。

例えば、門司港についた少女使節について福岡県知事中山佐之助は、少女使節の日程等は資政局の森元・斎藤との打ち合わせで決定するはずとしたうえで、門司入港の様子を次のように報告している。

全船甲板上ニ於テ門司後藤市長夫妻ヲ始メ久保田学務課長引率ノ錦町小学校六年生千田つち子他十一名其他関門婦人連合会代表者十九名ハ全船ニ少女使節ヲ訪問日満少女ノ最初ノ交歓ヲ行ヒ異状ナク神戸ニ向ヒ出帆セリ(32)

このように市長以下学校関係者をはじめ行く先々で少女使節は大歓迎をうけている。

そして六月二三日午後八時二五分、少女達は東京駅に到着し、盛大な歓迎をうけるが、それを取材するために『東朝』『東日』の記者らは、国府津や沼津の途中駅から乗り込んでいた。『東日』(六月二四日朝八面)は車中訪問記を婦人欄に特集している。少女達は東京駅が近づくと引率の石田豊子の指示で、満州・朝鮮の民族衣装に着替えたという。引率の石田は和服だが、前述のように日本の少女はブラウスにスカート、帽子を手にした洋服である。東京駅をはじめ公式行事など写真にうつる姿、途中駅で新聞記者を迎い入れるなど、すべてマスコミを意識して少女使節の来日は仕組まれていた。

幼気な子ども・少女の姿は、近代国家日本の姿を視覚化するとともに侵略の事実から目をそむけ、あるいはそれを覆い隠す効果もあったのであろう。『東朝』六月二四日朝刊三面、社説の下の写真入りの記事を紹介しよう。

……（少女使節は国府津で迎へた記者が社内に入ると）一斉に可愛い歓呼をあげて握手をしにくる、人なつこい眼をくり〳〵させながら日本晴れのやうに朗らかに振舞ふ、この可愛い少女達が満州旧軍閥の重圧と土匪と匪賊の横行に無心の童心を震はしてゐたのかと思ふと憤激さへ覚える……記者はこの少女たちの余りの無邪気さに再び戦争の惨禍を思ひださせるに忍びないので満州事変の話しは断然やめた、横浜駅で本社横浜支局員が社旗を手に迎へると彼女達は万歳！と叫ぶ、そして一斉に満州新国歌を歌ひだす……涙のこぼれる情景だ――東京駅の歓迎は全く感激で終始した、あらしの如くうづ《ママ》渦まき起る萬歳、萬歳、萬歳の声、三千の群集に包まれる。

子どもは大人社会のきな臭い思惑や駆け引きなどとは、関係のない無邪気な存在だ。戦争の惨禍を思い出させるのも忍びないので満州事変の話題もやめた、と記者はいう。だがそれは、これまでの方針を変更して軍の行動を支持する記事を書き続けなければならない朝日新聞の記者達が、その現実から目をそらし「純情」「無心」「平和」の名のもとに大人の無責任な理想を少女使節に投影しているように、筆者には思われてならない。

六月二四日少女使節は、宮城遥拝の後、明治神宮、靖国神社に参拝し、東京市の小学校の歓迎会に臨む（『東朝』六月二五日夕二面）。ただし少女使節が宮城を遥拝している頃、東京駅は満州、上海事変で武勲をあげた陸海の六将軍の凱旋で大騒ぎであった。わざわざ彼女達が前日の夜遅く東京に着いたのも、それを盛り上げる演出の一つだったかもしれない（図10・11）。

滞京中は「東京市教育局庶務課」で「諸般ノ斡旋」をして、前述のように市役所の自動車を三台提供し、二五日まで東京市小学児童歓迎会、全国教員会主催歓迎会、東日主催歓迎会、朝日こどもの会など、満州国の公式使節として過密な日程がくまれていた(33)。

東京朝日新聞

海陸皇軍の首脳
けさ晴れの凱旋
東京驛頭に渦巻く市民の歓呼
直に儀装馬車で参内

優渥な勅語を賜ひ
宮中の御盛宴
將星聖恩に感泣

兩中將への勅

図10　『東京朝日』1932年6月25日夕刊1面

図11　宮城（皇居）での万歳（『歴史写真』1932年8月号より）

「朝日子ども会」の朝日新聞本社での出迎えの様子も、前述の『朝日発声ニュース第一二号』（昭和館所蔵０００３５）に記録されている。上演時間は協和会使節の倍近くの三分である。

●テロップ

満州国少女使節

花のやうに可憐な

満州国少女使節六名は

石田豊子先生に引率さ

れて、朝日こども会の

歓迎に臨むため

本社玄関前に到着

石井取締役以下

多数社員の出迎を受けた

●テロップ

石井取締役と握手する

和泉美幸

津田壽美

雷静淑

楊雲
兪福順
金君姫
監督　石田豊子

「本社の石井取締役」（と紹介）。（石井）「皆さま遠いところをよくいらしゃって下さいました。朝日新聞社は皆さんが元気でここにお訪ねくださったことを心から喜んでご歓迎申し上げます」（一人ひとり名前を呼ばれ前に出て石井と握手をする。群衆に圧倒されたのか、ほとんどの少女がはにかんでいる。最後に石井と監督者の石田がお互いに礼をする。）

●テロップ
立派な日本語で
あいさつを述べる
雷静淑嬢

（司会）「雷静淑さんのご挨拶があります」。

（雷静淑）「私たちは今度満州国の少女使節として今度皆さまのお国へお訪ねすることになりました。先生から日本の大変景色のよいところ、商工業や科学のよく発達《ママ》ところ、学問がすすんで大人も子どもみんなよく働くところと聞きました。私たち今度皆さまの国へ行つて皆さま大変よろこんでお迎えくださいました《ママ》ことをまことにありがとうございます。これからどうぞなかよく遊んで下さい。」

前述のように、母親も東京の高等師範を卒業し、父親は特別に日本の教育を受けさせるために娘の静淑を奉天公学校に入学させた、という日本贔屓の家庭に育った少女である。日本語の文法等完璧ではないが、満州国の少女が日本語で大きな声でどうどうと挨拶をするその姿は堂にいっている。その後司会者は、「満州国少女使節バンザイー」と唱える。そして一同が万歳を三唱して映画は終わっている。これ以降も同様の忙しさで彼女達には目の回る日程であった。

六月二六日（日）午前九時　一ツ橋高等小学校集会、
　　　　　　　　市内見物、東京女子教員会主催茶ノ会
　　　　　　　　六時　放送
六月二七日（月）午前九時都下代表小学校参観
六月二八日（火）日光見物
六月二九日（水）都下仏教少女連合主催歓迎会

東京最後の夜、少女達は寝台列車で大阪に向かうというおまけまでついていた。

3　大阪の熱狂と過密日程

①　歓迎会と疲労——東京での日程は小学生には過密であった。だがそれは大阪も変わりなかった。新聞報道の回数からもわかるように、共に大新聞の本社がある大阪は東京よりも過激な報道合戦を繰り広げている。例えば『大朝』は、大阪の少女達は少女使節の来阪を待ちきれない、「この美しい童心を　あす大阪入りの可愛い、使節に　寄

せる日本少女の感激」（『大朝』六月二九日朝五面）を伝えるために、来阪前から特集を組んでいる。
「遠い波路をはるばる越えて満州国から日本を訪れた最初の少女使節たちはいよ〳〵三十日われらの大阪へ第一歩を踏み入れ、同日は大阪市主催、一日は本社主催にて大阪の少女たちと、手をとり合ふことになつてゐます」。そして日本の少女達が待ちきれぬばかりに作った思いがこもった作品が掲載されている。その一部を紹介しよう。

『お姉様《マ》、さま《マ》』大阪市立汎愛小四年

あゝ満州国と日本、私たちはいつまでも〳〵仲よくして助け合はなければならないと思つてゐます。それにはお互ひに知り合ふことが大切と思ひます。……新聞のお写真を見ましても、綴方を読みましても何といふかはいらしいおやさしい方だちでせう。……ちやうど親類からお姉さんがいらつやるのを待つてゐるやうな心持です。

お手手つないで　大阪愛日小学校四年生

ようこそお出でになりました
満州国のお友だち
どうぞ仲よくして下さい
お手々つないであそびませう
おとなりどうしの仲よしよ
足なみそろへて手をつなぎ
ともに仲よくあゆみませう
早く来てね、大阪へ
わたしはあなたとあへるのを

たのしくたのしくまつてます

このような注目のもとに少女使節は、二一時二五発の夜行で東京を立ち、翌朝大阪に入る。そこには疲れ切った少女達の姿が、新聞報道からも浮かんでくる。

午前八時五十六分列車が大阪に着くと「オオサカよ」とゆり起された雷さんと金さん、ねむさうに眼をこすりながら「まあたくさんオオサカのお友達が迎へてくれてるわ」と忽ち大喜び

美しい花束を抱いてフオームに降りると忽ち取りまく出迎への曾根崎小学校の女生徒百五十人をはじめ国粋婦人連盟、国粋大衆党、本社社員らのふりかざす五色旗に埋まり足を踏まれて泣き出しさうな顔をしながらしばし立往生……（『大毎』七月一日夕二面）

確かにこれまでの過密日程と報道をみるかぎり、少女達にとって日本での歓迎は予想以上であった。朝鮮代表の楊雲は、次のように話している。

家をでて四週間「長い間家を離れて、お母さんや弟や、お友達に会ひたくてしかたがないの、本当のことをいふと淋しいの、早く帰つて勉強しなければ成績が下るでせう、もう試験が初まつてると思ふと帰りたくて〳〵ゆうべ金さんと二人で泣いたのこれは内緒た《ママ》けど金さんは夜になると帰りたい〳〵といつて泣くのよ」（『大毎』七月一日夕二面）。

それは里心がついたこともあるかもしれないが、少女達の事情も考えないで、大人の都合で子どもを振り回し過密な日程を強いたことが大きな理由の一つだろう。

② **満州国特使の出迎え**――その日（六月三〇日）は、午後から大阪市学童との交歓会（一五：〇〇）・満州国即時

承認座談会（一八：〇〇）（協和会使節と対面）などのスケジュールをこなしていたが、満州国の特使で交通総長丁鑑修が、満州国承認促進の使命を帯びた満州国最初の国民代表使節として上京の途中大阪に一時停車することになっていた。

この特使一行は、日本各大学連合会が満州国の建国をきっかけに設立した「日満中央協会」の幹部が満州国要人の訪日を要請したところ、「同国ハ前後二回ニ亘リ閣議」を開き、はじめ謝介石外交総長の訪日を決定したが、謝は満州国の正式承認の際は公式使節として派遣するべき立場になるので、「丁交通総長ニ変更」した(34)、という。同会が発行したパンフレットによれば、丁は「満州国より三千万民衆を代表する満州国特派訪日国民代表」であり、同協会を通じて「満州国建国に際する我国の国民的援助を謝し、更に今後の満州国の建設的立場を我国民に訴へんとする」もの(35)であるという。これも満州国中央協会が招聘した国民使節であった。（ちなみに同会が後に小学三年三名と女学校一名を使節とした、満州国人形使節を建国一周年の記念に派遣することになる。第4章参照。）

特使一行が大阪駅に午後八時四八分に下車すると、少女使節が駅頭に出迎える。大阪の「満州国少女使節歓迎日程」第一日目は、午前中新聞社、軍隊、役所訪問、午後交歓会の予定(36)だけが記されているので、このような演出を急遽用意したようだ。

「大阪駅頭美しき情景」として『大朝』（七月一日）は、夕刊一面中央で大きく報道する。丁鑑修と言葉を交わす少女使節の姿は、「一国の要人と可愛い少女達との感激に満ちた劇的会見」であった。そしてそれに「興奮した人々がまたしても起こす万歳の大歓呼」が大阪の駅にこだました（図12）。

そして丁鑑修は「どうしても満州国を承認するとの言葉を得ねば帰らぬつもりでやつて来ました」と語り、少女達に「『よく働いてくれましたね、有難う有難う、僕たちも皆さんに負けないやう使命を果して来ませうほんとに疲れたでせう』とおつむを撫でいたはり、はからざる劇的シーンを展開」する（『大毎』七月一日朝一一面）。

丁鑑修の満州国特使一行は翌一日八時半ごろ東京駅に着くが、それを『大毎』七月二日夕刊は一面写真付で報道している。ただし扱いはそれほど大きくはなく、この日はリットン調査団の動向が中心である。翌日荒木陸相との会談が朝刊二面社説の下で報じられているが、もとより少女使節や協和会使節のようなセンセーショナルな扱いではなかった。

昭和七年六月から七月までの短期間に満州国承認を促進するために、少女使節・協和会使節、そして国民代表として満州国要人の特使一行の三つの使節が派遣されているが、マスコミの話題の中心は子どもと少女（あるいはうら若き女性）であった。満州国特使一行は、少女使節との対面により初めて丁らの来日の話題性が高くなるという構図になっている。『大朝』（七月一日朝三面）の見出しを借りれば、まさに少女使節は「大人も及ばぬ可愛い外交ぶり」であった。そして少女達は在阪中の協和会使節と合流することになる。

大阪朝日新聞

官吏の身分保障
愈よ急速に實施す
「官廳の都合」の條項は存置するが
委員會を作つて保障

原案要項

滿洲國特使、丁鑑修氏
歡呼を浴び東上
少女使節の出迎へをうけ
大阪驛頭美しき情景

國際關係の
前途は樂觀

保障を與へて
黨弊を一掃さす
地方長官會議指示に關し
けふ内務省議で協議

ドイツに支拂の
具體案を求む

保障條項

對支、滿外交方
確立不動に

農村大

図12　『大朝』1932年7月1日夕刊1面

③　**協和会女性使節との合流**――少女使節、協和会使節の座談会を主催し、その特集記事を編む『大毎』に対して、ライバルの『大朝』は歓迎会を催し記事にしている。七月一日の午前中に住吉神社を詣で、午後は朝日新聞社主催「少女使節歓迎コドモ大会」がある。

『大朝』は「子供の天国に結ぶ／あどけない親善情景」（『大朝』七月二日夕二面）という予告記事の後、「みんな・これから　仲良く親類だ　室将軍の挨拶に感激　忽ち融合つた童心」（『大朝』七月二日朝一一面）として約一千五〇〇名が集まった同会の盛会を伝え、その模様を「満州の少女を迎へて」と題するレコード三〇〇枚に吹き込んだ。そしてその過密スケジュールをぬって、少女使節は協和会女性使節と合流することになる。

七月一日は豪雨にかかわらず大阪市民二千余名が集まり、国粋大衆党、国防社、国粋婦人連盟等在阪三団体連合主催で、「満州国使節歓迎、満州国即時承認」国民大会が、大阪中央公会堂で両使節の歓迎会を兼ねて開催された(37)。そこで「私たちの満州国を早く認めて下さい　可憐な少女使節代表が熱弁」(『大毎』七月二日朝一一面)をふるい、協和会使節代表の丁の挨拶、そして少女使節五人が登場(一人病欠)する。代表の津田壽美は「一日もはやくわたしたちの満州国を認めてください」と挨拶し、協和会女性使節の馬士傑が、流暢な日本語で満州の実状を訴える。彼女は、日本国民の助力と指導を求め、「どうかわたしたち満州国民を妹であり弟であるように可愛がつてやつて下さい」と結ぶ。

満州青年連盟の鯉沼は、その様子を次のように伝えている。

……満州各地よりの祝電多数あり、会の中頃少女使節の一行も加り、演壇にも立ち気勢を添へたので、益々熱狂し、私等も無暗に叫び過ぎて到倒声をからした程でした(38)。

ここで両使節は、大阪でともに満州国の即時承認を訴えたのである。

4　少女使節の答礼計画から帰国へ

①　『大阪毎日』新聞の計画〈日本学童使節へ〉——

『大毎』は、連日ように彼女達の同行を伝える。その数二五回、それは『大朝』よりも多い。さらに『大毎』は朝日新聞社を出し抜く形で、独自に「答礼少女使節」を日本から満州へ送るという計画を発表している(第3章参照)。昭和二年、米国からの友情人形の送付が社会現象となるほどの大成功を収めると、大阪毎日新聞の米国特派員はギューリックに日本から答礼の人形送付の計画を毎日側が主催することを申し出ていた(39)。もっともこの時は、人形交流が一新聞社の独占になることを恐れたギューリック等によって拒否されている。

子どもを中心とした催しは新聞社にとっても、世間の注目を集め販売部数拡大につながることが見込まれる事業であった。そしてこれが後に、全国各地の小学生から選抜された一五名が満州国に派遣される「日本学童使節」へと発展するのである。

七月三日朝刊七面は、「満州国少女使節歓迎座談会」の特集であった。大阪の小学生の代表との座談会で、満州のことや学校生活のことなどたわいない話が交歓されているが、出席した少女（満州六人・日本側一〇人）全員の顔写真を大きく掲載している。また冒頭の日本に着くまでのお話では、「十七日新京で兪さん、雷さん、楊さんなどとお目にかゝり午後丁《ママ》（鄭）国務総理や領事館へご挨拶にまゐりました十八日には新京を立つ奉天へお昼に奉天を立って」と言うと、引率の石田はとっさに「奉天で軍司令官におめにかゝたでせう?」と口をはさむ。和泉は「アラ、大切なことをわすれてるわ、サウ〱軍司令官におめにかゝて」とあるように、ここでも関東軍の存在が大きな話題の比重を占めている。

② **少女使節の帰国**――七月三日奈良市公会堂で小学生との交歓の後、少女達は宝塚少女歌劇を見学する。宝塚では幕切れに雪組のトップが観客一同に少女使節の来場を告げると、拍手の渦が会場を揺るがす。そして「歌劇の姉さんたちが全員満州国国旗を手にしてステージから満州国建国頌歌を合唱して時ならぬ劇的シーンを展開」した（『大毎』七月四日朝七面）という。これは兵庫県知事白根竹介から、内務大臣山本達生、外務大臣齋藤実らへの報告も残っている(40)。

宝塚少女歌劇団当事者ハ歓迎ノ意味ニ於テ満場ノ観客ニ少女使節ヲ紹介シ歌劇学校生徒一同ハ満州建国頌歌ヲ合唱シタルガ少女使節一行モ座席ニテ之ニ伴唱シ多大ニ感激ヲ与ヘタリ

七月四日は造幣局の見学、正午から大阪市婦人連合会招待の午餐会、市庁舎、朝日新聞社、毎日新聞社訪問後、翌日は京都に向かう。七月九日五時半のラジオ「子供の時間」は、「皆さま――左様なら　満州国少女使節送別会」で、次のようなプログラムであった（『大朝』七月九日朝一四面）（図13）。

「満州国記念の歌・少女使節挨拶・鄭総理よりメッセージ朗読（原文）（訳文）・満州唱歌（イ）満州語・（ロ）日本語・送別のことば・お別れのことば・満州国建国頌歌・君が代」とラジオに向かって国民に呼びかける。そして「童心外交のお手柄を土産に」（『大朝』七月一一日朝五面）少女使節は京都から神戸に移動し、湊川神社を参拝し、帰国の途につくのである。

図13　満州国少女使節を迎える夕べ（東京）。東京・大阪でラジオ「子どもの時間」に出演した（© 文藝春秋／amanaimages）。

そして帰満した少女使節は、「『日本』と握り合ふた　可憐な『手』を迎えて」（『満日』七月一六日朝七面）、歓迎の海水浴をはじめとする熱烈な歓迎会ばかりか、「各小学校代表の児童約三十名を」をあつめて歓迎座談会が『満州日報』で七月一九日～二二日まで計四回にわたり掲載されるなど、満州国内の子どもを意識した特集が企画されている。その後奉天で本庄司令官を訪問し、「武勲赫々たる将軍と満州国の将来を象徴するが如き洋々たる前途を約束されてゐる六人の少女等のほゝ笑ましくも情味豊かな会談が行はれ『おじさま有がたう』と口々に繰返し」ながら司令部を後にする。そして少女使節は新京に報告に向かい、その役割を終えたのである（『満日』七月一七日朝七面）。

このように、満州国の建国精神を伝えにきた少女使節を政府、マスコミ、教育関係者など日本をあげて、大歓迎していることがわかるのである。

第3章——小学生による日満親善の試み
■満州国承認と日本学童使節

1　二つの少女使節答礼計画——満州国承認のために

1　学童使節への疑問

昭和七（一九三二）年九月一九日、少女使節に答えて、全国連合小学校教員会、大阪毎日新聞（『大毎』）、東京日日新聞社（『東日』）の主催で全国各地から選抜された一五名の小学生による「日本学童使節」が、満州国に派遣されている。その目的は、外務省側の記録によれば「満州国少女使節ノ帝都訪問ニ対スル答礼ヲ兼ネ」「在満将士ノ慰問、戦没将士ノ慰霊……児童交歓ニ依ル日満親善」(1)をはかることであった。使節が出発する四日前の九月一五日、武藤信義全権大使と鄭孝胥国務総理の間で「日満議定書」が調印され、日本は満州国を正式に承認する。さらに前日の一八日は満州事変勃発の一周年であった。

学童使節は、鳩山一郎文部大臣の「満州国少年少女へ」、永井柳太郎拓務大臣の「関東州の学童諸子に告ぐ」「親愛なる朝鮮の少年少女諸子に告ぐ」という、満州国と関東州・朝鮮の子ども達へのメッセージを携えていた。そして執政溥儀夫妻や鄭国務総理をはじめ満州国要人に謁見し、武藤全権を訪問するなど、一行の訪問芳名録は合計七三八人、新京だけでも四一名が記されている(2)。『大毎』『東日』は、ほぼ連日のようにその動向を伝え、訪満中の使節からの書信や執政との会見の様子などニュースを独占している。その詳細は次章に譲るが、例えば、満州国文教部礼教司は、首都新京(現・長春)での子どもによる日満親善の成果を、次のように記している。

(日本学童使節の)新京に於ける歓迎は予想外の熱誠を以て為され、駅頭に於ける送迎人は山の如く、其整理に甚だ困難を感ぜり。又国務総理、日本総領事代理は双眼涙を湛へて歓迎せられ、到処感激と喜悦を以て盛大なる日満児童の交歓会を開催せり(3)。

このように満州国の少女使節にこたえて、日本側が学童使節を派遣することで、子どもによる「日満親善」と満州国へのイメージの向上が、日本のマスコミ・教育関係者を中心に演出されたのである。

ただしなぜ学童使節は、全国連合小学校教員会(全教連)と大阪毎日新聞社、東京日日新聞社側との合同主催事業なのか、さらに学童使節は民間レベルの親善使節でありながら文部大臣や拓務大臣のメッセージを携え、日本の政府や満州国の要人、関東軍の幹部などが居を構える主要都市を歴訪し、各地で歓迎会が開かれたのか、疑問が残る。全教連という組織の性格と『大毎』『東日』側の提携などを検証する必要があるだろう。本章では、学童使節が結成されるまでの事情を明らかにしていきたい。

2　答礼少女使節──『大毎』『東日』のイベント計画

前述の満州国文教部の報告では、「全国小学校教員大会」で少女使節の答礼の意味を込めて「日本学童を満州国へ訪問」させ、その「純真なる童心を通じて日満両国の融和の実」をあげることを可決した。それと同時に「大阪毎日新聞社及東京日日新聞社も同様の意味を以て学童五名を満州国」に派遣する計画を発表した(4)、という。当初少女使節への答礼は、異なる二つの団体が同時並行で計画していたことがわかる。

昭和七年七月一日『大阪毎日新聞』朝刊一面には、右上の題字のすぐ下に、次のような大きな囲み記事が掲載されている(5)(図1)。

答礼少女使節　本社から満州国へ派遣　来る八月三日出発

日満親善の実を結ぶため新興満州国から可愛い少女使節が来朝し日本少女と固い握手を交しました。童心国境を越え第二の母たるべき日満少女の情誼美しい交歓は国交上最も意義深きものと信じます。本社並に東京日日は日満両国の遠き将来のため一層友愛の情を厚うすべく、来る八月暑中休暇の季節に答礼使節として東京、大阪の代表少女五名を満州国に特派し大連、奉天、新京各都市を訪問、盛んな交歓会を開き新興国の第二世に力強く呼びかけたいと思ひます、代表少女は追つて人選発表いたしますが、日程は大体次の通りです

主催大阪毎日新聞社　東京日日新聞社

図1『大阪毎日』1932年7月1日朝刊1面

『大毎』『東日』両社は、八月の夏休み中に少女使節の答礼のために東京・大阪から少女五名を選抜して、日満の少女による交流を計画しているというのだ。日程は大阪を起点に、八月三日神戸出帆、大連から奉天を通り、一一日新京、一五日京城（現・ソウル）となっている。ただしこの時点では答礼少女使節の派遣のみで、（京城を経由する予定だが）朝鮮児童との交流も、「在満将士ノ慰問、戦没将士ノ慰霊」のことも記されていない。

この日は大阪で少女使節と協和会女性使節が共に参加して「満州国即時承認国民大会」が開かれ、報道合戦がピークを迎えていた。おそらく『大朝』『東朝』側を出し抜くために、内容を詳細に検討することもなく、急ぎ計画されたのではないだろうか。

一方これと並行して、全教連も小学生による独自の少女使節への答礼計画を進めていた。

3　全国連合小学校教員会の答礼計画

①　全教連の性格

――全国連合小学校教員会は、大正一三（一九二四）年一一月に結成され、昭和一六（一九四一）年国民学校の発足にともない全国連合国民学校教職員会と改称するが、昭和一九（一九四四）年に大日本教育会に統合されるまで、およそ二〇年にわたり活動した小学校教員会の全国規模の連合組織だ(6)。同会の機関誌には「全教連通信」という欄があり、「全教連」の略称を用いていた。その規約には、「道、府、県、郡、市、州及之ニ準スヘキ地域」単位で加盟する（第二条）、「全国各地小学校教員ヲ会員」とする団体（第一条）である(7)ことがうたわれ、「現職を去れば直ちに資格を失」うのが鉄則であった(8)。

第一次世界大戦後のデモクラシーの風潮と物価の高騰による教員の生活を守るために多くの教員会が発足したが、県・郡・市単位では十分な成果を上げられないので「更に大同団結を図つて互いに気脈を通じ教員団体の勢力を示さなければ駄目だ」ということがわかった。そこで全国的組織をつくる必要性が生じ、東京市小学校教員会以下一一の団体が発起して全教連を設立したのである(9)。当初三〇に満たない団体で発足した全教連の加盟団体は、昭和六（一九三一）年には百を越え、学童使節がおくられた昭和七年九月の時点で、一四六団体（小学校校長会を含む）にまで増加している。

ただしこれは郡市単位の教員会を合算した数であり、道府県別にみても加盟のない空白県が一七もあり、神奈川・静岡など一団体のみも八県、同じく二団体も九県もあるなど、必ずしも全国の小学校教員を網羅しているわけではなかった。なかでも山陰・四国・九州への影響力は弱いが、加盟団体の少ない府県でも、その地域の主要都市（山形市・横浜市・大阪市・岡山市・徳島市・高知市・長崎市・鹿児島市など）は加盟しているなど、都市部の勢力は総体的に強いという特徴がある。したがってこの時期の全教連は、東京・京都・広島・石川・愛知と東北（宮城・岩手）と関東圏（群馬・埼玉）の限られた地域を主な加盟団体として(10)、一部の地方の都市を含み活動する小学校の現職教員による民間団体であったといえるだろう。そしてその活動の中心は発足後に事務所が置かれ、会長を出し続ける東京市小学教員会であった（表1）。

教育史のうえでは、全教連の加盟団体やその構成員である教員達は、ファシズム教育の推進に積極的に関わっていた、と評価されている(11)。教員会といえば教員組合のような響きがあるが、その「仕事は右翼張りで」、教員の地位向上を要求するが、設立宣言には国民精神の作興や詔勅（天皇が発する公式文書）の御主旨の貫徹、心身の修養など、時の政府が「思想的には何ら懸念すべきもの」はなかった(12)。

昭和六（一九三一）年には、全教連の活動が文部省（現・文部科学省）の目にとまり百円の補助金が交付される。同会の関係者は金銭ではなく、「これまで多少危険がられて居たのが、文部当局の眼鏡によつて保険をつけられた」ことを大喜びしたという(13)。そしてそれと符合するかのように、全教連が建議していた小学校長の奏任官(14)待遇の基準が緩和される。これに対して全教連は、昭和七年の第九回総会で鳩山一郎文部大臣に感謝状を贈り、翌年には鳩山を総裁に迎えるなど、文部省との蜜月が始まるようだ。

したがって、小学校教員の待遇改善を要求する一方で、後述するように国家主義的教育を急進的に進言する現職の小学校の教員集団（全教連）を、当初文部省当局は警戒していたが、満州事変以降は同会の利用価値を認めた(15)、といっていいだろう。そしてその背景には、この時期文部省が教員の思想対策にのりだしたという事情も手伝ったことが推測される。すなわち、昭和四（一九二九）年、プロレタリア教育の研究と運動を進めるために新興教育研究所がつくられ、日本教育労働者組合が結成されたことに危機感を抱いた同省は、昭和六年小学校教員思想問題対策協議会を開催しているからである。

日現在）

京都	8 (10)	×葛野郡・京都市（T13［7］）・何鹿郡・愛宕郡・×相楽郡・加佐郡・南桑田郡・京都府連合・與謝郡・綴喜郡
大阪	2	泉北郡・**大阪市**（S6［100］）
兵庫	2	出石郡・朝来郡
奈良	2	生駒郡・県連合
和歌山	*	
鳥取	*	
島根	*	
岡山	1	岡山市
広島	20	呉市・尾道市・**広島市**（T13［13］）・安佐郡・福山市・豊田郡・加茂郡・御調郡・甲奴郡・沼隈郡・山縣郡・高田郡・世羅郡・雙三郡・神石郡・佐伯郡・安芸郡・深安郡・蘆品郡・比婆郡
山口	2	下関市・郡市連合
徳島	2	三好郡小学校長会・徳島市
香川	*	
愛媛	*	
高知	1	**高知市**初等教育研究会（S4［82］）
福岡	*	
佐賀	*	
長崎	2	長崎市・下縣郡津島小学校
熊本	*	
大分	1	郡市連合
宮崎	*	
鹿児島	1	**鹿児島市**（T13［25］）
沖縄	*	
朝鮮	1	釜山
樺太	1	樺太小学校長会

注１・Ｔは大正、Ｓは昭和を表す。

注２・加盟団体のない県は秋田・茨城・栃木・千葉・長野・岐阜・滋賀・和歌山・鳥取・島根・香川・愛媛・福岡・佐賀・熊本・宮崎・沖縄の17県。×印は、加入していたが脱退、或いは市町村合併等で解散した団体。

注３・ゴシックは代表児童を送りだした団体。例えば（T13［1］）は加入年と加盟順位を表す。

（出典・「加盟団体名簿［昭和９年６月１日現在］」『全国小学校教員精神作興大会御親閲記念誌』全国小学校教員会、1934年より作成）


全教連が国家主義的な教育を推進し、自らの教育実践をアピールすることは、同時に教員の地位の向上や待遇改善につながるという構図があった。創立当初の同会は文部省の単なる御用団体と評価するだけではおさまらない性格も含んでいた(16)。それは昭和七年の時点でもいえることであり、全教連は文部省の支援をうけているが、その意向を汲んで追従するだけの組織ではなく、むしろ彼らの、いわば主体的な下からの教育実践は、文部省に刺激を与えて、教育行政に何らかの影響を及ぼしかねない活力に満ちていた。それが全教連の提唱する日満教育提携であり、その一環として日本学童使節があったのである。

②　**学童使節派遣まで〈全教連の日満親善運動〉**——学童使節の結成に至る経緯については、全教連代表として同使節の監督・引率をした東京市浅草区富士尋常小学

表1　全国連合小学校教員会加盟146団体の府県別内訳（含外地2）（昭和7年9月1

道府県	加盟数	加盟団体
北海道	3	旭川市・室蘭市・小学校長会
青森	1	三戸郡
岩手	9	盛岡市・稗貫郡・岩手郡・東磐井郡・上閉伊郡・西磐井郡・和賀郡・江刺郡・紫波郡
宮城	16	**仙台市**（T13［18］）・名取郡・桃生郡・栗原郡・牡鹿郡・宮城郡・志田郡・本吉郡・加美郡・伊具郡・黒川郡・登米郡・遠田郡・玉造郡・亘理郡・苅田郡
秋田	*	
山形	2	山形市・米沢市
福島	2	小学校長協議会・相馬郡
茨城	*	
栃木	*	
群馬	15	利根郡・郡市連合小学校長会・前橋市・群馬郡・吾妻郡・高崎市・多野郡・勢多郡・邑楽郡・碓氷郡・北甘楽郡・山田郡・新田郡・佐波郡・桐生市
埼玉	11	**埼玉県**（S2［40］）・埼玉県支会川越市・北足立郡・入間郡・比企郡・秩父郡・児玉郡・大里郡・北埼玉郡・南埼玉郡・北葛飾郡
千葉	* (1)	×東葛飾郡
東京	5 (10)	**東京市**（T13［1］）・西多摩郡・八王子・北多摩郡・×北豊島郡・南多摩郡・×南葛飾郡・×荏原郡・×豊多摩郡・×南足立郡
神奈川	1	**横浜市**（S6［101］）
新潟	2	新潟市・中魚沼郡
富山	5	高岡市・東蠣波郡・富山市・中新川郡・西礪波郡・
石川	9	**金沢市**（T14［32］）・珠洲郡並実業補習学校教員互助会・江沼郡・能美郡・石川郡・河北郡・羽咋郡・鹿島郡・鳳至郡
福井	5	福井市・遠敷郡・南條郡・坂井郡・丹生郡
山梨	4	甲府市・東山梨郡・北都留郡・西山梨郡
長野	*	
岐阜	*	
静岡	1	浜松市
愛知	8	中島郡・豊橋市・**名古屋市**（T13［21］）・岡崎市・愛知県連合・一宮・渥美郡・額田郡
三重	1	北牟婁路郡
滋賀	*	

校長上沼《うえぬま》久《きゅう》之《の》丞《じょう》（一八八一〜一九六一）(17)が編纂、発行者を兼ねた『日本学童使節満州国訪問記』（図2）が詳しい。

上沼は長野県出身で、代用教員を務めた後明治三六（一九〇三）年東京府青山師範学校卒業、附属小学校訓導を経て明治四一（一九〇八）年東京市浅草区福井尋常小学校校長、大正一一（一九二二）年から昭和一八（一九四三）年まで東京市浅草区富士尋常小学校校長を務めた人物で、当時は全教連の幹事、昭和九年には会長、東京市小学校教員会では幹事長を務めている。

同書は二六五頁にわたる手書きの謄写版印刷の私家版で、一部の関係者だけに配られたらしく、所蔵機関も少なく一般にはほとんど知られていない資料だ。奥付には「昭和八年九月十五日印刷（満州国承認一周年）、昭和八年九月十八日発行（満州事変二周年）」、編纂兼発行者は「全国連合小学校教員会代表　上沼久之丞」発行所は東

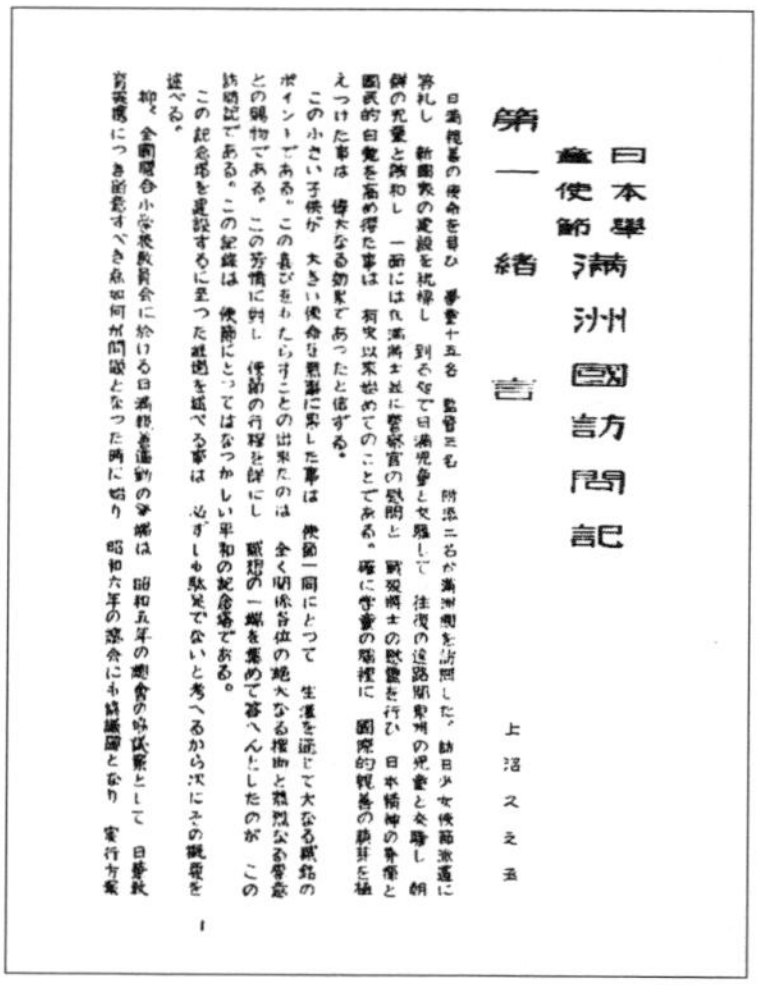

日本學童使節満洲國訪問記

第一　緒言

上沼久之丞

日満親善の使命を帯ひ　學童十五名　監督三名　附添二名が満洲國を訪問した。訪日少女使節派遣に答禮し　新國家の建設を祝福し　到る処で日満児童と交驩して　往復の途路關東州の児童と交驩し　朝鮮の児童と融和し　一面には在満將士並に警察官の慰問と　戰没將士の慰靈を行ひ　日本精神の發揮と國民的自覺を高め得た事は　有史以來始めてのことである。確に學童の腦裡に　國際的親善の萌芽を植えつけた事は　偉大なる効果であつたと信ずる。

このふさい子供が　大きい使命を無事に果した事は　使節一同にとつて　生涯を通じて大なる感銘のポイントである。この喜びをもたらすことの出來たのは　全く關係各位の絶大なる援助と熱烈なる奮意との賜物である。この芳情に對し　使節の行程を詳にし　感想の一端を集めて答へんとしたのが　この訪問記である。この記録は　使節にとつてはなつかしい平和の記念塔である。

この記念塔を建設するに至つた經過を述べる事は　必ずしも駄足でないと考へるから次にその概要を述べる。

抑々全國聯合小學校教員會に於ける日満親善運動の發端は　昭和五年の總會の可決案として　日華教育提携につき留意すべき点如何が問題となつた時に始り　昭和六年の總會にも協議題となり　實行方案

1

図２　『日本学童使節満州国訪問記』

京市富士尋常小学校内龍鳳社となっている(18)。この記録をみるかぎり、本部の東京市役員として学童使節の計画から実行まで、上沼が団長となり進めたことがわかる。

同書の緒言には、上沼自ら二〇頁にわたり「日満親善の使命を負ひ　学童十五名、監督三名、付添二名が満州国を訪問した」経緯を説明している。彼は「この小さい子供が　大きい使命を無事果した事は……生涯を通じて大なる感銘のポイントである。……この記録は　使節にとつてなつかしい平和の記念塔である」として、次のように記している。

（訪日少女使節の答礼のため派遣された同使節は）新国家の建設を祝福し　到る処で日満児童と交歓して　往復の途路関東州の児童と交歓し　朝鮮の児童と融和し　一面には在満将士並に警察官の慰問と　戦没将士の慰霊を行ひ　日本精神の発揮と国民的自覚を高め得た事は　有史以来始めてのことである。確に学童の脳裡に　国際的親善の萌芽を植えつけた事は　偉大なる効果であつたと信ずる(19)。

全教連の「日本児童使節派遣要項」には、少女使節への答礼だけでなく「帰路朝鮮児童とも交歓して内鮮融和の振興を図る」こともうたわれているので、『大毎』『東日』の派遣計画より、さらにその目的が拡大している。前述したように満州事変後、とりわけ満州国が建国される昭和七年頃から、全教連と文部省との結びつきがより強くなるが、そこにいたる前段階が全教連の日満親善運動であった。

昭和五（一九三〇）年全教連の総会で、日華教育連携に配慮することになり、翌年の総会で実行方案を作成し、

「少国民の親善によつて平和の将来を解決」することにした。そのような時に満州事変がおこったので、教育問題の実行委員が本部に集まり協議して、「外務・陸軍・海軍・参謀本部・首相・文部を歴訪して　排日教材の改訂　親華教材の掲載を建議し」た。そして「国際連盟へは排日貨侮日の教材根絶」を確認したいという電報を打ち、「駐日中華民国公使館を訪問して　日華親善教育を提唱」する（一〜二頁）。『帝国教育』第五八一号には、この時の第七回総会の記録が採録されているが、確かに日華教育提携に対する適切なる方案として「教育的見地に立つて相互の国民間に潜在する凡ゆる悪感情を一掃する」為に全力を注ぐことが決議されている。そして日本教育は「中華民国に対する日本人の感情態度を公正にすること」、中華民国の教育は「日本国民は侵略主義の国民に非ざることを理解し日本人に対する感情態度を改むること」などを対策にあげ、教育当事者や学生には、相互の国民の教育視察団の派遣とともに、「日華児童交歓の途を開くこと」などを提言する。そして本案の実行運動は、上沼の所属する全教連本部に一任することが付記されている(20)。日本学童使節発足の萌芽は、すでに満州事変が始まる前に形成されていたのである。

さらに昭和七年三月満州国の建国が宣言されるが、その混乱は「国民教育上黙視するに忍び難」いので、同年五月の第九回総会で、日満教育連携案を討議し、「学童の交歓　教育者の親善　視察団の派遣　通信交換　日満教育大会の開催」などの実行案が議論された。このような矢先に、満州国から少女使節が派遣されたのである（一〜二頁）(21)。

③　全教連の答礼計画〈私設団体による日満親善〉

——東京市小学校教員会では、少女使節が訪問した都市として答礼使節を派遣すべきだ、と東京市に申し入れた。しかしまだ満州国は承認前の国家であるため、国際的に支障を来する恐れがあり、しかも「匪賊や便衣隊の出没常ならず危険」なので問題が多い、というのが東京市側の返事であった。一方陸軍参謀本部は、満鉄沿線なら日中は危険がないと保証したので、外務省に相談すると、趣旨はよいが満州国は正式承認前で公式なものとはならない（ので支援しにくい?）という。つまり「個人としては賛成者もあつたが　公のものとしては賛成者がなかつた。実行不可能ならんとの消極的態度が多かつた」のである。

そこで全教連が主体となり答礼計画をすすめることを、東京本部の役員で話し合った。そうすると確かに公的機関が心配する不都合を取り除くことができるし、教育上のメリットもみえてくる。それは次の点だ。

(1) 全教連は私設団体だから、国際外交に支障をおこすこともない。
(2) しかもこれは「教育親善の子供使節」である。
(3) さらに全国的に学童を選抜して派遣すれば、日本対満州となるので、
(4) 少女使節の答礼ばかりか「建国祝賀」「在満将士の慰問」「戦没将士の慰霊」も行うこともできる。
(5) だとすると教育上「少国民たる学童として意義深い」催しになる。

以上のことを「外務省松島局長」を訪ね、説明し協力を求めたところ、坪上貞二文化事業部長を紹介された。坪上は答礼計画の意義を理解したばかりか、実行にあたり適切なアドバイスもくれた。これが学童使節派遣の動向を決定したのである。しかも「この計画は六月末で少女使節の在京中のことだ」と、上沼はいう（三頁）。

ここには満州国の既成事実化を推進するために、現場の教員団体が政府や軍隊、特に文部省が将来取り組むべき課題を先取りして、それを目に見える形で担い、国家や社会にアピールする姿を見ることができる。齋藤実内閣が、軍部や国内世論の強い突き上げをうけて、日満議定書を結び、日本が満州国を正式承認する二カ月前のことである。

2 日本学童使節の成立——結成から選抜・親善計画まで

1 答礼計画の合同——全教連の主導のもとに

東京市小学校教員会の役員は、学童使節派遣の計画を進めるために、秋に大連から新京、奉天、安東、朝鮮の旅程

で三週間、九州から北海道にわたり代表を選出、旅費はそれぞれの地方団体が負担し、半額を本部が補助する、という下案をつくる。そしてこれを七月六日、金沢市で開かれた第九回総会で諮り、承認された。ところがその直前、彼らは新聞で『東日』の「答礼少女使節」計画を知ることになる。

全教連側の資料によれば、「期日を異にして同一目的のもとに学童を満州国へ派遣する」計画が行われたことは、「日満親善の国民的動向の表現」であり、「満州国正式承認の気運を促進するもの」だ、と記している。ただし両者の計画を検討すると、『大毎』『東日』案は夏休み中で学業に支障はないが、暑すぎて小学生の旅行には不向きだ。ところが全教連の計画は、季節がよいのと全国的であり、少女だけではなく男子も含まれている。そこで全教連側が『東日』事業課に派遣計画の合同を申し込んだところ、『東日』は『大毎』とも協議し新聞紙上に「一度発表したのであるから、変更には苦衷があるが　学童のことであるから譲歩して挙国的に合同する」ことになった。その結果、全教連は使節の選定・旅費・監督（引率）を、『大毎』・『東日』は土産物・使節の服装・絵葉書の募集・訪問地の自動車費・通信連絡等を分担し、合同主催することにした（七頁）(22)。

ただし実質は全教連の派遣計画を『大毎』・『東日』側が受け入れ、協力する形になっている。使節の人数は、『大毎』『東日』案の少女五名ではなく、小学男児七名、女児八名の計一五名の三倍、しかも大阪から東京に起点を移し、期間は九月一九日〜一〇月一一日の二三日間、そして使節の資格は小学生に限り、「身体強健伝染性病患なきもの・学力操行共優良なるもの・比較的発表の自由なるもの・可成食事に好悪なきもの」の四点を基準に選抜するなど、全教連側の計画にそって進められている。新聞社は「満州国児童へ日満親善の希望を述べた」メッセージと贈呈品として伊勢神宮・富士山など国情を紹介する絵葉書の手配を担当し、「児童使節訪問記念品」も用意するなど背後から支援する形をとる（六頁）。

むしろ『大毎』『東日』側は、使節の人選や引率など手間や責任を負うこともなく、魅力的なニュース・ソースを独占することに成功したといえるだろう。新聞社側にとって、全教連との提携は「苦衷」ではなく、まさに渡りに船であった。

2　学童使節の選抜と結成

男女各一名（東京・大阪）と女児（京都・広島・関東・名古屋・横浜・神戸）及び男児（金沢・北海道・仙台・九州・四国）それぞれ一名を夏休み中に使節として選抜するよう、全教連は各地方団体に依頼する。しかし少女使節の訪問地でもある京都だけは、加盟団体ながら意見を異にして参加しなかった。また神戸市は八月に入って交渉したために、趣旨には賛同し、参加も希望したが、二学期が始まる九月にならないと役員会が開催できないので時間的に間に合わない、という回答であった。それは当時神戸市小学校教員会は全教連に加盟していなかった（昭和八年一〇月一四日加盟）からである。そこで京都と神戸の女児二名分は東京・横浜で補った。未加盟の神戸市はしかたがないが、京都市の協力を得られなかったのは「甚だ遺憾」だ、と上沼は憤っている（七～九頁）(23)。ここからも全教連が全国の小学校教員に強制力をもった公の団体ではなく、任意の団体であったことがわかる。

使節の決定の方法は各団体それぞれだが、たいていは各学校が候補者をだし、役員の口答試問、面接、医師の身体検査を参考にして選抜した（一三～五頁）。例えば、東京から選ばれた小学校六年生の高野道雄は、「満州へ行きたい志願者があつたら申し出ろ」といわれたので、父母と相談して「早速先生に申し出ましたところ体格検査で合格したんです」と答えている（『大毎』六月二六日朝五面）。前掲の四点の選抜基準のなかでも、学業成績はもとより、子どもにとっては長期間の強行軍なので、「身体強健」であることを十分に配慮して各教員会が厳選した。

さらに横浜代表の小笠原秀子は、市内の雄弁大会で優勝した「意思表示にかけては横浜小学生のチヤンピヨン」（『神奈川東日』九月八日）(24)と紹介されている。巧みな弁舌とともに使節の写真をみるかぎり、容姿もある程度考慮されて選抜したと推測される。

『日本学童使節満州国訪問記』に記された使節一五名の名前、小学校名・学年・生年月日、年齢及び父親の職業は

表2　学童使節名簿

学校名	氏　名	生年月日（年齢）	父親の職業
札幌市西創成尋常小学校六年	山口豊	T9. 4. 18（13）	清涼飲料水製造業
東京市本所区江東尋常小学校六年	高野道雄	T9. 9. 21（13）	弁護士
仙台市榴岡尋常小学校六年	松岡達	T9. 4. 21（13）	第七十七銀行調査部
大阪市東淀川区啓発第一尋常小学校六年	三好忠幸	T9. 9. 4（13）	商業
金沢市松ケ枝町尋常小学校六年	荒川宏	T9. 10. 29（13）	洋服仕立職
高知市第四尋常小学校六年	原田力	T9. 6. 8（13）	高知高等学校教授
鹿児島市鹿児島尋常高等小学校六年	山口文二	T9. 9. 14（13）	商業
東京市麹町区番町尋常小学校六年	**師岡康子**	T9. 10. 28（13）	早稲田大学教授
大阪市東区船場尋常小学校五年	**西尾幸代**	T10. 11. 2（12）	足袋卸売業
横浜市青木尋常高等小学校六年	**小笠原秀子**	T9. 5. 27（13）	芝浦製作所会社員
埼玉県大宮尋常高等小学校高等第二学年	**関根浪子**	T7. 9. 17（15）	埼玉県戸田村役場書記（前栃木警察署長）
名古屋市露橋尋常高等小学校六年	**小栗房子**	T9. 3. 25（13）	玩具製造業
広島市袋町尋常高等小学校六年	**小島君子**	T9. 4. 27（13）	日支親善中央協会総裁
東京市日本橋区千代田尋常小学校五年	**藤ノ木清子**	T10. 9. 4（12）	自動車商会
横浜市老松尋常小学校六年	**渡辺幹子**	T9. 4. 13（13）	医師

注・生年月日の「T 9. 4. 18」は「大正9年4月18日」を表す。
（出典・『日本学童使節満州国訪問記』所収の「日本学童使節名簿」をもとに作成）

表2の通りである。

監督は上沼の他、麹町尋常小学校校長横川住一、大阪市の船場尋常小学校訓導田村千世子、付添は横浜市関東病院長渡辺房吉、大阪毎日新聞編集顧問西村真琴（一八八三～一九五六）であった。

約一カ月にわたる子ども達の旅行のために、医師の同行が望ましかった。そこで日本医師会の理事などを歴任する医学博士の渡辺を選出した。渡辺は娘の幹子が使節に選ばれたので「私個人として行くつもりでゐたのですが」、新聞社側との話し合いで「それは好都合」と付添に決定した（『神奈川東日』九月一三日）と語っている。西村は生物学者で、元北海道帝国大学教授、阿寒湖のマリモの研究で知られるが、広島の高等師範学校を卒業し、以前満州の遼陽の小学校校長として数年勤めた経験があった。横川は全教連の本部理事で、使節派遣案の責任者で、会を代表して新聞社や官公庁の打合せなどを行った。

使節には八名の女子がいることに加えて、東京以外からも監督者を選抜するべきだとの意見もあり、「大阪市では女教員の最高待遇を受けて居る名訓導」である田村を選出した。大阪の会長の大浦倉之助校長は「僕も腹を切らなくてすんだ」と述懐した（一四頁）という。

近畿地方の拠点である京都市の協力が得られないばかりか、しかも神戸市は全教連には未加盟で、大阪府の加盟団体は大阪市と泉北郡の二つのみである。大浦の言葉には、『大毎』のお膝元の関西からの選出に苦労した様子を伺うことができる。また全教連の組織率の低い四国、九州地方も県で唯一の加盟団体のある高知・鹿児島市からの選抜であった。これらのことを総合的に考えると、厳密な意味では学童使節は全国の小学生から選ばれた代表というには少し偏りがありすぎたのである。

3　学童使節への注意事項

使節一五名中六年生が一二名、五年生二名、高等科二年一名、一二歳から一五歳までの小学生で、大半は来春の中学・高等女学校の入学試験を目前に控えていた。そこで学業等を含めた注意書「学童使節に対する希望事項」を送る、という教員会らしい配慮をしている（九頁）。その内容は、学業については次の四点であった。

(1)（約四週間の出張なので）この間の教材を夏期休業中に適当なる方法により予め学習し修業上遺憾なき様する事
(2) 朝鮮満州の地理歴史に関する教材を復習し若くは新に学習し　訪問地の事情につき明確なる知識を習得する事
(3) 満州新国家建設の精神　政治組織　公省署　要路人物等につきその大要を調べ置く事
(4) 次の歌曲に親しみ成るべく歌へる様にする事　満州国建国頌歌　大満州国歌（歌詞曲は印刷物を贈呈す）

特に(1)の欠席期間中の授業内容を学習しておくことは、受験を控えた小学生には切実な問題であった。例えば、東京代表の師岡康子は、取材のために記者が訪問すると不在で、かわりに母親が「満州へ行くとそれだけ学校の方が遅れるから、今のうちに勉強して置くのだといつてこのごろは毎晩六時頃から二時間ばかり一生懸命です」（『東日』九月八日朝八面）と答えている。

満州国をはじめとする訪問地の地理や歴史、政治などの予習の他に、全教連はより具体的な指示もしている。それは宮城遥拝、神社参拝、忠霊塔礼拝の予定とともに内地の送別会や満州や朝鮮各地の歓迎会を想定して、「男女各児交代」で「子供らしき簡単なる挨拶」を考えておくことであった。さらに次のような諸官庁の役職者への挨拶の用意まで指示している（九～一〇頁）。

イ　総理大臣　文部大臣　拓務大臣　外務大臣　陸軍大臣　鉄道大臣　市長等に出発の際の挨拶及帰国後の報告挨拶

ロ　関東州長官　小川大連市長　旅順市長　林満鉄総裁　八田満鉄副総裁　満鉄学務課長等訪問

ハ　本庄軍司令官　橋本参謀長　領事　満州守備各地部隊長等訪問

ニ　満州国執政　鄭国務総理　駒井長官　金新京市長　焔奉天市長　内政部長　外交部長　交通部長　資政局長
　　安東市長等訪問

ホ　平壌市長　京城市長　朝鮮総督等訪問

使節を代表して一五名の男女がそれぞれ交代で挨拶をするなど、現場の教員集団らしい演出であった。おそらく選抜された各学校単位で、これらの挨拶を周到に準備したのだろう。挨拶の予定者は、日満両政府及び関東州、朝鮮、満鉄の主な人物が網羅されている。これ以外にも、（出発前に交代した）本庄繁を自宅に訪ね、さらに新任の武藤信義の歴代関東軍司令官を訪問するなど、もはや学童使節は公に近い親善使節の役割を担い始めていたのである。

4　親善交流の方法――建国人形と絵葉書

文部・拓務大臣のメッセージをはじめ、訪問官庁の交渉などは全教連が『大毎』『東日』側と連携した結果であり、学童使節は「全く共同主催の実を挙げ」たという。使節携帯目録には、「文部大臣メツセーヂ（満州国）、拓務大臣メツセーヂ（関東州　朝鮮）」とともに、「執政夫妻への記念品　鄭国務総理への記念品　武藤特命全権への記念品」がある。これらはいずれも日本人形であった。執政夫妻には龍鳳人形・鄭と武藤には春駒人形で、龍の凧をもったものや春駒にまたがったものなど、「新春を寿ぐ子供の遊びで、日本精神の表れたもので　建国を祝する意味をつけて建国人形と命名した」。

その他に学童使節は、「満州国　関東州　朝鮮児童への絵葉書数万枚」を携えていた。絵葉書は「日本の国情風俗を知らせ　可愛いい子供達の通信文を書いたもの」であり、それを持参することにより「子供の手から子供の手へ純真なる童心の交歓」をすることができる。これは「日満親善の礎」となる意義深きものだ、という認識が全教連にはあった（一五頁）。

そこで広島市の九千枚をはじめ、選抜された学童の出身地の市長に依頼状を送るとともに、同教員会の会長にも、それぞれ枚数（札幌市九千・大阪市一万八千・仙台市六千・金沢六千・高知市三千・鹿児島市三千・横浜市一万二千・大宮町千五百・名古屋市一万五千・東京市三万）を寄贈するよう協力を呼びかけている。

上沼は、広島市長宛の手紙を『日本学童使節満州国訪問記』に採録しているが、その内容は、

一　貴市を　紹介する絵葉書（通信文記入のこと）

二　宛名は次の三種　満州国のお友達へ。関東州のお友達へ。朝鮮のお友達へ。

三　差出人は学校名　学年　氏名　年齢を記入のこと

であった。希望枚数は満州五千・関東州二千・朝鮮二千、日付は九月六日で、九月一五日までに大阪毎日新聞社事業課宛に送るよう依頼している（一七頁）。

絵葉書は小学校の授業中に学校単位で児童に書かせたらしく、『東京日日宮城版』（九月一三日。以下、「『東日宮城』」と記す）は「仙台市教員会では……六千枚の通信文をしたため郷土の絵葉書を贈ることを決議し市内十八小学校では目下それ〴〵上級児童をして通信文を書かしてゐる」と報じ、机の上に積まれた絵葉書を教師三名が整理している写真を掲載している。

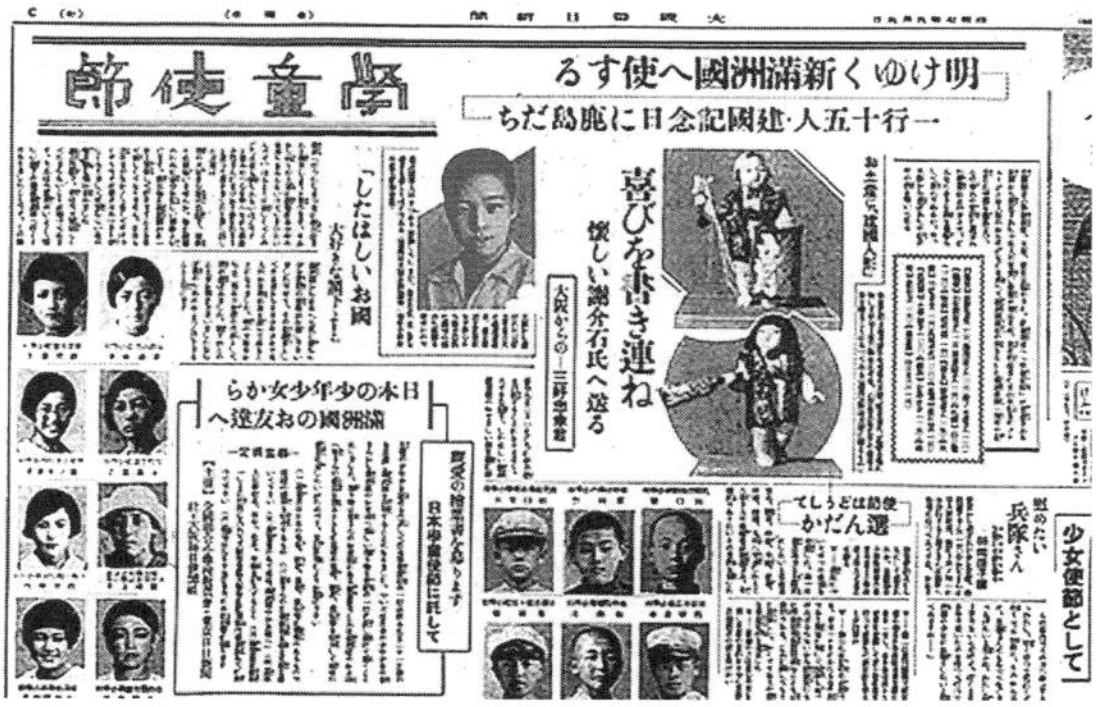

図３　『大毎』1932年９月９日夕刊７面

また『大毎』昭和七年九月九日朝刊七面上半分は、学童使節の特集だ（図3）。建国人形や使節全員を顔写真付で紹介するほか、「日本の少年少女から満州国のお友達へ」「親愛の絵葉書を募ります　日本学童使節に託して」という見出しとともに、家庭にある日本の地理、歴史、風景、風俗等に関係のある絵葉書に、日満親善を語る文面を書き「満州国のお友達へ」という宛名で、学校名　学年　氏名　年齢を記入の上、これも九月一五日までに送るように呼びかけている。ただしこれは『大毎』だけで『東日』にはみられない。

全教連が代表児童の出身地や教員会に依頼した希望枚数を単純計算すると、一〇万八千枚になる。横浜は一万六千枚（『神奈川東日』九月一六日）、鹿児島は約四千枚（『大阪毎日新聞鹿児島・沖縄版』九月一四日。以下、「『大毎鹿児島・沖縄』」と記す）という報道にあるように、割り当てられた枚数以上に集まったようで、新聞社の呼びかけに応じた分も合わせて、わずか九日間で約一五万枚に上った。その内、関東州へ三万枚、朝鮮へ三万五千枚、満州へ八万五千枚贈った。交歓会が開かれた会場ではその場で、そうでない場合は、その都市の学校へ分配を依頼し、大連から新京までの沿線では、停車駅で各学校へ五六百枚から一千枚を袋へ入れて贈呈した。在満中に早くも返信が届くものもあり、帰京後半年位は通信が続いた(一五〜六頁)という。

ただし『東日宮城』(一〇月二〇日、二一日)は「満州からの便り」として新京の女学生からの絵葉書への返信を紹介しているが、これは在満邦人からのものだ。学校で短期間に書かされた葉書の内容を翻訳する余裕もなく、おそらく返信の多くは日本人の子ども達であった、と推測される。それはとにかく、子ども達がメッセージを託した絵葉書が、直接満州・朝鮮の子ども達の手に届いたのは事実である。その意味では、内実はさておき、形の上では学童使節によって満州国をはじめとするその周辺の外地(関東州・朝鮮)の子ども達による親善交流が実行された、といえるだろう。

3　日本学童使節の誕生

1　学童の欠席処理

ただし国や文部省が主催する公の行事ではない以上、使節の派遣期間中の出欠席処理が問題になってくる。まだ満州国が日本から正式承認されていない状況下で、民間の教員団体が小学生を授業期間中に派遣する場合、(当たり前の話だが)欠席の処理に法令上の規定があるはずがない。

文部省普通学務局は、事故欠席にならないように地方官庁と協議しろというが、特別扱いは困難だ、まして小学生が一カ月も学校を休むことは感心しない、という声もあった。上沼は「意外の支障に逢着した」というが、正規の授業を休ませて、未承認の国へ(出発の三日前に承認されたとはいえ、それは後の話だ。)建国祝いと親善のために小学生を派遣することは、当然公欠に値するという全教連や上沼の考えは、今日ではなかなか理解できないだろう。「新しい事項が起つた際は　法令の精神を活用して　時代にふさはしい取扱ひが創造されねばならぬ。官僚式に画一処理は　生きた人間教育には考ふべき事である」、と上沼は憤っている（八頁）。確かに正論だが、受験を控えた者が多い小学生に、授業よりも日満親善を優先させるところに、昭和七年という時代が映しだされている。

2　日本を代表する学童使節

①　市や町をあげての祝福——もっともこの問題は、時と共に希望通りに解決したという。それは学童使節が満州国への友好や建国を祝福するための使命を担った使節として、政府や軍ばかりか県及び市町村単位にいたるまで国民的に認められ始めたからだろう。特に地方の盛り上がりは過熱気味で、郷土の誉れ、母校の名誉として連日の報道を繰り返している。

筆者が確認できた『大毎』『東日』の地方版は五紙で郷土代表の学童使節の報道の回数は、それぞれ朝刊一面かぎりの紙面に、『東京日日北海道・樺太版』（以下、「『東日北海道・樺太』」と記す）八回、『東日宮城』一七回、『東京日日埼玉版』（以下、「『東日埼玉』」と記す）五回、『神奈川東日』九回、『大毎鹿児島・沖縄』二二回であった。特に、満州に多くの将兵を派遣していた第二師団のある宮城と九州地区から唯一の代表をだした鹿児島は、過熱気味の報道を連日繰り返している。

それでも比較的冷静な対応であったといえる関東圏の横浜・大宮の例を紹介しよう。横浜市代表少女二名は、それぞれ全校生徒よる歓送会とともに校長の付添で市長と助役に出発の挨拶をするために市役所を訪ねる。使節達は日満両国旗を掲げて万歳万歳を叫ぶなか盛大な見送りをうけ、東京を出発した日の夜は、特別に横浜で下車し、市長も参加した歓迎会が催されている。

使節の中最年長の関東代表埼玉県大宮町（現・さいたま市）関根浪子（一五歳）は、九月一五日午前一一時半、大宮町長と学校長、同級生二〇余名に伴われ大宮氷川神社に参拝し、出発の奉告（神仏にことを知らせること）の式を終える。『東日埼玉』は、この時刻は「日満議定書の調印式の瞬間に当つてゐたことも意義深いものであつた」と伝えている。そして関根は日本と満州国が仲良くして行かなければならない大切な時期だと始終先生から聞いているので、「郷土と日本の名を辱しめぬ様使命を果たして来る決心です」と決意を述べている（『東日埼玉』九月一六日）。

さらに帰国後大宮駅に着いた様子を、「童心使節浪子さん帰る　大宮駅頭の感激」と報じている。一〇月一五日午前九時四五分列車がホームに入ると、雨の中にもかかわらず町内の四つの小学校の高等科の生徒や町民が出迎え、新聞社の歓迎旗が渦まき、万歳万歳のどよめきのなか、怒涛の如きおめでとうの乱射で、拍手の波のなか町長の発声で万歳を三唱、その後降りしきる雨のなかを氷川神社まで凱旋行進する。そして午後三時から大宮小学校講堂での歓迎会に臨んだ（『東日埼玉』一〇月一六日）。

使節の帰還は、地域の名誉であった。それを小学校の関係者ばかりではなく、町長をはじめ町民をあげて祝福しているのである。北海道代表の山口豊も五百名の児童をはじめ市民に見送られ、帰郷の出迎えは千人余で、道庁の長官を訪問するなど、横浜・宮城・大宮とともに地方では学校という枠をはるかにこえて、首長をはじめ地域全体で使節を送りだしている。そして東北・九州はそれに輪をかけた盛大さであった。

② **日本帝国の代表としての責務**〈宮城〉――『東日宮城』（九月九日）は、幼き胸に母校の名誉を刻みつけられた松岡少年が出発前に担任から満州国への充分な知識を身につけるために地理・経済・政治・歴史や満州国の国歌の特別指導をうける様子を伝えるとともに、「重責を担つた東洋平和のいと若き使節」である「松岡少年・晴れの日迄のプロ」（グラム）を詳細に掲載している。

一二日　歩兵第四連隊・第二師団留守司令部

一三日　榴岡小学校三百余歓送会
一四日　正式な挨拶廻り（校長・東日仙台支局長とともに）天神神社・青葉神社・県知事・市長
一六日　駅前広場にて歓送式

一六日の出発日は、特に盛大であった。全校生徒が集まり榴岡小学校の校旗と松岡達使節を先頭に児童五百名が列を組み仙台駅まで行進する。駅には市内一七小学校の代表児童五千名が各校の校旗を立てて見送り、駅前の広場で歓送式を行う。そこには知事・市長をはじめ有力者が参集するという大掛かりなものであった。『東日宮城』（九月一六日）は、満州事変一周年の催しの一つとして位置づけているらしく、「訪満学童使節（松岡達君）歓送会……市関係者と共に当日正午から駅前広場において全市小学校代表及び各種団体一万人を以て同使節歓送会を開きます。県民各位の御参加を熱望す」という案内まで掲載している。

さらに宮城電鉄には学童使節に託して第二師団の将士にも絵葉書を贈りたいという希望が寄せられ、東日仙台支局と榴岡小学校が相談した結果、五百枚だけ応じることになり、さらに市内の各小学校の児童が通信文を書いたという。絵葉書は松島を中心に宮城電鉄沿線の風景で「これに可憐な子供達の通信文が記され贈られる諸将兵にとつてどんなに嬉しい贈り物となるかも知れない」と自賛している。この絵葉書は学童使節の訪問に合わせて新京まで師団長か副官が受け取りに行く予定であった（『東日宮城』九月一四日）。

一三日の学校内で開かれた歓送会で松岡使節は、次のように挨拶している。

私は学校のため、わが日本帝国のため満州の友人達と仲善しになるために行つてきます。東北代表としての責務と栄誉を傷つけないように使節としての役目を十分果たしたいと思ひます。

さらに市長から武藤信義関東軍司令官・第二師団長などへのメッセージをたくされ、知事から「これから日本を背負つて行くのは君達少年」だと激励されると、「よくわかりました私の身体は私だけのものではありませぬ皇国のものであります」と答え周囲のものを感動させた（『東日宮城』九月一五日）。

そして松岡少年の父親は、息子が満州国から帰国するに際しての新聞記者に、その心境を語っている。

……達になんといつて感謝したら好いか——何をして達の功績を誉めたら好いかあまりの素晴らしい子供の名誉の前に好い方法も見当たりません、全く私達一家未曾有の名誉であり永遠に特筆すべき歓喜です（『東日宮城』一〇月一四日）

仙台帰郷後も歓迎会と同様の盛り上がりで、プラットホームには、何時からともなく満州国国歌の合唱と榴岡小学校の校歌が流れる。列車が到着すると、万歳三唱のなか駅前広場で歓迎式の後、徒歩で榴岡小学校に凱旋し、留守司令部・知事・市長を訪ね、翌日は仙台放送局で歓迎放送が行われ、同小学校では執政溥儀などから貰ってきた「お土産展覧会」が開かれた。

『東日宮城』（一〇月一二日）は、帰郷を前にして、次のように記す。

松岡少年は正に童話の国の凱旋将軍の意気を見せて凛々しい姿を仙台駅に現すであらう——もつともだ、松岡少年の訪満は国際的であり歴史的なのだ。従つて駅頭における最初の歓迎式は最もこめたものでなければならぬ

確かに熱誠を込めた歓迎式であったことが報道からも伺い知れる。

③　**鹿児島市・鹿児島県の名誉**——鹿児島代表山口文二も学校内の歓送会とは別に、千名による照国神社で使命貫徹祈願祭を執行の後、「栄ある学童使節」の歓送会には、来賓として知事・市長代理の訓示があり、その後県庁・市役所へ挨拶をする。そして一四日の出発は、鹿児島市をあげて「この輝かしい門出を異常な感激興奮をもつて歓送」するのだ。

その日は知事代理以下学事・軍関係者、一般市民など四千人が見送る。駅の内外は人と旗の波に充たされ、発車のベルがなると文二少年は車窓から上半身を乗り出し「キツと使命を果たして帰ります」と挨拶をする。そして急行の各停車駅（伊集院・川内・出水）ごとに盛大な見送りをうけたという。

帰郷後は鹿児島市の百貨店山形屋の五階大ホールの「日本学童使節満州国山口文二君報告会」には千人が詰めかけ、同店三階の元食堂では「満州国お土産展覧会」が二日間開かれている（『大毎鹿児島・沖縄』一〇月二一日）。

使節に選出されたことを伝える記事の見出しは、「感激を胸に／待焦れる出発／地図を広げ不安の親を説く／名誉の山口君一家」（『大毎鹿児島・沖縄』九月一〇日）であった。その後に、山口少年の両親は「たつた一人の九州代表としてふつゝかな子供を選んで戴いたことは全く光栄と感謝の他はありません」と感激し、校長は「九州の代表として本校から山口文二少年が選ばれましたことは、ひとり学校として有難いばかりでなく鹿児島市としてまた県としましても光栄であり、名誉である」と喜びを語る。そして学友は九州には鹿児島よりすすんだ県や都市があるが、「それらをさしおいて南のはての我が鹿児島市から君が選ばれたことは何という痛快なことでせう」（『大毎鹿児島・沖縄』九月一四日）と作文に書く。

このように使節に選ばれることとは、家・学校・市・県の名誉であり、（特に地方では）周囲から日本を代表する公の使節のように扱われ、認識される。もはや私設団体である全教連や民間の新聞社の企画事業という枠をこえて、学童使節は一人歩きを始めていたのである。

3　日満を結ぶ天使

大阪市長関一（一八七三～一九三五）は、『大毎』に「平和の楽土としての　新興満州国に使する学童使節」という一文を寄稿している。そのなかで日本は「新興満州国育ての親として」物心両面の援助が必要だが、両国をつなぐものは「信」と「愛」であり、「この意味で今回の学童使節の持つ責任は、子供とはいへ実に重大」だ(25)、と子ども使節ならでは外交上の効果を記している。

縣《あがた》忍《しのぶ》（一八八一～一九四二）大阪府知事は、「日満を結ぶ　天使としての我学童使節」として、少女使節と学童使節を天使とまで形容して、次のように語っている。

さきに満州国から来朝した……平和の使ひ（少女使節）が全国の小学校児童によびかけ、また婦人使節（協和会女性使節）を通じて「どうか満州国を承認して下さい両国はしつかと結びつかねばなりません」と、高らかに日本国の承認を要望する旨を叫んだものだ、わが国民はこれによつて随分注意を喚起した、小国民達も満州の認識をハツキリと持つやうになつた、ところがこんどは承認後の日本の学童使節を迎へることだから、三千四百万のよろこびにみちた民衆はキツト心から歓迎してくれるだろう……純真なる十五名の使節が子供の手で平和を誓ふのだ、どうして快哉を叫ばずにゐられようか！

縣はさらに続けて「無邪気な子供達が握手する光景を想像する時、なんとはなしに感激の情熱に動かされ両眼に涙のにじみ出るやうな気がするではないか」、満州国の要人が食事会を催すなど「いかに満州国の巨頭たちがこの純真無垢な児童の渡満をよろこんでゐるか吾人の想像に余るものがある」（『大毎』九月三〇日朝一二面）という。

「平和の使ひ」「純真なる十五名の使節」「子供の手で平和を誓ふ」の語が踊るこの縣の文章には、思惑が働く大人社会の醜さを覆い隠す子どもというイメージの利用価値が、日満の両政府をはじめ社会的にも浸透していたことがよみとれる。
このように子どもによる日満の親善交流が、私設団体である全教連の主導のもとに形を整えられ、それをマスコミが合同主催し、政府が全面的に協力することで日本学童使節が誕生したのであった。

4　東洋平和と国際化、日満教育の提携

1　学童使節と満州事変一周年

学童使節の演出効果を最も高めることができるのが満州事変一周年の九月一八日であった。上沼は言う。新国家満州は、執政宣言にあるとおり「王道楽土　門戸開放　民族平等」の理想国家である。

……之れに対し支那は勿論　欧米諸国は疑ひの目を以て見てゐる。日満の特殊事情は（リットン）調査団でさへ認識不足である。満州国よりは頻りに　承認を希望して居り　国民的世論は承諾速行に傾いてゐるが　手続上承諾が困難であつた。（だが出発直前に日満議定書の交換により満州国が承認された。）満州国の喜びは勿論　内地の承認祝賀の行列は　際立つて深い印象を与へ……満州の野に花が咲いた感があつた。又出発先日の十八日は　柳條溝（湖）爆破の一周年記念日であつた。この記念日に本庄将軍を訪問した。誠に幸先がよい。丁度出発直前に承認とは　不思議な程　好い時期に当つたものである。……（一八～一九頁）

上沼をはじめとする全教連が、学童使節の派遣時期を、当初新聞社側の計画した夏休み中ではなく、九月中旬にこだわった最大の理由は、九月一八日の満州事変一周年を意識していたからであろう。これに満州国承認というおまけ

までついたのだ。

九月八日には、本庄繁ほか五人が凱旋将軍として帰京し、一五日に満州国が承認されると日本中が熱狂に包まれる。例えば「両国旗を打振り　四万人行進　靖国神社から宮城へ」などの見出しにあるように、在郷軍人東京府市連合会が盛大な祝賀の大会を開くことを『東日』（九月一五日朝一一面）は告げている。

さらにその前日の一四日付『東日』朝刊七面は、深川明治第二小学校五年女生徒五人が「これを元手に海軍機を造つて下さい」と三円二〇銭と模型飛行機に手紙を添えて海軍省に訪れたことを報じている。陸軍の愛国機がすでに六〇台をこえているのに海軍の報国機は五、六台にすぎない。これに心を痛め、「幼心に是非ともお国のためにお役に立ちたい一心から」の行動だという。同校の富山訓導は「学校で満州事変の講演会を催したところ全校の生徒はいたく感激しました、その内でも……五名は全く自発的に飛行機の献納を思ひたち小遣ひを貯金して集めて持つて来ました。……海軍への話でしたので私が世話をした次第であります」と述べている。

満州事変一周年に向けて、当時の日本が盛り上がるのが九月一八日前後であった。この時期こそが教育上大きな意義があり、社会的なアピール度も高いという計算が全教連にはあった、と推測できる。

2　上沼久之丞の日満教育提携――平和使節と出征軍人

学童使節を主導した上沼には、お互いの国を対等に認めた上での、子ども達による親善交流という、日米人形交流を提唱したシドーニー・ギュリックのような視点はない。彼がいう「日満教育提携の骨子」とは、確かに学童の交流などをとおして、両国が「教育を通して、相互に正当なる認識を進め、国際的感情の融和を図る」ことであった(26)。しかし、その国際とは何を意味するのだろう。

教育史の先行研究によれば、戦前の日本は「世界平和への寄与、国際社会への文化的貢献」を強調しながら、一方で欧米列強との国際競争に勝ち抜くため世界のなかで「いかに指導力をそなえた国になるか、という悲願にみちて」

いた。したがって国際教育の主流は、国家主義的なイデオロギーを後ろ盾に対外発展をめざすものであり、その手段として大正新教育が位置づけられると指摘する(27)。「東京府下公立小学校内部で新学校指導者としての役割を果たした」上沼は、まさにその延長線上にいる人物であった(28)。

昭和五年に設立される新教育連盟日本支部の発足や活動に重要な役割を担った上沼の当時の思想や研究活動は、「競争意識による対外観を基礎とした膨張主義や発展としての『国際化』とは一線を画す」平和的共存を希求する「国際化」が確認できるとされる(29)。だが全教連及び東京市小学校教員会の中心人物として、日本学童使節の結成に指導的な役割を果たす上沼の一連の行動をみるかぎり、この指摘はあたらない。

上沼の考える学童使節の平和の目的は、例えば危険の多い満州に派遣する学童の安全に関する、次のようなエピソードに集約されている。

すなわち八月末から九月上旬にかけて奉天付近に匪賊襲来の報道があったので、全教連地方支部の金沢・仙台・高知などから、予定通りに決行するのか、という問い合わせがあった。そこで万が一のことを考え陸軍省に相談に行ったところ大笑いされた。「東京だって強盗や人殺がある。それより安全な位だ。そんなに心配する位なら満州に居る人がない筈ではないか」。心配無用と丁寧に説明された。そこでこの経緯を各地方支部に知らせて、それでも心配なら「見合せらるるも苦しからず」と書いて本部の決意を述べた。そして上沼は、次のように記している。

(不可抗力で何かあれば責任を問われても仕方がない) 万全の策を尽して遺漏なきを期して　人事を尽して天命を待つ外ない。平和の使節であるが　覚悟は出征軍人の意気で　運命を神様に托して行くのだ。どうか使節の関係者も此の心持であつてほしい。監督者は全力をささげ　万全を期し　親身の心持で　運命を共にし　信頼に背かぬ行動をとりたい。多少の不満はあつても　無事に使命を果したい。無事　無事である事が最上の喜びである(一三頁)。

学童使節が日満親善をめざしている限り、それは国家間の平和的共存が前提になる。日本学童使節が平和使節であることは、その意味に於いてである。しかし「覚悟は出征軍人」なのだ。それは日本が英米と対抗して対外発展をめざす以上、満州国は日本の生命線であるからだ。上沼にとって、この二つは矛盾しない。

3 新桃太郎主義と満州国

彼が主張するのは「新桃太郎主義」であった。「日本人は鬼退治をして宝物を積んで帰り、錦を故郷に飾るが、平和の生活戦線でも、出稼ぎ的に金が貯まれば、送金したり、帰国してしまひ、移民として安住定着しない」。これは短所であり、「勝つて宝物をもつて帰らない新桃太郎の意気」が必要だ。「内地の国民教育上にも、新桃太郎主義の啓培に、一段の努力が緊要となつてきた」(30)。それは満州国に王道楽土を建設するために、日本を忘れて満州国人として尽す意気のある人材の育成だ。日本の膨張と対外進出を担うことを期待された子ども達。彼らが将来アジアの盟主として他国を指導して米英との競争に打ち勝つ人間として成長する。ここに日本学童使節の本質が集約されているのではないか。

そのため「教育者の接触は相互理解に最も有効だ」が、それは「幼稚な満州国教育」に接することで、進歩した日本の教育がかえって参考となるべき資料が多いからだ。したがって「自然指導的立場となると思ふが、親善関係から云へば、日満教育提携の骨子は相互に理解して、両国民が内省し、改造に向かつて努力する」(31)ことだと上沼はいう。教育の面でも満州国が近代国家になるように指導することにあり、そのための学童交流であった。

それは『大毎』編集顧問の西村真琴をはじめ引率者も基本的に同じ考えである。学童使節の出発を送る横浜の交歓会の席上、子ども達に次のように話したという。

となりにはけむし（毛虫）のたかつてしようがない大きな木がありました。何とかしてこのけむし（毛虫）をとりのぞきたいけれどもようい（容易）にそのけむし（毛虫）をとりのぞくことが出来ませんでした。けれどもそのわきへめばへ（芽ばえ）のよいのが出来ました。こちらには意気はつらつとしたわかめ（若芽）がたくさんあります。どうしてもこんなけむし（毛虫）のたかつた木よりも日本のようないきほひのよい苗木を、そのあたらしい地へうえつけて、ます〳〵そののびてゆくことをいのらなければならない、といふことを（西村先生は）述べられました（四八頁）。

この話を作文に書いた関東代表関根浪子は、その意味を次のように理解したという。

それは日満親善であつて、支那といふ老大国は今けむしがたくさんたかつてしまつてゐる国である。ところで日本のようなのんびりとしたいきほひのよい苗木を満州へうえつけ、さかへゆくことをながめ楽しまうといふことで、それがとりもなほさづ東洋の平和といふことになるのではないか、ぜひそうしていかねばならぬ。又そうしてゐなければならぬ、と云ふ意味であると思ひました（四八～四九頁）。

また監督者の船場小学校訓導の田村千世子は、神戸から大連に着くまでの船の上で、劇「筍の春」を創作し、旅行中に使節達は劇を練習し、安東の歓迎会で披露している。横浜代表渡辺幹子は、そのあらすじを次のように紹介している。

満州の筍が地上に出たい出たいと思つて居りますが、寒い西比利亜（シベリア）風や　満州の深い雪や黄土のために出ることが出来ないで居ります。そこへ暖かい日の光が射し、春雨が降りそゝいだので、筍がニヨキニヨキと生へ始めると云ふのであります。そこで日光や、春雨や、筍や、みんなして喜びの歌を歌つて祝ひ合ふ（六〇頁)。

という内容であった。「申す迄もなく筍は満州を日光は日本」をさす。生まれたばかりの満州国を日本が守り育てるという意識は、しっかりと学童使節以外の子ども達の胸にも刻み込まれていたのである。

4　子ども達の国民的使命——赤ん坊の国を育てる日本

鹿児島代表山口文二の歓送会に寄せられた歓送文を『大毎鹿児島・沖縄』(九月一四日)は紹介しているが、例えば次のようなものがある。

……満州国は我が国に最も関係の深い隣りの国です、今まで吹いた血なまぐさい嵐の中からヤツとこの前、生れたばかりの国です、それでまだ赤ン坊の満州国は危険です、それを大切に育て上げねばならぬお守役は日本です、この大切な時に日本の少年を代表して使をする君の役目は実に重大です山口君、僕達は君がこの重大な責任を立派に果してこられることを信じてゐます(「責任は重大」高一　瀬田信行)

(日露戦争以来二〇億の国費と十万の軍人の血を流して守ってきた満州は)今に至るまで心血をそゝいでその開発に努めて来たところである、かういふ歴史上の関係がある上に満州はわが国防上からも、経済上からも、極めて大切な場所である、君がこの満州国との親善といふ重大な任務を十分果してかへつてくれることを心から願ふ(「真剣な努力」尋六　志水澤治)

そして山口文二は帰国後の感想文に、次のように記している。

……満州国の建国は、赤坊の出産と同じことであつて　しかもその赤坊は丸々と太つてゐるのであります。即ちそれは　鉱産物　農産物　水産物等は無尽蔵であつて　たとへ我が国が他国から絶交されても満州と手を握り互ひに助けあつてゆけば　「居食住《ママ》」には困らないのであります。私共はこの丸々と太つた赤坊を弟のやうに思つてりつぱな国となし　ますます日満の発展の為に力をつくしたいと思ひます（一九〇頁）。

満州国は赤ん坊でありそれを庇護することが、日本の使命であり、そのための学童使節であった。前述のように山口が出発にあたり見送りの人々に「使命を果たしてきます」と誓った言葉の本質はここにあった。親善とは「親しんで仲よくすること」だが、日満親善は対等ではなく、上下関係でこそ成り立つ親善交流であったのだ。

別の歓送文には「日本兵隊さんに出会つたら、今までしつかりと東洋の平和を守つて下さつたことを、僕達に代わつてお礼をいつて下さい」（「努力を願ふ」尋五榊原友博『大毎鹿児島・沖縄』九月一四日）とあるが、満州への侵攻は東洋の平和を守ることであり、その意味での平和の使節が日本学童使節であった。

満州国は日本が守らねばならない赤ん坊だという意識は、新聞や教育現場だけではなく、少年達の身近にあり、ある意味では最も影響力が強い、少年雑誌にも連動している。当時絶大な人気を誇った少年雑誌『少年倶楽部』に連載された昭和七年九月号の山中峯太郎『大東の鉄人』は、まさに学童使節の訪満の時期に発売されている。

『満州国はまだ赤ん坊だ』と、我が本郷義昭は言つた。生れたばかりの赤ん坊のやうな国が、満州国だ。しかし、この赤ん坊は、大きくなると、えらくなりさうだ。石炭、鉄、金、石油、鹽、そのほか、米も、豆も、小麦も、満州国は赤ん坊だが、色んなものを持つてゐる。この赤ん坊を、大事に守つてゐるのは、我が日本だ。日本と満州は仲よく一緒に栄えて行かうとする。ところが、日本が栄えて今よりも強くなるのを、むやみに恐がつてゐるは、第一に米国だ。第二に支那、ロシヤ、英国、皆が恐がつてゐる。そこで満州国を今のうちに、つぶしてしまつて、日本を弱くしようとする。しかし、戦争すると、日本は強い。だから、戦争なしに、秘密のうちに満州国を倒してしまうといふ、すごい計略をたてた者がゐる。この者たちが、満州国第一の都会ハルビンに、幾人となく隠れてゐるのだ（第一九巻第九号、九二頁）。

第6章で詳述するように、たしかにこれをみるかぎりアジアの盟主である日本人を中心とするアジア建設という「国民的使命」が学童使節ばかりか、小学校高学年の多くの子ども達にも共有されているようだ。そしてこのような意識は教育現場だけでなく、フィクションも含めて社会全体で子ども達の胸に刷り込められたのだろう。

最後に、上沼の総括の言葉を紹介しておこう。

「遂に大人は子供に勝てず」

新京に於ては　学童使節の効果に対して、大人より以上であるとの好評を得た。子供のかん高い声で　挨拶や慰問の言葉を述べると　殆んど全部のものが感動した結果生れたのが「遂に大人は子供に勝てず」といふ新語である。満州へは多方面の人々が入つて居る。利権屋も行つてゐる。利権屋などに対する警戒心から見れば　学童使節に対しては平安である。子供は純真で可愛い。挨拶を聞き乍ら　喜びの涙にむせばぬものはないのであつた。……（学童使節は）全国八百万の学童に　日満親善の過程を充分味はしめた。日本の国際的地位を明確にした。満州の平和は日本の安全だ。東洋の平和だ。世界的の平和に貢献するのだ。やがて支那とも平和にすべきだ。人類の幸福増進に寄与するのだ。使節の使命は重かつた。それを果たしたのだ。将来にも貢献すべき使命を持つて居る。……使節よ健在なれ。すくすくと伸びよ。満州に植えた平和の種を見守つて　水を与へて成長せしめよ。虫ばむものがあつたら払ひのけよ。それが親木のつとめだ。健在なれ学童使節よ（一九〜二〇頁）。

満州国を虫食むものがあったら払いのけること。つまり中国や米国をはじめとする欧米列強を払いのけることが親木である日本のつとめであり、その役割を将来担うのが学童使節達の世代であった。上沼をはじめ全教連にいわせれば、それが東洋平和であり、世界平和につながるのである。

第4章——満州国と少女・少年

■日本学童使節のイベント化とその政治的利用

1　学童使節のイベント化——メディアによる演出

1　満州国ブームと学童使節

①　結団式の様子——昭和七年九月一六日までに全国から選抜された使節の小学生達は、郷土で盛大な見送りをうけ父母や校長等の付添のもとそれぞれ東京に集合し、指定された帝国教育会会館一橋寮に宿泊する。翌日一七日午前一〇時から同館で結団式を行うが、第一日目の印象を北海道代表の山口豊（一三歳）は、第3章で紹介した『日本学童使節満州国訪問記』のなかで次のように記している。

九月十四日上京してから　まちにまつた日本学童使節の結団が……行はれた。小雨降る中を兄にともなはれて会場へ向つた。……式場へ着いたのは九時半過であつた。各地代表の人達は式場の前の方に一列に並んで　皆はちきれさうな顔をして元気一杯な目を輝かせてゐた。後ろ方には付添つて来られた父兄の方や　先生方がたくさん並んで居られた。両側には付添の先生方や新聞社の方々が居られた（三九頁。以下同資料の引用は頁数のみ記す）。

式では、富士小学校校長で学童使節派遣計画の実質的な主宰者ともいえる全教連の上沼久之丞が「日満両国の親善は　次の時代を作る皆さん方少年少女がお互に仲よく手を取り合つて行くことが大切である」と述べ、「本年六月以来の御計画になつたお仕事をご説明になつた」。その後、使節一人ひとりの自己紹介、旅行中の注意などを受けた後、別室で「三越婦人子供部」製作の制服に着替えた。

これはあらかじめ各自の寸法を調査し、仕立てたもので、「男児服は紺サーヂ折襟付カラー付ダブルボタンバンド付の上衣と半ズボン」「女児服は白ブラウス紺サーヂジャンパーバンド付」、胸には日満の国旗が付き、女子には帽子も支給された。式の時には緊張して固くなっていた使節達は、子どもらしく打ち解けるのも早かった。この頃になると「君どうだい」「あ、よく似合ふよ」「胸の国旗はい、ね」など言葉を交わし始め、新しい制服を着て控室の椅子に腰かけ、「お互に故郷の面白いことなどを話し合つた」。

午後一時頃からの帝国教育会会館での日満教育提携同盟、全教連共同主催の午餐会では、「えらい方々や父兄の方と一緒に食事をした。父兄の方とはあまり話もせずに」「隣の人達と話をしながら食べ　ずつと前からの友達の様な気がした」。その後会場の隣の一橋小学校で子ども達が満州国国歌の練習などをする間、引率監督者と使節の父兄は旅行打合会を行い一日が終わった（四〇〜四一頁）。

② **使節の記念品〈文部・拓務大臣メッセーヂと建国人形、絵葉書〉**——学童使節の出発に先立ち全教連の上沼久之丞の名前で、使節の立ち寄り先の満州国の諸官庁をはじめ、国内・関東州・朝鮮の各都市の首長・満鉄本社・関東軍司令部・新聞社の支局に、協力を依頼する書面をおくっている。

それは使節派遣の趣旨説明とともに、「一学童使節名簿監督付添者、二旅行日程、三使節携行品目録」を添えた書簡であり、その携行品目録の内容は、次の通りである(1)。

(1) 文部大臣メッセーヂ(満州国)
(2) 拓務大臣メッセーヂ(関東州　朝鮮)
(3) 執政夫妻へ記念品　鳳凰人形　貳
(4) 鄭国務総理へ記念品　春駒人形　壹
(5) 武藤特命全権へ記念品　春駒人形　壹
(6) 満州国　関東州　朝鮮児童へ絵葉書数万枚

絵葉書は学童使節出身地の小学生を中心に通信文を記した、その地域を紹介する内容で、全国から一五万枚ほど集められた(一七〜一八頁)。

また永井柳太郎(一八八一〜一九四四)拓務大臣のメッセージは、日本国内の関東州と朝鮮の子ども達に宛てたものので、関東州の学童諸子に拓務大臣の希望を伝える内容であった(朝鮮については後述)。それは「満洲国と日本とが手を握り合つて援け合」うことの必要性を述べ、「満洲事変はどうして起つたか日本と満洲とはどの様な関係にあるのか良く理解」すること。そして暴政を廃して「各民族が互いに協和」して楽土を築きあげようとする満州国は、この地に住む人々の幸福ばかりか、「東洋平和の為にもこの上なき歓びである」(2)(三三〜三四頁)、と記されている。そして鳩山一郎(一八八三〜一九五九)文部大臣の「満洲国の少年少女へ」というメッセージは、先日来日した少女使節のお礼から始まる。

……少女のみならず少年の間にも是非御礼を兼ねて親しく貴国を御訪ねしたいとの熱望が漸次高まり茲に全国八

百萬の学童の内から十五人の学童使節が選ばれて貴国に向ひ出発することとなつた次第であります。此の学童使節は固より我が国の少年少女全部の心持を代表するものでありまして純真な心の底から貴満洲国の建設を慶賀し其の前途を祝福し且多くの新しき友人との交を結ばんことを期するのであります。而して此事は将来永遠に相頼り相助けて東洋平和の為更に進んでは世界人類の平和の為に大に尽力せんとする日満両国民の手と手とを握り合はせ心と心とを結び付ける根源をなすものと信じます……(3)

そして文相・拓相のメッセージは、行く先々の歓迎会の席で、使節が子ども達に向かって読み上げた。さらに学童使節には、『大阪毎日新聞』(『大朝』)『東京日日新聞』(『東日』)社長本山彦一(一八五三～一九三二)のメッセージも託されている。鳩山文相が他国(満州国)、永井拓相が外地(関東州・朝鮮)の子どもへのメッセージであったのに比べ、本山のものは共同主催者を代表した執政溥儀宛てであった。『東日』(九月二〇日朝七面)は、鳩山文相とともに本山社長のメッセージを紹介している。

……(満日の交流を深め人類平和をともに築くために)先に満洲国より少女使節を迎へ今これに答ふるためわが児童使節を送るに至りました、われ等は東洋治安の第一歩を満日親善にありと信じ童心相交る処に平和の天使純情の地使の尊き姿を想い浮べます……

記念品の人形は子どもらしい可愛い贈物で、製作者は上沼の前任の小学校時代の教え子であった老舗の人形問屋の主人山田徳兵衛(一八九六～一九八三)、考案は笹川臨風(一八七〇～一九四九)(4)である。建国人形は「何れも新春を寿ぐ子供の遊びで日本精神の表はれたもので　建国を祝する意味をつけて建国人形と命名した」(一八頁)。執政夫妻は裸の男児が龍の凧をもち、女児が羽子板をもった一対、鄭孝胥(一八五九～一九三八)国務総理は裸の男児が春駒

図1　建国人形（さいたま市所蔵、『趣味の人形』吉徳商店より）。上は執政夫妻、右は鄭孝胥（右）と武藤信義（左）への記念品。

にまたがった姿、関東軍司令官武藤信義（一八六八～一九三三）には春駒を持った姿で、解釈の仕方によっては満州国の建国に乗るものと支えるものという、暗示的な内容でもあった（図1）。

　そして使節は、満州国へ出発する前に本庄繁（一八七六～一九四五）にも建国人形を献上するのである。

③　関東軍司令官本庄の凱旋――決団式の翌日一八日は、満州事変一周年であった。午前八時に宿舎を立った学童使節達は、まず本庄繁邸を訪問する。周知のように、本庄は満州事変当時の関東軍司令官であり、八月八日付で関東軍から転出し、九月八日に帰京したばかり、その後任の武藤は、満州派遣特命全権と関東庁長官を兼任して、関東軍の満州国への支配権がますます大きくなる。『大毎』九月八日夕刊一面は、「リットン報告書審議近し／承認を否認すれば我代表は断然引揚ぐ」の大見出しのもと、「連盟があくまで満洲の完全な独立を否認し、日本政府の満洲国承認を取り消さしめようとするが如き決議をなすにおいては前内閣以来の方針により日本代表部のジユネーヴ引揚げを決行するまで」、という外務省の見解を報じている。

　そしてその記事の下に「満洲に於いて……一大活劇を演じたる中心人物」「本庄前関東軍司令官を迎ふ」という、徳富蘇峰（一八六三～一九五七）の一文が掲載される。帰京の途にある本庄は、先々で「老幼、男女を問わず」社会のあらゆる歓迎を受けているが、これは演出されたものではなく、本庄に「満洲

図2　『大阪毎日』1932年9月9日夕刊1面

に於ける我が軍隊、我が将士」への感謝が籠っている、なぜなら「本庄将軍は将軍一人ではない、彼は実に満洲軍の代表者」だからだ、と蘇峰はいう（『大毎』九月八日夕一面）。

九月二日大連を出帆し、四日朝門司港に到着した本庄は、市長や陸軍関係者など多数の出迎えを受ける。その日は日曜日、天気は雨であった。午後一時再び神戸に向けて乗船すると、下関と門司の中小学生が雨の中両岸に整列して、「声を限りに万歳を叫び熱烈なる小国民の感謝を示」す。これに対して本庄は「終始義父のやうな眼ざしでこれに応えた」。そして大阪・東京の朝日新聞記者に「今日計らずも内地最初の港でかゝる熱烈なる歓迎を受けることは誠に意外とするところ」と述べている(5)。本庄自身もその歓迎ぶりに驚いたのかもしれない。

彼の日記には「雨中ニモ拘ラズ音戸瀬戸ノ両側ニ下関、門司ノ学生及官民、日章旗ヲ振リ歓送シ呉ル。感激ノ至リナリ」(6)と記している。多数の大人も駆けつけたはずだが、『大朝』（『大阪朝日新聞』）、『東朝』（『東京朝日新聞』）はことさら雨中の小国民の見送りを際立たせた記事にしていることも興味深い。

昭和七年九月、満洲国の承認を直前に控え、メディアのセンセーショナルな報道などによる世論の熱狂的な支持のなかで、本庄の名前は満洲国建設を促進した功労者として広く知られていた。まさに本庄は、時の人であった。

④　本庄の帰京と学童使節の決定——九月八日午前九時四十分、本庄をはじめ前満州独立守備隊司令官森連中将、前騎兵第一旅団長吉岡豊輔中将、前歩兵第八旅団村井清規少将、前関東憲兵隊長二宮健市少将の五将軍の他、関東軍

参謀の石原莞爾、和知鷹二、片倉衷等が凱旋列車で東京駅に到着する。『大毎』は「我が戦史に不滅の武勲／満洲凱旋の五将軍等入京す」として、大々的に報じているが、主役はもちろん満州事変を画策した石原ではなく本庄であった（図2）。

東京駅には荒木貞夫（一八七七〜一九六六）陸軍大臣をはじめ、外相・宮相・海相・法相・農相・拓相ら政府要人をはじめとする数万の大群衆の出迎えをうける。二重橋にかけて人が埋め尽くし、万歳万歳の歓呼のなか、宮内省差し回しの馬車五台に分乗して、二重橋正門から宮中に参内し、陸軍様式通常正装の大元帥である天皇から勅語を賜る。

大阪毎日新聞

帝國、聯盟へ重大意思表示

調査團報告書接受後　意見書提出の用意あり　作成に四週間乃至六週間を要す　總會は勢ひ十二月？

滿洲國承認手續けふ決定

附帶決議　實行を迫る　きのふの政友幹部會

閑院參謀總長宮殿下　有難き御言葉を賜ふ　本庄將軍の重なる光榮

非常時外交だ　第三國に構つたりなどしてをられぬ　内田外相語る

林滿鐵總裁　一應歸任

滿洲國派遣學童使節　人選愈々決定　十九日に晴れの鹿島立ち

全國遊說計畫

世界不安の波に漂ふ新日本

図３　『大阪毎日』1932 年９月９日朝刊１面

そして本庄はメッセージを発表して、「国民銃後の支持に深謝」したという（『大毎』九月九日夕一面）。

荒木陸軍大臣へ状況報告をした後、本庄が帰宅する途中にも歓迎は続き、「中野町民ノ大歓迎及夜分提灯行列其数二万」であった(7)。自宅前には小、中、女学生、青年団、在郷軍人らが押しかけ、満州行進曲を奏でながら飛行機、飛行船、タンクの万燈に「祝凱旋」と大書して、万歳を連呼したという（『大毎』九月九日朝一一面）。

『大毎』九月九日朝刊一面の左上段には、大きく「家族に囲まれた本庄将軍」の一族の写真を掲載するが、それに呼応するかのように、その中段中央部の大きな囲み記事は、「満洲国派遣学童使節人選愈々決定　十九日に晴れの鹿島立ち」であった。そこには学童使節、引率幹部の所属と氏名、日程が掲載されている。満州国ブームに関連する事業の一つとして、学童使節決定のニュースを活用しているのだ（図3）。

2 満蒙ブームと子ども

① 満州国要人への憧れ〈謝介石と学童使節の交流〉

──さらに間近に迫った満州国を承認する日満議定書調印をもりあげる関連ニュースとしても、使節の子ども達は利用されている。それは調印の窓口を務める外務大臣にあたる満州国外交部総長謝介石（一八七八～一九五四）と大阪から選ばれた学童使節との交流の一幕であった。

『大毎』（九月九日朝一面）は、大々的に本庄の凱旋を伝える一方で、同日の七面上半分は、使節全員を顔写真付で紹介する学童使節の特集を組む。ここでは執政に贈る「建国人形」の写真と大阪代表の三好忠幸（一三歳）の話が記事の中心になっている。

なかでも大の満州国贔屓の三好少年が、同国の成立直後、謝介石に真情あふれた祝福の手紙を送ったので、これに感動した謝が丁重な礼状を返した。そこで三好少年は学童使節の一員として渡満し、直接謝介石に会えることが嬉しくてたまらず再び手紙を書いた。それを「喜びを書き連ね／懐かしい謝介石氏へ送る」という見出しのもと、「したはしいお国大好きな閣下よ！」として手紙の全文を紙面で紹介している。

僕の大好きな謝介石閣下、御変りは御座いませんか、毎日御国のために随分お忙しい御事と存じます、僕は毎日満洲国が日一日と繁栄して行きますことを見て嬉しくてなりません、日本も昼はまだなか〱暑くてやけつくやうですが朝夕はめつきり涼しくなりまして可愛らしい虫の鳴き声も聞え初めました

謝介石閣下、僕は今大変嬉しくてたまらないことが起つてゐます、それは今度僕がいよ〱懐かしい閣下の御国満洲国へ行くことになりましたことです、この間満洲国から日本へ元気に満ちた少女使節の皆様がお越し下さいましたでせう、その答礼使として日本国から日本少年少女十五人のお友達が海を越えて参ることになりました、

僕の大阪市からは二百五十余校代表として僕が選ばれました、閣下がこのことをお聞き下さいましたならば僕のためにおよろこび下さることと存じます
多分九月二十一日ごろに神戸港を出帆することになりませう、大すきな閣下、したはしい満洲国御国のおやさしい御友達に御面会出来るのですから僕の嬉しい心持を御想像下さい、そして僕がどれほど喜んでゐるかといふことを御国のお友達に御伝え下さいませ

謝介石は台湾出身で、日本語の通訳などを経て、日本に留学し、東洋協会専門学校（現・拓殖大学）で台湾語教師をした経験などもある。彼は日本国籍を捨て中華民国、さらに満州国の国籍を取得し、後に駐日初代満州国全権大使なども歴任する。満州国正式承認後は、外交総長として日本へ公式使節として派遣される立場であることは関係者の間では知られていた(8)。大人と子ども、官民と立場こそ異なるが、日満親善を担う役割を背負った謝と学童使節は、ある意味では相関関係にあった。さらに謝は、日本に併合された台湾出身の満州国高官として、五族協和をスローガンとする満州国と日本をむすぶ、表面上の懸け橋というイメージを被せやすい存在でもあったのである。

日満議定書の調印当日、モーニングにシルクハット姿の謝介石がヤマトホテルまで武藤全権に挨拶にくる。そして武藤は執政府に向かい、執政の謁見式の後、小磯国昭（一八八〇〜一九五〇）参謀長とともに満州国側の鄭国務総理・謝外交総長、駒井徳三（一八八五〜一九六一）国務院総務長官等と調印式に臨んだ。これを伝える『大毎』（九月一六日夕一面）は、「善隣・満洲国を承認す」「日満両国永遠の誓ひ／調印式目出度く終わる」という見出しの左中央部に、謝外交総長と武藤全権の日満代表の声明書を大きく掲載している。満州国承認にあたり、形式上の外交責任者である謝介石と彼を慕う学童使節に選抜された小学生との交流は、時機を得た話題であった。

そして『大毎』より一日はやく使節の特集を組んだ『東日』（九月八日朝八面）は、東京代表の高野道雄（一三歳）の喜びの声、すなわち第一に執政、次に自分の所属する理科少年団の団長でもある林博太郎（一八七四〜一九六八）

満鉄総裁に会える楽しみを伝えている。

このように『大毎』『東日』はともに満州国要人や同国の建国に関係の深い日本人へ憧れる子ども達というイメージをつくり上げていくのであった。

②　**満州国のお父様・本庄邸の訪問**――『本庄繁日記』には、九月一八日「午前七（八？）時半満州国へ派遣ノ児童十五名来訪、人形ヲ送リ挨拶」(9)とある。満州事変一周年当日の本庄はまさに分刻みのスケジュールで、一〇時同事変の慰霊祭で靖国神社、一一時武藤大将の留守宅等の訪問、午後は在郷軍人満州事変一周年講演会、その後東京府、市、商工会議所主宰の「本庄中将日比谷公会堂歓迎ノ夕」に出席し、この様子はラジオで全国に中継される（後述）。

大切で多忙な記念日の朝に学童使節は、本庄邸を訪問したのだ。その時の様子と印象を、北海道代表の山口豊（一三歳）は、次のように記している。

九月十八日午前八時宿を出発し　自動車に約三十分許り乗つて本庄将軍を中野のお邸に訪問した。着いて見ると閣下のお邸は　実に質素なものだ　こゝに満洲にあつて張学良及全支那軍の肝を寒からしめた関東軍司令官たりし我が本庄将軍がおすまゐになるのかと　僕は実に感動した。用意をとゝのへ　応接室にて約十分ほどお待ち申して居ると　やがて閣下と閣下の奥様がお見えになつた。僕等は一せいに閣下及び奥様に敬礼した。代表がご挨拶を申し上げ　持参した建国人形をお贈り申し上げた所　たいへんおよろこびになり　明るい笑みを顔に現はしていらつしやつた（四一頁）。

歓迎会や要人との面会では、学童使節は各自持ち回りで担当を決めて、男女各一名が挨拶することになっていた。

この日の男児の担当は、大阪代表の三好忠幸であった。『大毎』『東日』の編集顧問の西村真琴（一八八三〜一九五六）に続き、三好が本庄の前に出る。

この思い出多い日に満洲国のお父様として仰がれていらつしやる閣下の御凱旋をお祝ひ申し上げます。私共はこれから満洲国のお友達と仲よしになり東洋平和のため御尽しになつた帝国軍人の方に御礼申上げたいと思ひます。では行つて参ります。

そして「私共は去る六月満洲国から来てくださつた少女使節のお礼に参ります」と横浜代表小笠原秀子（一三歳）の挨拶後、関東代表関根浪子（一五歳）から本庄は建国人形(10)を微笑して受け取る。そして約二〇分にわたり使節達に日露戦争から説き始め、満州の状態や今後の国民の覚悟を語る。そして「どうか満洲国に行かれたなら、六月に来られた少女使節達にも私がどんなに感激してゐるかを伝えて下さい元気で身体を大切に行つてらつしやい」と激励している（『東日』九月一九日朝一一面）。

大阪府知事の縣忍（一八八一〜一九四二）は、これらの一連の『大毎』『東日』の記事を読んでいたのだろう。「日満を結ぶ天使としての我学童使節」と題して、次のように記している。

学童使節の横浜代表の少女が満州国「少女使節のお礼に参ります」といったが、「さうだ！そのお礼の大切な仕事はきつと、けがれざる、魂の持主達の無邪気な行動によつて十分はたされるであらう」。本庄将軍が満州国で少女使節の来日に、私がどんなに感激しているかを伝えるよう、学童使節に伝言したことは、「日本国と満洲国の固い握手が東洋の平和を形づくる基礎となる旨を……全国の学童を代表する一行」に「心からなる希望を抱」いたからに違いない。学童使節は満鉄総裁や執政などに対しても大人では考えられないほどの親密な尊敬の気持ちを抱いているようだが、「『それでよろしい』と私は思ふ。その気持ちでこの十二名の天使に似たる地上の使者は……民族平和のシンボ

図４　ラジオ放送中の学童使節（© 文藝春秋／amanai mages）

ル輝かしい五色旗が平和に秋風に揺れる満洲国を訪なふであろう」（『大毎』九月三〇日朝一二面）。

満洲事変一周年の記念日に「満洲国のお父様」である本庄へ出発の挨拶をして建国人形を贈呈することは、『大毎』『東日』の話題作りにも、自らの存在をアピールしたい全教連にも、共に効果的な演出であった。

③　**満蒙ブームの背景〈鬱憤と優越感〉**――本庄邸を訪問した後、使節一行は、午前九時半からのラジオ「朝の子供の時間」出演のために愛宕山の放送局に向かう（図４）。

満州事変の発端になった柳条湖事件は、関東軍参謀の板垣征四郎（一八八五～一九四八）、石原莞爾（一八八九～一九四九）らによって周到に計画された日本軍の謀略であったことは、今日ではよく知られている。昭和六年九月一八日夜、奉天近郊の南満州鉄道の線路を独立守備隊（南満州鉄道を守備する歩兵隊）歩兵第二大隊付の河本末守中尉が爆破したという報告をうけ、待機していた河本の上司である川島正大尉が、北大営の中国軍を攻撃する。そして爆破は中国側の計画的行動とする関東軍の虚偽の発表を新聞は鵜呑みにした報道を繰り返し、満州事変を熱狂的に支持する世論づくりに重要な役割を担うのである(11)。

現地から送られてくる写真をのせた新聞の号外やニュース映画の上映など、日本を正義、中国・国際連盟を悪者とする一方的なニュースがセンセーショナルに撒き散らされ、満州各地をつぎつぎと占領する日本軍の侵寇に、国民の興奮は高まり、〝生命線〟や〝非常時〟が流行語となり、嵐のような満蒙ブームがおこる。

民衆は単純に新聞報道を真にうけて、中国への敵意をもやし、戦争を支持した。しかも生活に恵まれない人の方がむしろ好戦的であり、排外的であった。

またこれらの声は、民衆の排外熱・戦争熱が、日ごろの中国にたいする蔑視感や、日清・日露戦争の犠牲によって獲得したと信ずる権益への執着心と結びついていたこと、むしろこれらの蔑視感や執着心が事件をきっかけに、マスコミのセンセーショナルな報道ぶりによって噴出させられたものであること、そして日常生活のうっぷんのはけ口ともなったことを物語っている(12)。

昭和五（一九三〇）年の昭和恐慌がかつてない深刻な不況をひきおこし、失業者は百万をこえ、栄養不良の学童が目立ち、欠食児童の存在が問題になったのもこの頃だ。昭和六年は満州事変の軍需景気回復と円安による輸出の増大により、都会では景気が回復し始めたが、東北、北海道は大凶作で農村はますます窮乏し、特に東北地方では多くの人々が飢餓線上をさまよい、娘の身売りなども続出したという。

『大毎』（九月三日朝七面）は、「欠食児救へ！／悲惨、涙なしに見られぬ／児童教育の重大問題／可憐、空腹を秘めて登校」という見出しのもとに、「不景気の深刻化とともにます〳〵増えてきた欠食児童——大阪市だけでも最近の調査によれば千七百八十三名からの児童がすき腹で学校」に通っている事態を伝えている。その大部分は最近失業したり、操短（操業時間の短縮）に出くわした家庭の子で、調査にいっても見栄があり、親はなかなか本当のことをいわない。しかし子どもは正直で、腹が減っているので体操の時間を休ませてくれという。生田大阪市教育部長の談話は、これは教育問題ではなく社会問題だが、小学校でこのような児童がいる以上ほっておくわけにはいかないと語っている。

このような不満と一等国の優越感から生まれる中国への蔑視とが複雑に絡みあって、国内では満州事変を契機として満蒙ブームがおこったのであろう。

3　満州国建国のメディア・イベント

①　満州事変一周年の特別放送

満州事変一周年の一九日は、「放送局でもこの一日を挙げて満洲事変記念放送番組の豪華版を編成し、現場中継を大活躍させ日満両国の大空に感激電波を乱舞させる」として、多くの記念放送があった。その日は日曜日、『大毎』（九月一八日朝一二面）のラジオ面は、「飛躍する感激と歓喜の電波！電波！」「満州国一周年回顧の記念放送」の見出し下に、三つの柱となる番組の詳細が並んで紹介されている。

「昼は／満洲戦跡にマイクを備へ／勇者追懐談中継」「夜は／本庄中将歓迎実況と／満洲から武藤大将の講演と／記念打鐘を中継」、そして最後が囲み記事で「本社、東日主催訪満学童使節の送別放送」であった。当日の番組表は、次の通りである。

〔午前の部〕

八・五〇　ラヂオ体操
九・〇〇　気象通報
九・一〇　栄養料理
九・三〇　本社主催訪満学童使節を送る
一〇・〇〇　宗教講和
一〇・四〇　講演「北満の大水害に就いて」
一一・一〇　講演「益々緊密度を増す気象と人生の関係」
一一・四〇　時報、天気予報

〔午後の部〕

〇・三〇　ニュース、告知

〇・五〇　満洲事変記念放送（満洲より放送）

二・〇〇　オリンピック選手歓迎

四・〇〇　ニュース、告知

五・三〇　日曜コドモ知識

六・〇〇　童話劇「童心」

六・三〇　時事解説

七・〇〇　ニュース、告知、本庄中将歓迎の夕（日比谷公会堂より中継）

九・三一　（満洲より）満洲国独立記念放送

一〇・四〇　講演「独立守備歩兵第二大隊長として北大営の攻撃回顧談」

ゴシック体の番組は満州事変の関連放送だが、〇時五〇分からの満州事変記念放送は、満州の柳條溝（湖）(13)、北大営、南陵、奉天のそれぞれの場所からの中継で、謀略の実行者である河本末守中尉が爆破の現場から「柳條溝爆破に就いて」、そして「皇軍が正義の銃火を初めて放つた激戦地」から川島正大尉「北大営攻撃談」などの「武勲に輝く満州事変の勇将」の六名の講演が続き、最後は関東軍司令部がある奉天のスタジオから板垣征四郎少将の「満洲国建国に就いて」の話だ。

夜七時半からの「『満洲の父』我等の本庄中将の歓迎の夕」は、日比谷公会堂からの生中継、東京市長の挨拶、府知事の天皇陛下万歳、帝国陸軍万歳に始まり、本庄の挨拶の後、戦歴を紹介する軍人による三つの講演がある。その後の満州国独立記念放送は、武藤信義の講演「満洲事変に就いての所感」、奉天市長、憲兵隊長講演、その日の最後

図5　『大阪毎日』1932年9月18日朝刊12面

は川島・河本の所属する当時の独立守備隊第二大隊長島本正一の「北大営攻撃の回顧談」、そして戦死者への追悼なのだろうか、一点鐘（黙祷）で終わる。満州事変と満州国建国一色の内容であった（図5）。

そしてその日の午前九時半と午後六時の「子供の時間」の枠の一つ「朝の子供の時間」に、学童使節の送別放送が満州事変関連の子ども向けの放送として組み込まれているのである。その内容は、

一、奏楽
二、お話「訪満学童使節」本社学芸部顧問理学博士西村真琴
三、付添職員及使節紹介
四、使節代表の挨拶
五、奏楽（イ）「満州国歌」（ロ）君が代

であった。そして「皆さんも全国小学生の代表として選ばれた学童使節をラヂオで送別することにしませう」と結ばれている。

②　ラジオ・新聞と学童使節――昭和七年二月一六日、全国のラジオの聴取契約数は百万を突破していた。臨場感にすぐれるラジオ放送の魅力は、日本全国に広がり大きな影響力をもっていた。この段階でラジオの普及は『東日』『大朝』などの大新聞や雑誌『キング』などの発行部数に肩を並べようとしていた(14)。昭和一〇（一九三五）年には二百万台、一五（一九四〇）年には六百万台に迫り、ラジオは政府の意向を伝える国家的な統制装置となり、国民意

識の統一や戦意高揚などに利用されることはよく知られている。ただしこの時点では、ラジオはまだ新聞の情報を元にニュースが編成されていた。

日本におけるラジオ放送は大正一四（一九二五）年に始まるが、当初大新聞がラジオの放送事業に関心を示し、参入を企てたことはよく知られている。しかし、大正一五（一九二六）年、放送の全国組織化を目的として、政府が非営利の社団法人日本放送協会を設立したことで、新聞社はラジオを競争相手として意識する。そして昭和三（一九二八）年には、東京以下七つの基幹局によって全国中継の放送網が整備され、聴取契約数も飛躍的に伸びると、その速報を「強力な武器」と見なすようになる。

例えば、日本で初めての臨時ニュースは、昭和六（一九三一）年九月一八日に勃発した満州事変を知らせる翌一九日であり、九月中にはその関係の臨時ニュースが一七回も放送される。速報という点ではラジオにかなわない新聞社・通信社側は、一〇月末に臨時ニュース放送の中止を申し入れている。そして昭和八年二月、一日四回、合計六五分の放送協会編集ニュースの時間を一五分に短縮することで話し合いがつくが、実際には時間短縮は実現せず、臨時ニュース問題もそのままになった(15)。

『大毎』『東日』と『大朝』『東朝』の、いわゆる大新聞にとって、いちはやく満州の戦況を伝える号外の発行は、国民の大きな関心であり部数拡張競争を左右していた。したがって新聞社側にとってラジオニュースを何らかの方法で制限する必要があった。

そこで新聞社・通信社側は、運営の実権こそ逓信省に譲る一方で、同法人に多くの理事・監事をおくる最大の圧力団体となり、「放送局には独自の取材記者をもたせず、新聞・通信社が配信する原稿だけをニュース・ソース」とさせた。つまり新聞社が「独占的なニュース提供者」になることで、情報の「速報というラジオメディアの優位性」を制限した(16)のだ。

しかし情報をある程度コントロールできたとはいえ、聴取契約数百万を突破したラジオの影響力は大新聞にまさるとも劣らないものであった。満州事変勃発後は「放送量著しく増加し」、東京中央放送局の一日のニュース放送時間の平均は、昭和三（一九二八）年の二三分から昭和六年には一時間四分へと増加し、それは大阪中央放送局も同様であった。放送開始以来「1日20分乃至28分であったが、5年に至り40分となり、更に6年には1時間以上に激増した」(17)という。

そして満州事変をきっかけに現役軍人による講演放送が活発化し、一一月には奉天放送局からの中継も始まり、満蒙事情特別講座も新設される。元旦には「日満交換放送」が行われ、奉天の本庄と東京の荒木の年頭の辞が電波にのる(18)など、ラジオは新聞とともに、連日満州事変にはじまる日本軍の行動を賛美していたのである。

このようにラジオもいわゆる〝国策報道〟に努め、満蒙ブームを煽っていたが、満州事変一周年のこの日の記念放送は、九月一六日の「満洲国承認の夕」とともに、大きな節目となる放送であった。その大切な日にラジオは学童使節関連の話題を、記念放送の主要番組の一つにしている。さらに前述のように、新聞は学童使節の本庄繁への出発の挨拶を取り上げるなど、メディアは子ども関連の話題づくりの中心に同使節を活用しているのである。

③　メディアと子どもの大衆化——学童使節送別会を放送した「子供の時間」は、「大正一四年七月一二日の旧東京放送局本放送開始と同時に始った番組」で、昭和三年一一月にご大礼記念として全国放送になり、「東京、大阪、名古屋などの持ち回り番組として、童話、児童劇、子どものためのラジオドラマ、音楽（洋楽、邦楽、童謡、唱歌など）、講話を主な内容として放送した」(19)。さらに関谷五十二（一九〇二〜一九八四）、村岡花子（一八九三〜一九六八）をアナウンサーに起用して、子どもに聞かせたい内容をわかりやすく伝える「コドモの新聞」が放送されたのが、昭和七年六月一日からであった(20)。

「コドモの新聞」の放送開始にあたり、昭和七年三月一九日の「『子供ニュース』新設許可申請書」には、放送局の聴取嗜好調査によれば子どもにニュースを聞くことを望むものが多いとして、次のように記されている。

現在のニュースは子供にとって非常に難解なもの多く、各新聞に於ても特に子供のために子供欄を設け或は子供付録を付して子供に適するニュースを編集しおれる状態より見ても子供に理解せしむるニュースの創設は必要事なり(21)

ラジオへの出演を終えた使節は、明治神宮、靖国神社に参拝、日本橋三越で昼食後、浅草、上野動物園などを見学してホテルに帰り、明日の出発に備える。

『東日』(九月一九日朝刊一一面)は、本庄邸からラジオ出演等のこの日の動向を伝える記事の隣に、大きく「喜びに満ちて学童使節を待つ満洲のお友達」、すなわち「童心を通じて結ぶ日満の提携に心からなる歓迎を表し千秋の思いで待つ満州国側の準備と、日本を訪問した少女使節楊雲が歓迎式で歓迎の辞を述べることになった、と満州国側の様子を伝えている。

すでに学童使節は満州国少女使節の答礼という日満の子ども交流の枠をこえて、日本の国内の満州国承認にわく満蒙ブームをセンセーショナルに盛り上げる、政府や軍を巻き込んだ半官半民のイベントの一つとして、『大毎』『東日』の新聞社を中心とするマスメディアによって位置づけられていたのだ。

2 学童使節の満州国訪問

1 大連から新京・奉天――溥儀と武藤全権への謁見

① 出発の日――出発日の一九日は、午前中に斎藤実(一八五八~一九三六)首相に挨拶、式部欽一文部省普通学務局長を訪問後、鳩山一郎文相の手からメッセージの伝達式が行われる。そして内田康哉(一八六五~一九三六)外

相、荒木貞夫陸相、永井柳太郎拓相、永田秀次郎（一八七六〜一九四三）東京市長を訪問する。荒木陸相は「昭和の御代に生まれた日本人であること、日本人のしなければならないことは何か」をよく考えることと、満州の軍人には「日本軍人たることを忘れてはいけない」と伝えるように話し、記念撮影を行った（『東日』九月二〇日朝一一面）。そして内田外相は、長春・奉天・安東の各総領事及び満鉄東京支社長へ「日本学童使節派遣ニ関スル件」として使節の目的を記し、「貴地着ノ節ハ諸事便宜供与」をはかるよう依頼している(22)。

図６　関東庁訪問

斎藤実との面会が嬉しくてたまらない東北代表松岡達（一三歳）は、その感激を次のように綴っている。

……僕は一同を代表して　閣下に御挨拶を申し上げた所……（斎藤から）今度満洲国はお友達の国となつて　子供から仲よくして行かねばならない。丈夫で元気で行つておいでなさいなと有りがたいお言葉や御注意をいただいた　僕は実際感激した。これは僕にとつて、一生忘れることの出来ない光栄　名誉である。それに閣下は東北の御出身　僕も閣下の御郷里に近い仙台である。一生けんめい努力して必ず〳〵東北男子の名誉をけがすまいと　かたく心にちかつた（四五頁）。

『東日』本社で昼食をとった後、使節は神田の教育会館で東京市小学校一同の送別会に臨む。東京市小学校二〇四校から一校四名、付添一名計五名の出席で、一〇二〇名の参加者があり会場は立錐の余地がなかった。プログラムの歓送の辞は、外務大臣、文部大臣、拓務大臣、東京市長、東京代表児童（男女一名）、主催者代表となっている。閉会後自動車で二重橋前に行き、「宮城を恭々しく遥拝して、天皇、皇后両陛下の万歳を三唱し、心の底より最敬礼を捧げた」。東京駅は大群衆で、大混雑をくぐりぬけホームに入り、投げ込まれるように車内に入った。「どこを見ても人の波、旗の嵐、三時五十五分、嵐のやうな万歳のとどろき、日の丸の美しい大波の中を僕ら一行をのせた列車」は東京駅を出発する（四六〜四七頁）。

一行は横浜で下車し、横浜市長へ挨拶し、ここでも千名を超える横浜市教員会歓送会を経て、午後九時の夜行で出発、二〇日午前四時に通過した名古屋でも学童使節を送りだした露橋小学校父兄の見送りがあり、午前八時に大阪着。大阪市長や府庁、第四師団司令部、『大毎』本社を訪問し本山社長からの溥儀へのメッセージを預かる。そして中之島中央公会堂で千五百名の児童による歓送会があり、『大朝』本社にも挨拶をする。翌二一日神戸でも多数の小学生の出迎えをうけ、湊川神社を参拝し、市長や兵庫県知事を訪問し、乗船。経由地の門司でも市長を訪問し、二四日午前八時大連に到着する。

使節の二三日間（九月一九日〜一〇月一一日）に及ぶおおよその旅行日程は、表1の通りである。

日本側の公式な歓送迎会は出発前四回、帰国後三回の計七回、満州国一四回、朝鮮一一回に及び、子ども達の交流というよりも執政をはじめとする満州国要人や各都市の役所、軍や満鉄などの訪問が主となっている。引率の責任者の上沼も「訪問、交歓会、慰問、慰霊等に目まぐる」しく、「満洲国の教育事情につき懇談を遂げる機会は、殆ど絶無」であったと帰国後に記している(23)。

② **大連の歓迎**——九月二三日満州国の表玄関である大連に着くと、「通路の両側は身うごきも出来ない程の歓迎人」であった（六一頁）。『満州日報』（九月二三日朝二面）は、大連奨学会、大毎大連支局、満州日報社主催で、二四日午後一時から満鉄協和会館で開催する「学童使節歓送迎会」の告知を右下三段抜の囲み記事で掲載しているのをはじめ、連日学童使節の話題を大きく取り上げている。

歓送迎会には千人余の児童が集まり、市長等の挨拶の後に学童使節の北海道代表山口豊が拓務大臣のメッセージ

10/2 (日)	奉天 ～撫順 ～奉天	憲兵司令部・独立守備隊・奉天発・小学校代表歓迎式・撫順警察署・撫順新報・満鉄炭坑事務所・撫順公署・**撫順学童の歓迎会**・撫順発・**仏教連合婦人会招待晩餐会／使節教育庁協和会主催晩餐会**
10/3 (月)	安東	駅前歓迎式・**内鮮満児童交歓会**・**安東県長招待晩餐会**
10/4 (火)	安東 ～平壌	安東守備隊・満鉄地方事務所・安東憲兵隊・安東県公署・安東領事館・東辺商工日報・安東新聞・国境毎日新聞・安東警察署・安東発
10/5 (水)	平壌 ～京城	平壌衛戍病院・平安南道庁・平壌府庁・**平壌府小学校交歓会**・**知事府尹招待園遊会**・平壌発
10/6 (木)	京城	朝鮮神宮・朝鮮総督府庁・京畿府庁・京城府庁・**朝鮮教育会主催内鮮児童交歓会**・京城放送局にて放送
10/7 (金)		篠田李王職長官・**李王家お茶の会**・京城三越支店・**朝鮮軍司令部／総督官邸総督総監婦人お茶の会**
10/8 (土)	京城 ～仁川 ～京城	京城発・仁川府庁・**内鮮児童交歓会**・**府尹招待昼餐会**・仁川港見学(船に仁川公私立初等学校生徒代表及職員同船懇談)・仁川発・京城発
10/9 (日)	釜山	釜山駅ホテル階上歓迎会・道庁・釜山府庁・龍頭神社・釜山公立高等普通学校運動会参観・釜山普通学校参観・**歓送会**・**府尹招待昼餐会と綱引及捕魚**・関釜連絡船
10/10 (月)	下関 ～広島	赤間神社・下関市役所・下関発・広島県庁・広島市役所・第五師団・広島偕行社報告会・広島放送局にて放送
10/11 (火)	広島 ～大阪	広島発（午前2：32)・大阪着（午前9：40)・大阪市庁・大阪府庁・第四師団司令部・大阪毎日新聞社・(昼食後）座談会
10/12 (水)	大阪 ~名古屋	大阪発・名古屋駅前にて挨拶・熱田神宮・名古屋市長・**市長招待晩餐会**・公会堂報告会
10/13 (木)	名古屋	**大毎支局招待晩餐会**
10/14 (金)	名古屋 ～東京	名古屋発（午前1：16)・東京着（午前9：00) ［午前］宮城遥拝・明治神宮・靖国神社・東京市長・東京日日新聞社 ［午後］東京朝日新聞社・陸相・首相・鮑満州国代表・文相・拓相・外相・高等小学校報告会・**帝国教育会東京市教員会招待晩餐会**・解団式・富士小学校にて記念品分配

注１・太字は歓迎会である。

注２・謁見は９月28日の執政府執政謁見、９月30日の関東軍司令部武藤全権大使の２回である。

(出典・上沼久之丞編『日本学童使節満州国訪問記』「旅行日程」所収、26～31頁より作成)

表1　学童使節の主な旅行日程

日付	日　　程	
9/16（金）	東京	随時東京に集合
9/17（土）		［午前］結団式（帝国教育会館）［午後］**日満教育提携同盟、全国小学校教員**会共同主催歓迎午餐会・満州国家練習・使節父兄等と打合会
9/18（日）		本庄繁訪問・愛宕山中央放送局・明治神宮・靖国神社・三越本店
9/19（月）	東京～横浜	［午前］首相・文相・外相・陸相・拓相・市長等訪問・東京日日・東京朝日新聞社［午後］**東京市校長会／校長協議会／東京市教員会合同主催歓送会**・宮城遥拝・東京発・横浜市長・**横浜教育会歓送会**
9/20（火）	横浜～大阪	大阪市長・大阪府庁・第四師団・大毎・**大阪市教育会歓送会**・朝日新聞社挨拶
9/21（水）	神戸	湊川神社参拝・神戸市長・兵庫県知事・［正午］乗船
9/22（木）	門司	門司市長訪問・八幡神社・和布刈神社参拝・［正午］乗船
9/23（金）	門司～大連	航海
9/24（土）	大連	埠頭屋内で**交歓会**・大連神社・忠霊塔参拝・大連市長・民政署長・満鉄副総裁・満州日報社・大毎大連支局・**大連新聞社招待昼餐**・**大連市歓迎会**・**大連市長及民政署主催晩餐会**
9/25（日）	旅順	関東庁訪問・後楽園野外交歓会・**旅順市児童交歓昼餐会**・戦跡訪問
9/26（月）	大連	鮑代表会見・**満鉄招待昼餐会**
9/27（火）	大連～新京	
9/28（水）	新京	日本領事館・執政府執政溥儀に謁見・国務総理・外交部長・新京市政公署市長・**新京日満教育連合使節歓迎会**
9/29（木）		長春独立守備隊・第四連隊・南嶺戦跡他・**文教部総長外交部総長御招待賓宴楼**・長春高等女学校日満児童交歓座談会
9/30（金）	奉天	**歓迎式**・奉天神社・忠霊塔・関東軍司令部武藤全権大使・満鉄奉天事務所・奉天省公署・奉天市政公所・奉天総領事館・奉天居留民会・奉天警察署・**春日小学校日鮮児童歓迎会**
10/1（土）		**奉天省長奉天市長連合主催歓迎午餐会**・**満州国児童歓迎会**・日満中継ラジオ放送（日鮮満学童の歓迎の辞と使節代表の挨拶）

「関東州の学童諸子に告ぐ」を読み上げる。（その全文は囲み記事で紹介されている。）そして大連市の日本人と中国人の学童代表が歓迎の辞を述べた後、金沢市代表の荒川宏が、

……各大臣から満洲の友達と仲よくして来いとのお仰せに我々は先づ日満のため、東洋の平和のため手をとつて更に大きくは世界平和のために握手しに来ました、我々は子供ですが、この重大な任務をきつと元気に果します。

と「男らしい決意」を示した後、横浜代表の小笠原秀子は次のように挨拶する。

図７　旅順水師営（『日本学童使節満州国訪問記』より）

私共は次の二つの使命を果しに参りました……（一つは少女使節のお礼と）又一つは大満洲国のお父様たる本庄将軍の「自分は以前と変らぬ元気でゐる大連へ行つたら皆さんに呉れぐ〜もよろしくいつてくれ」との御言葉をお伝へに参つたのであります、私共は御国の為めに尽す関東州の皆様に厚く御礼を申し上げます（『満州日報』九月二五日朝七面）

そして船中学童使節達が練習した、付添の大阪船場小学校訓導田村千世による満州国建国を祝う創作劇「筍の春」を交歓会で披露した。

翌日は旅順へ向かい二〇三高地をはじめとする日露戦跡を訪ね（図７）、大連と同様の児童交歓会にのぞむ。二一六

日は満州国初代公使として日本に赴任するために、大連から出発間際の鮑観澄《ほうかんちょう》（一八九八〜一九七五？）に会見し、乗船の為にホテルをでる鮑を玄関の両側にならび拍手で見送る。そして二七日「大連旅順の各方面に至る所で大歓迎を受け」た使節一行は、午前九時の特急（満鉄の好意で特に増結された二等寝台車）で大連から新京に向かうのであった。

（沙河口、周水子、金州の各停車駅では）三分間停車を利用してホームに刻んだ一行にあびせる大歓迎はたまらなくうれしい。可愛い、代表の生徒の歓迎の言葉と一行代表の答辞が交換された。……「僕達の行く所歓迎攻めに会はざる所なし」と誰かが弁論式の口言をはいて笑はした（七四〜七六頁）

どこでも歓迎の嵐であった。奉天ではわずか七分間の待ち時間にもかかわらず関東軍少佐、満州国秘書室長をはじめ市民数百名が出迎えたという（『東日』九月二八日夕二面）。

③　**新京の歓迎〈溥儀との謁見〉**――九月二七日午後八時新京に到着。駅に降りると、新京市政公署主催、国務院文教部後援による歓迎会が開催され、市内の児童代表一〇〇名、附属地児童代表、童子団（満州国側五〇、日本側一〇〇）などから歓迎をうけ、軍楽隊の先導の提灯行列で、その日はホテルに入る。

翌日は九時領事館訪問、一〇時三〇分執政溥儀に謁見する。足の痛みで自室に籠っていた溥儀は「心から喜んで使節に引見され」「使節一人一人に握手され」た。そして使節代表の挨拶を通訳で聞き「一々うなづき、ほゝ笑みを浮べ足の痛みをおして始終立ちつくし」、その後執政の挨拶と献上品の贈呈が行われた（『大毎』九月二九日朝一一面）。なかには頭を撫でられた幸運の使節もいたという。今度の旅行中の最大の名誉として、東北代表の松岡達は次のように記している。

図８　溥儀（中央）との記念写真（『日本学童使節満州国訪問記』より）

図９　国務総理鄭孝胥への建国人形等の贈呈（『日本学童使節満州国訪問記』より）

記念撮影の折　おそばの者が　お椅子におかけになるやうに申し上げたが、「いらんいらん」と仰せになつた。これは皆が立つてゐるのに　自分だけ腰かける事は出来ぬとの　もつたいない御心からださうである。僕はこの時　さすがは王道政治をおとなへになり　一般民衆と共に苦楽をわけさせ給ふ御仁慈深い大御心と　しみじみおそれ多く思つた（一七三頁）（図8）。

一一時三〇分国務総理鄭孝胥に謁見して建国人形等を贈呈したのをはじめ（図9・10）、謝外交総長に謁見する。謝は新京到着時に使節の寸法をはかり、使節一人ひとりに立派な満州服を用意し、それを贈るという演出をしている。そして午後は新京高等女学校で満州学童七〇〇名、日本学童六〇〇名、関係者七〇名が出席する「学童使節歓迎会」（日満合同教育会主催）が開かれた（図11）。そこで使節達は、日本全国の小学校児童から預かってきた絵はがきや便りを満州国児童に贈り、子ども間の交流をはかっている（『東日』九月三〇日夕二面）。

④　**奉天〈武藤全権の謁見と関東軍〉**——九月三〇日は奉天に移動し、武藤信義全権大使等の満州国建国の功労者に記念品の人形を贈呈する。

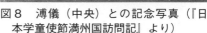

さしもに広いプラットフォームが、日満旗を手に〳〵打ち振る歓迎の人々の波の渦巻であつた。お迎への関東軍の藤本・堤少佐、森島総領事代理、市代表の方々、日満学童等が整列した中で、市政公署音楽隊の奏楽裡に協和会からの花束を頂き、それより駅南口広場に向ひ、正面にまうけられた一段と高い壇に立つて入奉の御挨拶をなし……「日本帝国万歳」「学童使節万歳」の熱叫をあび……（奉天神社に参拝する）（八七頁）

その後使節は関東軍司令部を訪問する。四階建てのいかめしい建物で、門に入る時はかたぐるしい気がしたが、武藤は大変くつろいだ様子で面会してくれたので、予想に反して非常になごやな雰囲気だったという（八七頁）。使節は武藤とともに小磯参謀長、岡村副参謀長らと面会し、横浜代表小笠原秀子が軍首脳に向かい挨拶をした。『大毎』（一〇月一日朝七面）は、奉天特電として学童使節の挨拶の全文を掲載している。そこで小笠原嬢は、武藤及び関東軍に対する最大の賛辞を述べている。

図10　国務総理の鄭孝胥との記念写真（『日本学童使節満州国訪問記』より）

図11　新京での交歓会（『日本学童使節満州国訪問記』より）

武藤閣下……特命全権大使として重大なる使命を果されたる閣下こそこの大陸に高き理想をもつて翻る日の丸の中心にあたつてゐると申上げませう、つまり最も優れた中心を得て日の丸の旗は丸々とまとまらねばなりません◇《ママ》そこに閣下に対する限りなき感謝が湧いてゐることをお察しくださいませ、そしてこのま丶そつ

くり在満全部の軍人の方に捧げさせていたゞきます

武藤ら三将軍らは、その前の「私たちには満洲の土はその一握り中にもわが忠烈なる武士の血の香がこもつてゐるのだと思はれました……」のあたりで目を潤ませて聞き入っていた、という。そして彼は使節達に向かって「諸子が全国八百万学童の代表としてわが関東軍将兵を訪問くだされたことは全満に散在する将兵に残りなく伝へます」と話し、第二の国民として東洋平和を建設することをわりやすい言葉で述べる。そして使節一行は建国人形を献上し、記念撮影を行った後に奉天日本人学校主催の歓迎会に臨むのであった（『大毎』一〇月一日朝一一面）。

翌一〇月一日午前中は、北大営、旧張学良邸博物館などを見学後、午後奉天市長などの主催の午餐会で満州の学童と同席で満州料理を食べ、協和会を訪問する。同会は、前述のように昭和七（一九三二）年に満州国や関東軍の高官を幹部として発足した、満州国の住民を組織し動員するための官制団体であった。その歓迎会で高脚踊りや手品などを見て民族協和運動の工作ポスターと記念品に青龍刀と紅槍会匪の槍と砲弾を目録で贈られる（九〇頁）。

紅槍会は、後述するいわゆる匪賊、武力行動をする正規軍ではない抗日集団の一つである。辛亥革命後の中国、特に華北の農村地域に組織された民間の武装団体で、主に一九二〇年～一九三〇年代に活躍したという。赤いふさをつけた槍を武器としたところから命名されたが、日本側からみると満州の治安を乱す紅槍会を制圧した記念品を日本の子ども達に贈ったのだろう。使節達は奉天の総領事館でも匪賊からの分捕品などをみせてもらっているが、その際贈られた記念品をもとに帰国後、宮城や鹿児島などで土産品の展覧会をしている。

そして午後三時から奉天小学校連合会主催の「訪満大日本帝国学童使節歓迎会」に臨む。歓迎会では六月に来日した少女使節の一人である奉天公学校高級一年雷静淑が学生代表として挨拶し、使節のメッセージや挨拶は協和会女性使節で、奉天の日本人小学生に中国語を教える馬士傑が通訳をしている。二人が日本語に堪能であったことは来日時の挨拶を記録したニュース映画からもわかる（第2章参照）。午後八時三一分からは、一五分間の日満中継のラジオ放送に出演し、日、鮮、満学童の歓迎の辞及び使節代表の挨拶が日本中に流れた（八六、九一〜九二頁）。

さらに一〇月二日は、憲兵司令部を訪問した後、独立守備隊を訪ね、柳条湖事件の当事者の川島大尉にも会い、同隊が捕獲した紅槍会の槍を一行に贈られた（『大毎』一〇月三日朝一一面）という。

2　行程の不安――治安の悪化

①　新京・奉天付近の緊張――しかし学童使節は満州国民に歓迎されたばかりではなかった。満州事変で政府の不拡大方針を無視して関東軍は軍事行動を拡大し、一〇月には奉天を退去していた張学良の拠点錦州を爆撃して、昭和七年一月に占領するなど、半年ほどで熱河を除く満州の主要地域をほぼ制圧した。そして同年三月、満州国の建国宣言があり、六月に少女使節が来日、九月に学童使節が渡満するが、王道楽土を創りあげたとされる満州国の治安は奉天付近を中心にかなり悪化していたのである。

実際、大阪代表の三好忠幸は、大連と奉天のほぼ中間点にある「熊岳城についた時にこゝにゐる独立守備隊の兵隊さんが僕達の列車に乗つて下さつて保護して下さつたのには感謝せずにおられなかつた」（七四〜五頁）と記している。そして『大毎』（一〇月四日朝七面）は学童使節印象記の「珍しかつたこと」として、「どの汽車にも兵隊さんが乗つてゐる、停車場に鉄条網が張つてあり、馬賊の旧式な鉄砲をもつお巡さん」がいたことをあげ、車内が物々しい状態だったことを伝えている。

学童使節が訪れたほぼ同じ時期の満州国の事情を記した篠原義政『満州縦横記』は、当時の様子をよく伝えている。篠原は群馬県出身、東京帝国大学卒業、内務属、内閣軍需局事務官、国勢院書記官を経て昭和七年一月衆議院議員に当選した人物で、「昭和六年乃至九年事変（満州事変）ニ於ケル功ニ依リ勲四等瑞宝章」(24)を受けている。同書は「昭和七年十月一日東京駅出発、同月二十一日神戸帰着まで二十一日間の満州視察旅行記」(25)である。つまり学童使節と日を前後して篠原は朝鮮を経由して満州に入り、満州国の軍人をはじめ民間の主要人物に直接面会し、その話を採録しているのだ。

篠原も三好少年と同じく、朝鮮を出て、「十時二十分連山関を過ぎ」奉天に近づくと車内は緊張につつまれたと、記している。

車掌が来て「今この先の旧下馬塘に匪賊が現れ、村民が避難中です、それで此の列車に先行して今装甲列車が進発し、後から討伐隊が参るとのことです、若し銃声がしましたら頭を伏せて下さい」、そろ〳〵満州の臭ひがして来た、車窓から避難民の姿が見える、子を抱へ馬を曳き荷物を負ひ陸続と逃げて来る……(26)

第3章で奉天付近に匪賊襲来の報道があり、全教連地方支部の金沢・仙台・高知などから子ども達の安全を心配して、予定通りに決行するのか、という問い合わせがあったことを紹介した。そこで上沼が陸軍省へ相談したところ、担当者に一笑に付され、特に満鉄付属地(27)ならまったく問題はないという答えだった。しかしそれは表向きの説明で、昭和七年の秋ごろ、関東軍の司令部のある奉天や首都のある新京付近の治安悪化は深刻だったのだろう。地方支部の心配は、あながち杞憂ともいえなかったのである。

例えば学童使節が奉天を訪れた一週間後の一〇月九日、満州国は「差当り治安が第一です、政府及軍部はこれに力を注ぎ、この暮れ中遅くとも来年初めまでに全部片付けて仕舞ひたい」、と満州国参議駒井徳三は篠原に語っている(28)。

さらに『満州日報』(九月二四日朝三面)は、「匪賊騒ぎに脅へ/渡満者激減」という見出しのもとに「満洲国成立するや一時急激に渡満者の数が増加」したが、九月に入ると治安悪化のために満州への渡航者が激減した。奉天駅の通過人員と降者人員客統計でみると、四月中旬のピーク時は六万四二六人だが、九月には一万六千四四五人にも激減している。「毎年この秋期に入ると旅客団体数が増加するのであるが、今年はバッタリ止んで」いる。「渡満者が匪賊襲撃の声にいかに二の足を踏んでゐる」かがわかる、と同紙は伝えている。

この時期の学童使節の派遣は、危険と隣り合わせであった。

② 匪賊と治安——匪賊は軍閥等の正規軍以外に武力的な抵抗をする人々をさす日本側の蔑称だが、その実態は様々であった。篠原が十余年以上前から知り合いの第一〇師団長の広瀬壽助中将をハルピンの司令部に訪ねたところ、自宅での夕食に招かれ、大いに語り合うことになった。広瀬は満州事変勃発後、昭和六年一二月に第八混成旅団を編成し、吉林省で掃討戦を実施した人物である。つまりプライベートな席で交わされた現場の話だけになまなましい。広瀬に言わせれば、昭和七年五、六月の満州の治安はもっとも悪化していた、という。また治安を乱す連中は反政府軍、匪賊、馬賊の三つに分けられ、反政府軍は張学良の配下にあり、匪賊は紅槍会、大刀会等の名前はあるが、皆大同小異であった。彼らは宗教的迷信による団結で、村から若干の金を提供され村落の自衛にあたり、農村の若者も多く加入している。馬賊は石川五右衛門式の輩、つまり盗賊だという認識を示している。

反政府軍は、「素質よく、武器、被服、訓練もよく、将校兵士もよし、之に次ぐものが武装からすれば馬賊、匪賊は武装悪しし、人数三百人に付き八十挺しか銃」を持っていないありさまだ。ただ匪賊は気の毒な点もあり、元々は馬賊のような泥棒ではなく、政治的には驚くほど無知で、いまでも清国がある思っているほど時事に疎い。誤った宣伝に踊らされているだけで、満州国建国の主意を理解すれば、「よくなり得る、之は好んで討伐することを避けて居る」(29)と広瀬はいう。

（匪賊は）軽機関銃、小銃の並んでる奴の前に平気で来る、日本軍が十倍居つても怖がらぬ、そして三百、五百の人数で、喚声を挙げて進んで来る、文字通り全滅する、山伏見たやうな隊長から祈祷して貰つて、何か飲むなり、又は祈祷したジヤガ芋などを一つ懐中して来れば、決して死なぬと云ふ強い迷信を持つてゐるのだ、夫れ程

無智なのだ、たゞ殺すのも可愛いそうなので、無用の討伐は避けて居る(30)

ただ日本の本州位ある地域を現在の部隊で担当するので、討伐するのには限界があり、「無条件で降参すれば、各私有財産は許して降参」は受け入れるという方針で帰順を促す。正規軍で帰順したものは再教育できるし、匪賊は根が泥棒ではないので自警団をやらせれば始末がつくが、馬賊はブローカーに手当をやり帰順させても、陰で相変わらず同じことをしている。現兵力では治安を完全にするためには、相当時日を要する、という見解を広瀬は篠原に示している。

③ 国民融和の必要性——満州国樹立後の関東軍は、昭和七年四月第八師団(弘前、師団長西義一中将)、第一〇師団(姫路、師団長広瀬壽助中将)が増強され、五月には上海から第一四師団が(宇都宮、師団長松木直亮中将)が転進し、これが中心になり匪賊討伐に東奔西走した。しかし、広瀬の言うように、少女使節が派遣された建国当初の五、六月頃は、相当混乱していたようだ。

例えば、一〇月六日奉天居留民団長野口多内は、「治安維持に就いて、之れが最大急務です、昨今では匪賊の被害は軍部発表以外は掲載禁止されて居るが、発表されぬことが沢山ある、非常に不安、附属地から一歩も外へ出られぬ……」(31)と話している。(ちなみに学童使節の「訪問芳名録」には、奉天の欄に野口の名前がある。一行は、この話しの一週間前に野口に会っていることになる。)

同じく奉天の東亜勧業株式会社社長向坊盛一郎は、次のように語る。

私は十四五日前北陵見物に行つた、ゴルフ場の側を通ると、煙草を吸つて居た百姓らしいのが、通行人にピストルを向けて何か奪つて居た、これには驚いた……市中では日中は出ないが、場所に依つては市中でも夜は嫌がる、

附属地以外は危ない、附属地でも危ない、こんなことは満鉄創始以来初めてだ、切めて学良時代位治安維持を望む(32)

さらに向坊は、これは満州事変で奉天の張学良（一九〇一～二〇〇一）の軍隊が満州全土へ散らばり、大きなものは討伐され、さらに小さくなり分散し、「結局こつちを追へばあつち、あつちを追へばこつち」と始末がつかなくなった結果で、三、四の師団で討伐できるはずがない。これ以上軍隊を増やせないのであれば、せめてまず奉天省の治安を固めて欲しい、と述べている。そしてその解決策は彼らを如何に惹きつけるかにある、「要は兵隊や馬賊が食うことが出来ればいい、のだ」(33)という

反日、抗日の原因は、武力侵攻や経済上の問題だけでなく、日本人の傲慢な態度にもある、と広瀬は語る。

……満洲国に不真面目な者が入つて来るのは困る、今居る不良の一万や二万は追ひ返せ……まづいことには悪いことは日本人に対してはやらぬ、満洲国人に対してやる、満洲国人は満洲国の警察に訴へるが警察は遠慮して日本側には云はぬ。……更にわるいのは吾々は向ふも尊敬するし、こちらも謙遜する、処が悪いのは紳士も苦力も見分けなく支那人を侮辱する、これが為め四月以来反日の気分が漂つて来た……町の中で支那の立派な婦人をからかふ、停車場で入場切符も買はずに入る、何だ俺の顔を見ろ日本人だぞ、と怒鳴る、汽車の一等室へ入る、私の所の参謀長が見て来た、食堂車を占領して大酒盛りをやる、拳を打つ、歌を歌ふ、……あるとき日本の商人が大風呂敷を背負つて乗車しやうとした、満洲国人の相当な服装をした男が行き合ふた、双方客車の入口に暫く立つて居た、するとイキナリ商人がポカリと打擲つた……ハルピンの郵便配達が居た、日本人が来て、その中に俺の郵便があるだろう、見るから下せと云ふた、それはいかぬ、と云ふことから殴つて大怪我をさせた(34)

当時渡満した日本人の品行には多くの問題があった。建国直後の満州国は治安悪化に加えて、利権をもとめて素行のよくない日本人が満州に渡るなど、反日感情は悪化していた。日満両政府も国民的なレベルで融和をはかる必要性を認識しており、その意味では大人の世界の醜さを覆い隠す子どもの利用価値を認めていたのだろう。

だからこそ純粋な学童使節が日満の平和と友好、さらに五族協和（日本・朝鮮・満州・漢・蒙）を訴え、両国民の融和をはかることは、政治上も大きな意味があったのである。その広報の手段として大人にはできない国家的な使命を与えられたのであろう。ちなみにリットン調査団の報告書が公表されたのは、学童使節達が武藤と謁見した二日後の一〇月二日であった。

3　学童使節の帰国——朝鮮から国内へ

1　朝鮮での交流

①　衛戍病院での感激〈軍隊への尊敬と憧れ〉——満州国での予定をおえた学童使節達は帰路、朝鮮の京城をはじめ、各地に立ち寄り、「朝鮮の少年少女に告ぐ」という永井拓相のメッセージを伝達し、朝鮮の子ども達との交流をはかる（『東日』一〇月七日朝三面）。

一〇月四日満州国との国境をこえた使節は、午後八時四〇分大歓迎のなか平壌駅に到着する。官民の有力者、若松小学校（日本人）、若松普通学校（朝鮮人）の上級生が手に手に小旗をもって出迎え、列車をおりると万歳の声が駅構内を揺るがし、平安南道知事令嬢から花束をうけ、その日は旅館に入る（『京城日報』一〇月六日朝四面）。

翌五日は衛戍病院、平安南道庁、平壌府庁を訪ね、平壌府主催の交歓学芸会に臨む。とりわけ最初の衛戍病院が、国家的な使命感に燃えた学童使節達の心に大きな印象を残したようだ。

衛戍とは軍隊が永久的に駐屯している土地で、衛戍病院はそこに設置された病院のことだ。したがって、戦闘で負傷した数多くの兵隊が収容されている。そこで親しく兵隊にお目にかかり、匪賊討伐の苦心を聞き、血なまぐさい戦跡をたずねた使節の目には「名誉の負傷をしてここに静かに休んで居られる兵隊さんに厚くお礼を申しあげおなぐさめ申すことの出来たのは非常によころび」だった。東北代表の松岡少年は、負傷兵をみて「知らず知らず頭がさがりあつい涙が一杯にあふれた」という。そしてそれは松岡だけではなかった。

藤ノ木さんが御挨拶を申し上げてゐる時だつた。挨拶をのべてゐた藤ノ木さんの声が　急にふるへて来た。はつと思つた僕は　涙にぬれた顔をあげると　泣いてゐるのだ。藤ノ木さんが　感極つて泣いてゐるのだ。一同皆うつむいて　涙にくれてゐる。僕は流れ出る涙を止めかね　声も出ぬまでに感激してしまつた。中村中尉が謝辞をのべられたが　あの時のお言葉は　一語々々はつきりとおぼえてゐる。おそらくは　あの感激の状景と共に永久に僕の記憶に残ることだろう（一一一頁）。

少年・少女の別なく、学童使節達は軍隊に対する異様なまでの尊敬と憧れ、そして同情につつまれている。もっとも松岡は、後述するように満州事変の主力の第二師団のある仙台の代表であり、特別に同師団の将士への絵葉書を託されていた。さらに東京代表藤ノ木清子（一二歳）は、日本橋千代田尋常小学校五年生で、父は浜町で自動車商会を経営しているが、日露戦争に従軍した経験者であった。清子の父は娘が使節に選抜された喜びを取材に来た新聞記者に、「かう見えても私は日露戦争の従軍者で、満洲には十ヶ月ゐました、そんな関係で折に触れては家のものに満洲の話を聞かせることがあり、これも娘を刺激したらしいのです」（『東日』九月八日朝八面）と語っている。もちろん彼らの生い立ちも関係していたのかもしれないが、他の感想文や一連の行動をみても、使節達の軍人への憧れに大差はない。

さらに平壌公会堂で行われた交歓学芸会のプログラムをみると、若松小学校五年男子による「一児童劇国の祝」は、

図12　京城でのメッセージ朗読（『日本学童使節満州国訪問記』）

「合唱と共に開幕満州国独立及び東洋平和を語り児童（学童）使節の労を謝し一同合唱団欒の中閉幕」。山手小学校六年女子による「四児童劇愛は輝く」は、「満洲国は支那から離れて独立しました。列国に承認を求めてゐますがとり合つてくれません。日本は只一人の同情者として　真先に承認しました。その経過を先生と子供と共同して劇にしたもの」（一一三〜一一四頁）であり、このような軍人に憧れる意識は学校教育や家庭をはじめとする社会環境のなかで培われたものだろう。

②　**朝鮮少年少女へのメッセージ**——その日の遅く一行は、朝鮮総督府のある京城（現・ソウル）に到着する。『京城日報』（一〇月六日朝七面）は「元気溌剌として学童使節一行京城へ盛んなる駅頭の光景」として大きく報じている。そこで引率者上沼久之丞は、

（少女使節の答礼に少女ばかりか少年を加え学童使節を派遣したので）満洲国から少年代表者も日本へ引つ張らうといふ心算です……向ふの大歓迎には全く驚ろかされました……満洲を通つて朝鮮に来て面白いのは子供が朝鮮に来るとスツカリ　**内地と同じ**　様な気持がすると言つてゐます、そして学校で教へられたり話や本で知つた朝鮮が予想以上に内地と変らないと云ふことを子供達が驚ろいてゐる様です……

と語っている。そして朝鮮神宮、総督府等を訪問し、その後の朝鮮教育会主催の歓迎会で、永井拓務大臣からの託されたメッセージ「親愛なる朝鮮の少年少女諸子に告ぐ」を読み上げるのだ（図12）。

日本帝国の国是が東洋の平和と東洋諸民族の共栄とに在ることは今更私が説明する迄もあるまい。嘗て日本と朝鮮とが相合して一体となつたのも此の大目的を共同の力で達成せんが為めに外ならないのである。合邦以来二十有余年　朝鮮に於ける文物の発達は目覚しいものがあり　凡ゆる方面に於て昔と比して面目を一新するに至つたことは真に歓ばしいことである。然し諸子の愛する此の朝鮮を更に輝かしい楽土とすることは新しい時代を負ふ若い諸子の責任であり使命であつて其の為には諸子一人残らず志を同じくし力を合せて此の尊い使命を果すことを怠つてはならぬと思ふ。……（三六頁）

日韓併合は東洋平和と東洋諸民族がともに栄えるためであり、併合以来二〇数年の間日本のおかげで朝鮮は近代化したが、これからの発展は日本国民である朝鮮の少年少女が日本の子どもと力をあわせて使命を果たすことにかかっている、と永井は言う。

『京城日報』（一〇月七日朝七面）は、「日本学童使節一行壽松公普校で内鮮児童の交歓会童心が結ぶ固き友情」という見出しのもとに、メッセージの続きを紙面で次のように要約している。

第二の日本国民の親善と健全なる発達に対して第二国民の覚悟と、東亜に生れたる新満洲国とはどこまでも一致団結して東洋の平和、民族の共栄を高潮し、今後は内地、朝鮮、満洲の少年少女の一大親和を計る事を帝国のため天皇陛下のため第二の国民たる諸子に切望する

これを東京代表高野道雄は、元気一杯で明朗声高らかに内地八百万の児童を代表して読み上げた。歓迎会終了後、使節は放送局に向かい、翌日は李王家のお茶会、朝鮮総督総監婦人のお茶会の後、仁川、釜山などでも交流を深め、

一〇月一〇日朝七時に連絡船で下関に着き、ここに使節は無事に帰国を果たすのである。

2　国内の熱烈な歓迎と解団式

①　強行日程〈下関から広島〉

——下関港についた一行は船内で食事をすませ、下船の準備にとりかかる。埠頭は市内の小学生のもつ日章旗と毎日新聞社の旗の波に包まれている。そして下関市長以下の歓迎をうけ、「一五人の男女の可愛い使節達はなつかしい内地の晴れの帰朝第一歩の感激に小さい頬をりんごのやうに紅潮させながら上陸」する。市が用意した車で、赤間神社に参拝し、敬虔な帰朝報告をした後、子ども達との交流もはかる（『大毎』一〇月一一日夕二面）。そして九時の急行で広島に向かい、午後一時三九分到着する。

ここでも各方面の歓迎攻めであった。駅では県や市の関係者、大毎支局、小学校校長をはじめ約千名の児童の歓迎だ。その印象を横浜代表小笠原秀子は、「プラットフオームは大旗小旗を振りかざしたお出迎への人で黒山をきづき万歳の声は百雷のやうでございました。停車すると人々が一度に押し寄せ　私共は　漸くフオームに降りることが出来ました。あちらかもこちらからも『御苦労様　御目出度う』の言葉をあびせられました」（一四四頁）と記している。

学童使節達は、謝介石から贈られた満州服を着て、駅に降り、歓迎会、県庁、市庁、第五師団等を訪問し、子ども達の満州服姿をみた師団長が「これは俺が会ふ人とは違う」と入口でとまどい、宇品港では行き交う人々が使節達の満州服を物珍しげにみる。そして幼い子ども達は、中国人か、日本人かで押し問答をするなど、使節達の満州服姿は大衆に満州との強い関係を見せることを意識した演出であった。

午後五時四〇分、広島放送局に到着し、帰朝報告のためのラジオ出演、その後六時三〇分開会の広島県、広島市主催の「歓迎晩餐会」に列席するが、忙しい使節達に広島で一泊する余裕は残されていなかった。

「出発まではしばらく時間がありましたので（旅館で）私達を休ませて下さいましたが昼の疲れでぐつすり眠つて

居ますと『さあ出発の時間ですよ』と呼び起され　びつくりして飛び起き大急ぎで支度を整へ駅へかけつけ」た（一四八〜一四九頁）。

時間は夜中の午前二時過ぎ、真夜中にもかかわらず大勢に見送られ広島を立つ。朝食後、汽車のなかで大阪でのプログラムにあわせて、皆交替で挨拶の練習をしていると、途中の神戸駅でも日満の国旗が振られていた。そして朝九時四〇分に大阪に着き、休む間もなく歓迎会に臨むという、強行日程であった。

② **使命を終えて〈大阪から東京へ〉**――『大毎』は、学童使節が到着する前から、過熱気味にその動静を伝えている。

「誉れの学童使節重き使命果してけふ大阪入り」

大阪市代表を出した各小学児童をはじめ多数の人々がその労をねぎらふほか市内三十万学童の空を守る心の結晶である学童機も大阪入り後はじめての飛行として一行の列車を神戸まで出迎え三万枚の五色歓迎ビラを降らすはず……（『大毎』一〇月一一日朝一一面）

学童機とは、大阪の学童の献金で作られた飛行機らしく、それが学童使節の大阪入りを空から出迎えるという演出をしたのである。そして使節達はここでも満州服に着替えて、終日行動する。「満洲服誇らかに輝く大阪入り／空に舞ふビラ、地に沸く歓呼／期せずして『御苦労様』の声」、大阪毎日新聞は満州服姿で行進する使節の写真を大きく掲載し、次のように報じている（図13）。

……可憐なわれらの使節達が満洲服姿凛凛しくフオームに降り立つた!!期せずして起こる万歳、「有難う、御苦

図13　『大毎』10月12日夕2面

労様！」の声、父兄も先生も握手、抱擁、また万歳だ……折しも秋空高くひゞく爆音、木津川飛行場を離陸した大阪学童機BDUG!……歓迎の飛行だ五色の歓迎ビラ三万枚が美しく使節達の頭上に降れば、本社旗を振つて答へる地上の一千大衆‼まさに空と地との歓迎の大旋風が起る……（『大毎』一〇月一二日夕二面）

『大毎』の地元である大阪の歓迎は、他の地域以上に熱狂的であった。帰国後の過密日程も手伝い、使節達は疲れ切っていたようだ。名古屋代表小栗房子（一三歳）は、次のように記している。

「私達がいそがしい大阪訪問の一日を終つて金龍館（旅館）へもどつたのは秋の日もとつぷり暮れた夕方でした。朝からあちらこちらと御挨拶に上りすつかりつかれてしまひました。しかし明日はもう名古屋です」（一五二頁）。その夜は帰国後初めての自由行動で大阪代表の子ども達は帰宅したが、翌日はまた汽車に乗るのだ。目まぐるしい帰国後の日程は、名古屋でも変わらなかった。翌一二日の夕方名古屋に着き、同市主催の歓迎式と市長招待の晩餐会の後、翌一三日午前中はようやく休養だ。しかし午後から名古屋城の見学などをへて大毎支局招待会の後、夜行で名古屋を立つ。

一〇月一四日午前九時に東京駅に到着するが、広島代表小島君子（一三歳）は、感慨深く、また複雑な心境を述べている。

今日は十月十四日で使命を果す最後の日である。無事に使命を果して家に帰れるのだと思ふと嬉しいが　しかし出発してから二十幾日の間を先生方とお父さんお母さんのやうに　又使節一同は兄弟の様に楽しい旅を続けて来

たのに　もう別れなければならないのだと思ふと　何だか淋しい様な何とも言ひ様のない色々な気持が　ごつちやになつて妙な気分だ。……もうぢき東京だ。何時もなら満州服に着換へるのだが荷物を駅へ送つたので着いたら駅長室で着換へる事になつてゐる。見える見える大旗小旗の波が盛んに動いてゐる。万歳々々と云ふ声がだんだん大きくなる午前九時汽車は東京駅に着いたのだ。あの広い駅の中が人で一ぱいだ。まるで人の波だ。皆さん有難うと感謝しつつ駅長室へ行つたがまだ満州服が届いてゐない。残念ながら制服のまま自動車で宮城へ向つた（一六〇～一六一頁）。

使節達は、日本国内では満州服を着て凱旋することが演出として仕組まれていた（図14）。少女使節が駅に近づくと満州・朝鮮の民族衣装に着替え、公式行事に臨んだことは第2章で紹介したが、満州服姿の日本学童使節は日満親善を大衆へ訴える格好の題材であった。両者ともに視覚イメージを意識した演出であったといえるだろう。大阪到着を報道する『大毎』『東日』の紙面は、それをよく物語っている。ただ東京では手違いがあり、それが間に合わなかっただけなのだ。

図14　帰京後、満州服姿で記念写真におさまる使節団（サンデー毎日臨時増刊『昭和七年写真大観』より）

使節達はそのまま宮城（皇居）に向かい、明治神宮、靖国神社参拝、東京市長を訪問して、東京日日新聞社に着き、ここでようやく満州服に着換える。ところが昼食後、各大臣訪問のために自動車に乗り込もうとした矢先、突然車から降ろされた。そこに立っていたのは、「頭の真白とても可愛らしいお老爺さん」で、彼は自分の孫のように使節の帰りを喜んだという。それが徳富蘇峰であった（一六一頁）。

陸相、首相、外相は会議中で直接会えなかったが、文相、拓相をはじめどこでも満州服をほめられた。そして一ツ橋高等小学校で最後の報告会が終わったのが午後七時頃、次の解団式で「私達の使命のすべてこれでめでたく終りを告げた」のだ。心が軽くなるとともに、なぜだか名残惜しい変な気持になった、という。

……神田一ツ橋小学校の歓迎会を終へて愈々解団式場へ向ふ。……（会場の帝国教育会館の）玄関に立てられた午後七時より解団式云々との立看板を見た時　限りない嬉しさと言ひ知れぬうら淋しさを感じた。……結団式を挙げてから二十八日間　実にあはただしい旅であつた。其の間の種々の出来事を顧るとき……只感慨無量である。室には既に迎への先生方や父兄の晴やかなお顔が並んで見えた。一同揃つて最後の決別の晩餐会が始まつた（二六七頁）。

付添の大阪船場小学校訓導田村千世の挨拶は、子ども達の将来についての注意にまで及び、途中から言葉は涙になり途切れ、ここかしこですすり泣きの声までした。引率の上沼をはじめ、来賓席も父兄席も咳一つなく水を打ったような静けさであった。

各方面にだしたとおもわれる挨拶状の最後は、次のように結ばれている。「因にこの度の大任にあたりたる学童たちには家庭　学校と相はかり一層日満親善のために尽さしめこれと同時に余り人気者となりたるため　うぬぼれに陥ることのないやう導いて居ります何卒御安心願ます」（一七〇頁）。優等生ぞろい学童の一人は、それに答えるかのように、感想文を記している。

私共が偉いのでない　九州代表　山口文二（一三歳）

私が此の度使節の一人として選ばれたのは　明治維新後西郷隆盛を始めとし　多くの偉人傑士を出した此の薩摩に生れたからであります。私共が満州や朝鮮に於いて　執政閣下を始めとし　謝外交総長宇垣総督閣下に　其の外多くの大官の方々にお会ひすることができ　交歓会等を開く等いろいろと厚いもてなしをうけ　いろいろの珍らしい所や　普通の人なら行くことのできない所までも見せてゐたゞきました。これは私共十五人がえらいのでないと信じます。全く万世一系の天皇をいたゞいて世界無比の国体をもつてゐる日本帝国を代表して行つたからであります。又無事に使命を完うし　元気で帰ることのできたのは　附そひの先生方の御苦心と御教訓のおかげだと深く感謝してゐます。……（一八九～一九〇頁）

使節達の心情は、ここに集約されている。純粋で、そしてその時代の価値観に染められた心の内が吐露されているのである。こうして解団式は終わった。

……一同いよいよ最後の別れの言葉　抱き合ふもあり　握手するもあり　又の会ふ日を約して　それぐ父兄に伴はれ　或は家路に或は宿舎に引上げた。僕もやさしき校長先生に助けられつゝ父の手に抱かれて宿舎に帰つた。運ぶ足も心持重い。……（一六九頁）

使節一行の親しみを永続して会合を毎年一回ぐらい開き、「今回の名誉を永久にそこなふことなく、日満親善の実をあげ」たい。そのために皆で話し合い、龍鳳会という団体をつくり「再会を期して西に東に別れた」（二二二～四頁）。その後使節はそれぞれの故郷に帰り、熱烈な歓迎をうけた。翌年東京府立第二高等女学校・同第三中学校・石川県立第一中学校など、六年生一二名中一一名が中学・高等女学校へ進学。一名は東本願寺の大谷家に認められて満州入りし、五年生の二名は入学試験に備え、唯一高等科二年生であった一名は高等小学校を卒業した（二二四～二二五頁）という。使節達は各学校を代表する模範となる学童であった。

4　学童使節の影響――少女から少年へ

1　学童使節のその後

『日本学童使節満州国訪問記』には、最後に上沼久之丞による「会計報告」が記されている（二三七～二三八頁）。

収入の部

一　金参千九百六拾七円也

内訳

金壹千五百円　全国連合小学校教員会補助金

金参百七拾五円　監督教員選出団体負担金三名分

金五百円　付添者負担金二名分

金壹千貳百円　使節選出団体負担金十五名分

金貳百四拾円　寄付金三団体分

（東日　老松後援会　千代田保護者会）

金百貳円　東日大毎両社負担金

金五拾円　東京市小学校教員会寄付金

全教連関係者の支出は、全体の七八・八％に対して、『大毎』・『東日』側の負担金は一〇二円、つまり三％に満たない。寄付金三団体一四〇円のなかに『東日』も含まれているが、それと引率の西村真琴分を勘案しても、その支出は全体のなかで微々たるものであった。

主な支出は乗車賃・乗船賃・宿泊・弁当代等、そのほとんどが旅費・滞在費だ。学童使節の結成から選抜・派遣まで、企画・実行・経費などあらゆる点で、全教連側が主導していたことがわかる。話題性に富んだ学童使節の報道を独占した『大毎』・『東日』側にとって、ある意味では収益性の高いイベントであった、といえるだろう。

昭和七年一〇月から一一月にかけて、満州国からさまざまな使節が相次いで来日する。満州国承認に答えて派遣された同国答礼使謝介石（一〇月一八日入京）、満州国文教部教育視察団（一〇月一九日入京）、満州国婦人連合大会特派使節（一〇月二八日入京）、日本の少年団旗授与式参列のために東京に訪れた童子団（少年団／一一月二三日入京）等である。その際東京を中心に横浜・関東代表の五人の学童使節が歓迎会に出向き、満州服を着て接待した（二二四頁）。それは大阪も同様であった。

一〇月一九日、謝介石は天皇に満州国三千万国民を代表して新国家承認の御礼を述べ、同二四日、日満親善大交歓会を開き、二八日大阪駅に着き歓呼のなか、駅の貴賓室に入る。そこで満州から帰ってきたばかりの「学童使節三好忠幸君と西尾幸代さんが謝介石氏から贈られた満洲服を着て」挨拶し、「一同に可憐な感激の情景を見せた」（『大毎』一〇月二九日夕一面）という。

ここでも使節達の満州服が演出に使われている。そして「満州国婦人連合特派使節」は、大阪では朝日会館、東京では東日講堂で歓迎茶話会を行い、「童子団（少年団）」には『東日』から記念章が付与されるなど、新聞社は積極的な役割を果たしている。

2　日満親善人形使節

これ以降の子どもや少女を中心とした大規模な日満交流をみると、昭和八（一九三三）年五月、満州国建国一周年の記念として文部省、拓務相、東京市の後援で日満中央協会附属日満婦人協会が派遣した「日満親善人形使節」ぐらいである。使節は、団長松平俊子をはじめ、小学校三年生の少女三名（正使一名、副使二名）、女学校生代表一名を中心に総勢一七名であった。

日満中央協会の規約には「日満中央文化の中央機関となり積極的に両国国力の発展向上を図るを以て目的とす」と記されており(35)、総裁に文部大臣鳩山一郎、役員には拓務大臣永井柳太郎ほか、陸軍大将、朝鮮銀行総裁などが名を連ねている。同年二月に設立された、附属の同婦人協会は、「日満両国の提携は婦人の優き力」にたよることが多いため、「両国民間の結婚の斡旋、女子留学生の世話」「日本職業婦人の満州進出」の奨励などを目的としていた(36)。

理事長で使節団の団長をつとめた松平俊子は、旧佐賀藩主で侯爵の鍋島直大の娘であり、夫は高松藩主のながれをくむ海軍大佐松平胖、長女は李王家出身の王公族（韓国併合以降、旧大韓帝国皇族に与えられた身分）李健と結婚し、姉の信子は日米人形交流時の駐アメリカ大使松平恒夫の妻である。小学校三年生の正使朋子は、俊子の三女である。

女学校代表の西忠子は、「目下熱河において転戦中の西師団長令嬢」として案内状に紹介されている。忠子の父第八師団長西義一中将（後に大将、教育総監）は、満州国樹立後の昭和七（一九三二）年四月に満州に派遣され、いわゆる「匪賊討伐」に東奔西走していた。もともと清朝の本国である満州は黒竜江・吉林・奉天のいわゆる東三省だが、これに熱河省を加え、さらに内蒙古の一部を加えて興安省として、満州国を構成した。使節が派遣された直前は、湯玉麟が張学良と組んで抵抗をし、熱河掃討戦が行われた。リットン調査団の報告書の発表を待たず、満州で次々と既成事実を積み上げる日本に対して、国際連盟を無視するものとして、ヨーロッパ諸国に大きなショックを与えていたが、日本が熱河省へ侵攻を開始したことは、国際連盟諸国に衝撃をあたえた。二月二四日国際連盟臨時総会でリットン報告書に基づいて、満州を占領している日本軍の撤退をもとめる勧告案を圧倒的多数で可決すると、三月二七日日本が正式に国際連盟の脱退を通告したことは周知のとおりである。

四月には京都帝国大学教授滝川幸辰の自由主義的な刑法学説が家族の道徳に反するとして文部大臣鳩山一郎から辞職を要求され、ドイツでは一月にはヒトラー政権が成立し、三月には議会が独裁を承認するなど、世界的にファシズムが蔓延していた頃である。
人形使節の目的は、執政溥儀と満州国の建国功労者に「やまと人形」(市松人形)六〇体を贈呈し両国の親善をはかり、「満州国人経営の諸学校に贈呈併せて皇軍日夜の御奮闘に感謝の意を表する」ことを目的としていた。人形の衣装は東京の主な女学校四四校によって製作され、各人形の胴には鳩山一郎の揮毫による「共存共栄」の文字を記した紙が巻かれていた(37)。なお「やまと人形」は、同年四月日本人形研究会が子ども姿のいわゆる「市松人形」の新名称として決定したもの(『日本人形研究会会員手帳』)であり、この呼称にも時代の風潮が表れている。
団長の松平俊子が提出した「人形使節一行経過報告書」(38)によれば、一行は五月二七日東京を出発し、朝鮮を経由して満洲へ向かい、大連から船で帰国したという。

五月二七日
午後九時四五分東京駅出発。総裁代理、宮田会長、丁士源満州国公使、満鉄支社長代理、辻嘉六氏、其他都下有力なる婦人団体代表、女学校、小学校生徒約三千五百名の見送を受け華々しく出発、途中新橋、品川、横浜を始め多数の見送りを受く。

五月二八日
午後九時四〇分下関着。降雨にも拘らず市長代理服部助役、愛国婦人会、宗教婦人団体、下関小学校、桜山小学校、白山高等女学校、阿部高等女学校、其の他多数の出迎へあり、特に下関市より使節一行に対して贈物あり。
昌慶丸にて午後一〇時半下関出帆。

五月二九日に釜山に着いた一行は、釜山第一公立、第六、第七、第八各小学校生徒、婦人団体の出迎をうけ、その日のうちに京城（現・ソウル）着く。駅には朝鮮知名人士、京城師範付属小学校、日出公立小学校、南大門公立尋常小学校生が出迎へ、李王家、朝鮮総督官邸、同政務総監官邸などに挨拶。翌日、朝鮮神宮参拝、科学館、京城女子普通学校、総督府など訪問する。

翌日は、「出迎へに倍する見送りを受け京城発」。奉天でも盛んな歓迎をうけ、六月一日新京に到着する。そこで謝介石外交総長令嬢らの出迎えをうけて、駅前で日満児童歓迎会にのぞむ(39)。

午前八時新京駅着、万歳の嵐に迎へられて新京駅前に高沢駅長の先導にて歓迎会場に臨場、新京商業のバンドにて式開始日本国歌及満州国々歌合唱後主事の開会の辞、日本少女代表、室町小学校六年生張俊霞さんの歓迎の辞、使節側より西忠子さんの答辞、終って市政公署、馬教育科長にて万歳三唱直ちに国都ホテルに入る。

使節団少女のなかで年長の女学校代表西忠子の答辞「満州国民に与ふ」という一行のメッセージは、次のようなものであった(40)。

貴国元首溥儀執政閣下及び建国功労者各位に対して使節人形贈呈の為只今参りました。貴国が中華民国政府の手を断ち切つてより一年有余、国家草創に伴う嵐に抗しつつ王道楽土の王風を確立せられたるは吾等の日本国民の喜びに堪へぬところであります。この秋に当たつて日満両国の親善を更に深める全日本の少女達の熱誠をこめたる大和人形を贈呈に参つたものであります。どうぞ貴国各位が少女達の心からなる贈り物に対して微笑をもつてお答え下さることを衷心より望んでおります。

そして休憩後、執政府、武藤司令官、小磯国昭参謀長等を訪問し、満州国政府要人を交えた日満両国合同歓迎会に向かった(41)。

午前一一時執政府を訪問溥儀執政閣下に謁見人形二個を棒呈、閣下より一同に対し鄭重なる御挨拶あり。後一同記念撮影、ここを辞して国務院に国務総理鄭孝胥氏を訪問人形贈呈の後記念撮影。終つて関東軍司令部に武藤元師小磯参謀長を訪問皇軍日夜の苦労をねぎらひて後記念撮影。

溥儀との謁見の様子を(図15)、人形顧問として一行に同行した山田徳兵衛(一〇世・人形店吉徳主人)は、次のように記している(42)。

図15 「溥儀との謁見」(『歴史写真』1933年7月号より)

(一〇名が執政府階上の謁見室に通された)政府執政閣下には稍々なネクタイ、鼠色のチヨツキ、黒のモーニング、太橡色の薄鼠色の眼鏡をかけられ、始終、幾分微笑を含まれつつ、中島翻訳官を随えて私達の前に立たれました。室は約廿坪位の洋間で、壁間には河合玉堂筆の富士の額と、古筆の書額とが掛けられて居り、遥かに遠い卓子には乃木将軍の耕作姿、高サ二尺程のブロンズの置物がありました。

団長松平俊子女史がメツセージを言上。つづいて振袖の「やまと人形」は、可憐な令嬢の手により閣下の前に差出された。特別にお丈の高い執政閣下と九歳の正使朋子嬢との人形捧呈の光景には一同ほほえまざるを得なかつた。執政には答礼御挨拶ありて後、使節令嬢の前へお進みになり、お人形を前後より御覧になり、非常にお欣びのご様子でした。それから更に諸嬢の前に歩み寄られていろいろやさしき言葉を賜りました。

その後、一旦ホテルに返り午後四時より大和ホテルに於ける謝介石氏、宇佐美国務顧問主催のお茶の会に出席する。「ここに鄭孝胥氏、丁鑑修氏を始め大人要人二〇余名臨席、人形を贈呈す。午後六時より大陸春に於ける趙欣伯夫人をはじめ各大臣夫人の招宴に出席。支那料理の饗応を受く、午後一〇時三〇分ホテルに帰着」(43)。

山田は、国務総理鄭孝胥をはじめ大臣級の人々に人形を贈ると、彼等はお茶会や晩餐会を催してくれたが、「それらの会毎に憲兵巡査がいかめしく戸外を警戒」していたという。そして、「使節団一同の緊急動議一決で、お人形を新京、奉天、ハルピンの衛戍病院(陸軍病院の旧称)へも贈ること」にし、「お嬢様方に抱かれて各病室を巡り、故国を遠く離れて今、名誉の傷病に臥せる皇軍勇士達を慰問した」が、「奉天で汽車を下りると、群集が右往左往していた。聞けば爆弾犯人を今取り押えたのこと。果して可憐なお人形やお譲さん達を狙つたものか、否か」と語っている(44)。人々に歓迎されたというよりも、不穏な空気のもとに人形使節は満州を巡回したのであろう。

図16　東郷元帥を訪問する人形使節（『歴史写真』1933年8月号より）

帰京は六月一四日、皇居の前で万歳三唱をし、満州国公使館、東郷元帥邸、首相、陸相、拓相、文相の各邸をそれぞれ訪問した(図16)(45)。

同使節は、特定の新聞社が主催や共催などに関係していないこともあり、大新聞をはじめ各紙がこぞって記事に取り上げ、人形・少女というソフトなイメージも手伝い、少女使節・学童使節にまさるとも劣らない世間の注目を集める。昭和七年五月から昭和八年五月ごろまでの一連の「満州国少女使節」「日本学童使節」「日満親善人形使節」をみると、「子ども(少女)」による平和使節が、建国間もない満州国の対外宣伝とイメージ戦略の一環として利用され、その際人形が重要な役割を果たしているのがわかる。

3　東西の男子小学生の交流――「奉祝帝都訪問」「奉祝伊勢大神宮参拝」

日本が国際的な孤立をますます深めると、その様子は微妙に変化をし始める。その契機が昭和八年一二月の皇太子（平成天皇）の誕生であった。昭和九（一九三四）年一月以降、皇太子誕生を祝う、小学生を中心とする二つの大きなメディア・イベントが試みられている。すなわち『大毎』『東日』が同時に企画実行した、『大毎』主催「奉祝帝都訪問」と『東日』主催「奉祝伊勢大神宮参拝」、及び朝鮮の『京城日報』、『毎日申報』社主催「皇太子殿下降誕奉祝学童使節」である。

皇太子誕生翌日の一二月二四日『大毎』『東日』の紙面には、早くも「皇儲御誕生奉祝」として、「児童映画（トーキー）脚本懸賞募集」とともに、小学生を中心とする「奉祝帝都訪問」「奉祝伊勢大神宮参拝」の三大計画が発表されている。これはあらかじめ皇太子の誕生を予想して準備されていたのであろう。

帝都訪問の奉祝学童団編成／京阪神代表（費用本社負担）／我社の〝少国民奉祝〟三大計画
皇太子殿下御降誕！われら国民はたゞ〳〵歓喜と感激あるのみである、中にも第二の国民たる小学児童の小さい胸に溢るゝ歓喜とその美しの叫びよ、本社はこの少国民の奉祝のよろこびを捧ぐべく左の計画を発表することを光栄とする（詳細は追って発表します）（『大毎』一九三三年一二月二四日夕一面）

「奉祝帝都訪問」は京都・大阪・神戸の全小学校より一校一名の優秀学童四一九名を選び、昭和九年一月三日出発、四日入京、五日帰着の日程で帝都を訪問するもの。「奉祝伊勢大神宮参拝」は、東京・横浜の全小学校から前者と同様に選ばれた五八六名をはじめ、総勢六四〇名が伊勢神宮を参拝する計画（『東日』一九三三年一二月二四日朝一一面）

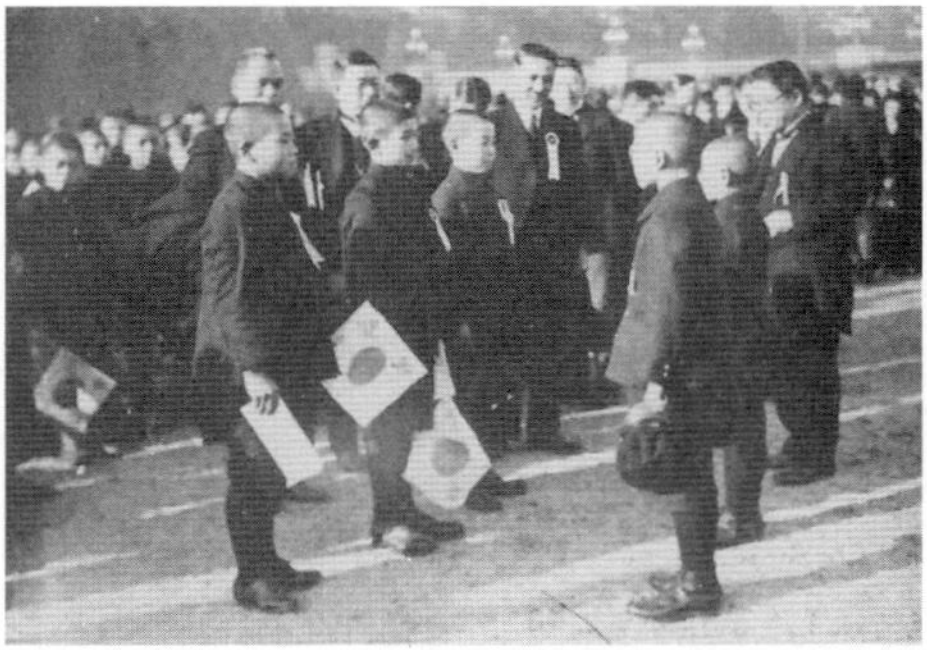

図17　東西学童交歓会（『帝都訪問学童団記念写真帳』大阪毎日新聞社、1934年2月15日より）

図18　海軍省にて（『帝都訪問学童団記念写真帳』大阪毎日新聞社、1934年2月15日より）

であった。こちらは四日出発、六日帰京の日程であり、四日宮城（皇居）前で、東西代表の学童団が合流して万歳をするのが、『大毎』『東日』の主目的であった。

三日午後の神戸班・大阪班・京都班が各小学校長・教育関係者・少年団等の多数の見送りをうけて、それぞれの駅から奉祝特別列車に乗り込み、四日の朝東京に着く。新聞社が手配した車二〇台に分乗し、日比谷公園で降り、少年団健児音楽隊に先導され、午前八時に宮城に到着し、伊勢に出発する前の東京、横浜の児童五五六名と合流する。関東団は「右に、関西団は宮城に向つて左側に、少年団の奏する行進マーチに足並を揃へて入場一同最敬礼を捧げ音楽隊に合せて君が代を合唱」、牛塚虎太郎（一八七九〜一九六六）東京市長の発声で約千名もの小学生が「三陛下ならびに皇太子殿下の万歳を奉唱し再び最敬礼」し、その後東西学童交歓会に入る。「牛塚市長の『おめでたう』の言葉ににつこり笑つて童心こめた交歓文を取交し固い握手が行はれ二重橋橋畔に美しい童心交歓のシーン」が描かれた（図17）（『大毎』一九三四年一月五日夕二面）。そして関西団は宮内大臣、靖国神社、東郷元帥邸訪問、陸、海、文の各大臣を訪問する（図18）。元帥邸では平八郎の孫一雄（一六歳）が祖父に代わって挨拶をするという演出もあった。午後は明治神宮、『東日』本社や東京見物、その日の午後五時五五分の列車にのり、翌朝に帰省する、車中二泊の強行日程であり、もちろん費用は『大毎』側の負担であった。

そして『大毎』は、この「思ひ出深き数々の場面を集めて」記念写真帳（非売品）を作成している。その序文で、皇太子の誕生は国民の生涯忘れることのない歓喜と感激だが、なかでも「第二国民である小学児童の喜びはいかばかりであったでせう」。ここに「溢れる小国民のまごころこそ吾が帝国の将来を担ふ大きな力となることと信じます」(46)と記されている。

皇太子誕生を契機に児童や母性に対する教化と養護に関する資金を天皇から下賜され、恩賜財団愛育会が設立されるのもこの時である。社会の子どもへの注目が増し、そして財団法人大阪毎日新聞社社会事業団も「保育学園の新築」「婦人セツルメントの新設」「母子軽費診療所の開設」を三大記念事業として計画（『大毎』一九三三年一二月二五日朝一面）している。そして『大毎』『東日』側は日本学童使節の成功体験も手伝い、小学生を主役にしたイベントを計画したのであろう。写真帳の最後には、「学童団行程」とともに「学童団名簿」に「代表者大阪毎日新聞社事業部長世川憲次郎」以下全児童の名前が掲載されている。しかし、ここには女子の名前はみられない。東京・横浜・大阪・神戸・京都の五大都市の各小学校代表として選ばれた東西の学童使節は、すべて男子であった。帝国の将来を担うのは、国を守る兵隊となる男子だからであろうか。

4　「奉祝学童使節」――朝鮮からの学童使節

①　『京城日報』の主催――さらに京城日報・毎日申報社は、「皇太子殿下降誕奉祝学童使節」を派遣している。こ

こには大日本帝国を一体化するために、朝鮮を日本の一部として精神的にも完全に併合する必要があり、そのために未来の子ども達の交流の一環として朝鮮から学童使節が計画されたのだ。その統合のシンボルとして、皇太子誕生は格好の題材であった。

『京城日報』は朝鮮の中央紙であるとともに朝鮮総督府の機関紙であり、『毎日申報』は、明治四三（一九一〇）年の日韓併合後に、京城日報社が経営を引き継ぎ同紙の姉妹紙として発行されたハングルによる新聞である。これらは

帝都訪問 奉祝學童使節

二重橋々畔で皇居を奉拜默禱

學童代表卅二名送る

皇太子殿下
御降誕奉祝

日程大略＝二月廿日京城出發、廿二日大阪、廿三日東京着、直ちに宮城遙拜後李王家伺候、各宮邸訪問、帝都兒童と交驩、廿四日東京、廿五日伊勢、廿六、七日京都桃山奈良、廿八日大阪、三月二日京城歸着

茲に我が社はこの半島民赤誠の迸りを更に發揚せしむるため、小學生代表として、京城府内の官、公、私立小學校、普通學校の代表兒童三十二名を選拔し、外に附添教員五名、學校醫一名を加へ、「奉祝學童使節」として來る二月二十日出發せしめ、三月二日京城歸着の豫定を以て、東京に於ては、二重橋々畔で、大内山の松の緑いよ／＼濃やかなる皇居を拜し、大日本帝國の萬歳を奉唱、皇室の彌榮を默禱し奉らんとするものであります。

京城日報社・毎日申報社

図19　『京城日報』1934年2月13日朝7面

「総督府の広報紙の役割」も担っており、日本人、朝鮮人に対する「植民地政策宣伝」のためにつくられた新聞であった(47)。

昭和九年二月一三日朝刊七面の『京城日報』には、大きな囲み記事で「帝都訪問奉祝学童使節」の予告が掲載されている（図19）。皇太子誕生を祝い「小学生代表として、京城府内の官、公、私立小学校、普通学校の優良児童三十二名を選抜し、外に付添教員五名、学校医一名を加へ、『奉祝学童使節』として来る二月二十日出発せしめ、三月二日京城帰着の予定……皇居を拝し、大日本帝国の万歳を奉唱」するのだという。そして帝都訪問の後、「一行は更に伊勢神宮に参拝し国運の繁昌を祈祷」し、奈良、京都、大阪を訪問するもので、「現下非常時局に際会し、極めて意義深き企画」だと自讃している。そしてこの広告は、同一六日、一七日の朝刊七面に繰り返し掲載されている。

京城府『京城彙報』は、

（学童使節）一同は東京市内を見学し、其の進歩せる施設と偉容に驚異の目を見張り、我帝国の発展に心から感激した。……今回の挙は現下非常時に際し、極めて意義深き企画であつて、我が半島に於ける第二の国民たる学童として使命を果したるは洵に慶びに禁へない次第である(48)

として、龍山公立普通学校校長藤好虎秀団長以下、引率者及び使節の学校名、学年、氏名を全員掲載している。

選抜された児童三二名中小学生一二名、普通学校生二〇名であり、一名を除き五年生であった。なお普通学校は、国語を常用しないもの、つまり朝鮮人児童が通学する学校である。使節は日本人・朝鮮人児童から選抜されたのだ。

② **内鮮融和の学童使節**――日本学童使節が三越百貨店に制服を依頼したように、使節達は丁子屋（日本人経営の百貨店）で「紺サージの洋服、靴下、日の丸付のリユクサツク」の使節服をあつらえる。東京でのラジオ放送も決まったこともあり、『京城日報』本社で「第一回第二回と会合を重ね、公式使節としての重大な役目を果す」よう挨拶・唱歌等の猛練習に励む（『京城日報』一九三四年二月一六日朝七面）など、学童使節をほとんどモデルにしたような手続きを踏んでいる。

出発に先立ち朝鮮新聞社、『大朝』・『大毎』支局等の各新聞社へ挨拶、宇垣一成（一八六八～一九五六）朝鮮総督をはじめ、渡辺学務局長、池田警務局長に挨拶をする。宇垣総督は「ホウ立派な使節ぢやのう」という誉め言葉とともに三列に整列した使節の前に立つ。

（引率の藤好団長が敬礼の号令をかけると）総督も丁寧に礼をする……二千万大衆の父といふ姿である、それから、お父さんの総督は突然「内地人（日本人）の子は手をあげなさい」といふ、手を見て、「大体半々ぢやな、よし〳〵仲よく元気に大切な光栄ある使命を果さなければなりませんよ」とやさしく話しかけた……（『京城日報』一九三四年二月二〇日朝七面）

渡邊学務局長は、「意義深き企て！」として、日本学童使節と関連して、次のような談話を寄せている。

満洲国の学童使節が来たことがある、丁度あの時、私は釜山に居たので逢つたが、大人の出来ない大きな力を持つて居ることを感じた、今回御社の計画はこの意味に於て有意義なものである。国と国との外交は老人がやつてゐるが固くなつてゐるが天真爛漫な幼い人たちが手を握ることは老人の外交にも優るものである

先年調べたものによると英国は本国と外地は子供の交歓を行つてゐる、例へばカナダの子供を本国に本国の子

供をカナダにやつて教育して好績を挙げてゐる、この意味に於てこちらから行けば向ふからも来ることにならうし、童心の与へる印象は必ずや効果を結ぶと思ふ……何千巻の本による朝鮮の紹介よりまさるもので内鮮融和の実はこの計画によつて挙げられるものであると確信して居る（『京城日報』一九三四年二月一七日夕二面）(49)

そして松本京畿道知事「行儀よく丈夫で大切な使命を果させたい」、伊達京城府伊「若き純真なる児童に健全なる国民精神を鼓吹し内鮮一家の理想を涵養する」等の各方面からの談話を大きく紹介する。朝鮮学童使節は、皇太子誕生の祝いと共に内鮮融和を進展させる催しとして、『京城日報』が主催したことがわかる。

③ **植民地世論の形成**――そして「今ぞ行く輝きの使節」という見出しのもと「さあ・見送りませうけふ零時四十分京城駅発」「輝きの行進だ、送れ友よ、半島の人々よ、ワンサと送つて、あの駅頭を埋めつくさうではないか」（『京城日報』一九三四年二月二〇日朝七面）と読者に見送りを呼びかける。そして使節達は盛大な見送りをうけ、京城駅を旅立つ。そしてその行程を『京城日報』は連日のように報道しているのだ。

さらに旅立の日には、右上四段抜の大きな囲みで社説欄の前に「皇太子殿下御誕生奉祝学童使節を送る」を掲載している（『京城日報』一九三四年二月二〇日朝三面）。

けふ二十日――皇太子殿下御誕生奉祝学童使節として帝都を訪問する三十二人の少年諸君よ！諸君は、全鮮の学童代表として、この晴れの壮途にのぼるのである。これは諸君にとりて、一生一度のことであり、半島においては最初のことである。従つて諸君の使命は栄誉に輝くと共に実に重い。

（皇太子の誕生は日本国民の感激であり皇居で皆奉祝を捧げたいが）遠隔の地にある者は、心に念じつゝもそれが出来ない。諸君はこの心に燃ゆる半島全学童の心を体して、奉祝学童使節として東上、面のあたりに宮城を奉拝し、更に伊勢大神宮に参拝するほか、内地の学童と膝をまぢへて共に奉祝の真心を交し、また友好の使命を完ふせんとするのである。それについては、こゝに忘れてならない一つのことがある。それは子供は子供らしくといふことである。――では学童使節よ。行けよ。万歳。

二二日夜東京に着いた使節は、翌日午前八時二〇分「二重橋前でぬかづいて」奉祝し、無事に大任を果たした。その後皇太子殿下李王家・宮内省宮内大臣を訪問し、午後から麹町大講堂で朝鮮代表児童と帝都代表児童の交歓会を行い、（いずれも留守と病気で大臣には会えなかったが）拓務省、総理大臣官邸、各新聞社を訪ね、ラジオ局に向かう（『京城日報』一九三四年二月二四日朝七面）。

二月二三日東京ＪＯＡＫの番組表には、午後六時の「子供の時間」に、(1)「ごあいさつ」児島吉治外、(2)「うた」朝鮮学童使節団とある。

『京城日報』・『毎日申報』の支配人児島、京城鐘路小学校井上圭治、京城師範学校附属普通学校李彰煕の挨拶に続き、(2)「うた」は学童使節一同、ピアノ伴奏は引率教員李楽応だ。その内容は「イ皇太子殿下御誕生奉祝歌（文部省制定）、ロ鶯（朝鮮語）、ハ旭日旗の光よ」であった（『東日』一九三四年二月二三日朝六面）。これを『京城日報』は、「使節の雄叫び／ＡＫから京城へ／あす六時から」と大きく報じている。

この声を半島の父兄や学友にも聞かせたいと『京城日報』社は色々協議したが、あいにくこの時間は中継地の熊本・広島ともにすでに放送の予定が入っている。そこで東京から「直接京城でキヤツチすることになつたが、これは少々雑音が這入るがやむを得ないと覚悟をきめた」（『京城日報』一九三四年二月二三日夕二面）。なによりも学童使節の日本からの声が、朝鮮半島の人々に届くことに意義があったのだ。

最後に『京城日報』（一九三四年三月二日朝三面）の社説「学童使節帰る」を紹介しよう。『大毎』『東日』は、日本学童使節について社説では一切ふれていないが、『京城日報』は二度にわたり（朝鮮）学童使節のことを取り上げている。ここからも『京城日報』が、(朝鮮)学童使節に政治的な期待を込めていたことが伝わってくる。

皇太子殿下降誕奉祝学童使節一行重任を果して、本朝六時四十五分意気揚々として、帰城す。早朝京城駅頭に挙る歓声、これ半島二千万同胞の歓喜の声あらずして何ぞ。使節諸君!諸君が今回の行、終始一貫して赤誠と純情と節制とを以てしたること、九千万国民の感激にして、特に諸君を直接目睹したるもの丶感銘を深くしたところである。諸君今回の行や、実に六尺大人の以てよくなし得ざる純真なる印象を刻し、しかも次代を担ふ内地学童との握手は、感激と共鳴と親交の情を将来に亘つて永く生長の種子をとゞめ来つたものである。長途旅行中の諸君の心労は多大なりしものあらむも諸君が遺し来れる足跡と行跡とは永く歴史に記憶せらる丶に相違ない。こ丶に諸君の労を謝すると共に、心からなる歓迎の意を表明するものである。

日本は朝鮮の植民地統治のために「国内外の言論活動に非常に積極的」で、その世論形成の環境作りに力をいれていた、という指摘がある(50)。『京城日報』は、皇太子誕生を、平和・友好ではなく、内鮮融和にともなう国民の団結と国威発揚のために利用したのだ。そしてその働きかけるべき第二の国民は、もはや女子ではなく男子であった。

子ども使節の発想の源は、雛祭りやクリスマスを介した少女を中心とする昭和二(一九二七)年の日米人形交流にあった(51)。そのため子どもによる国際親善交流は、その実体はともかく形のうえでは平和と友好を目的としており、その主役は少女や若い未婚の女性であった(52)。しかしイベントの目的が対外融和ではなく、国内の団結に向かう時、同じ子どもでも、その主役は少女から少年へと交代していくのである。

第5章——ある軍国少年の誕生とその後

■東北代表学童使節松岡達とその時代

1　軍都仙台の学童使節

1　軍隊と学校、そして街

第3章では、学童使節に選ばれた小学生が郷土の誉れ、母校の名誉として地方を中心に異常な関心を集め、国民的レベルで注目されるまでの様子を紹介した。なかでも満州事変の主力となって参戦した第二師団のある仙台市の反応は、他の地域には見られない独特の展開を見せている。仙台では子どもによる日満親善にとどまらず、郷土兵への慰問という意味も加わり、盛大な歓送迎会が開かれるのである。

ここでは学童使節東北代表松岡達少年通してどのようにして軍国少年が誕生していったのか、その過程を追ってみたい。彼は、「学校のため、わが日本帝国のため満州国の友人達と仲善しになる」ことで学童使節の責務を果たすと挨拶する小学生であった。さらに宮城県知事から将来日本を背負うのは君達だと激励されると、「私の身体は私だけのものではありませぬ皇国のものであります」と答えるなど（第3章参照）、明日の大日本帝国を担い、東洋平和の為に日本のアジア支配を正当化する国民的使命を自覚した少年であった。

彼がこのような考えを身につけ軍国少年として成長していったのは、学校や家庭、そして少年雑誌の影響力はもちろん、なによりその社会環境に最大の要因があるだろう。ここでは軍都仙台市の地域性、特に軍隊と学校・街の関係に注目して、その経緯をみてみたい。

2　仙台市と第二師団

明治四（一八七一）年、明治政府により仙台城二の丸に東北鎮台がおかれたことが軍都仙台の始まりであった。その後師団制度の採用により第二師団と名称が変更され、明治二七（一八九四）年の日清戦争では、宮城福島両県から多数の兵士を派遣し、後に仙台で盛大な凱旋祝賀会が開かれている。さらに日露戦争でも大規模な戦闘には必ず第二師団が参戦するなど、同師団は多くの犠牲者をだしながら近代日本の戦争の勝利に貢献した。軍隊の街仙台では、「川内、榴岡、宮城野原に司令部、連隊などが置かれ、兵士・軍馬が市中を闊歩」(1)するのが日常であった。その姿を小学生も生活のなかで当たり前のように目にしていたのである。

そして満州事変の最初の攻撃に参加し、戦死者をだしたのも第二師団の将兵であった。日本は二年交代で一個師団を国内から満州へ派遣していたが、昭和六（一九三一）年二月一九日に満州駐劄の命令をうけて、第二師団は京都第一六師団と交代することになり、平時編成時のおおむね三分の二の兵力である派遣隊と、国内に留まる留守部隊を編制（軍隊を組織）する(2)。三月下旬に師団長多門二郎と部下の将兵は仙台を出発するが、主に宮城県出身者からなる榴岡連隊では、兵営に面会人が殺到し「必ず事変が起こるものと予想」され、「行け大いにやれ……」と激励する者がいる一方で「一人息子だから留守部隊に残して」ほしいと家族が語るなど悲喜こもごもの状況であった（『河北新報』昭和六年四月一〇日朝五面）。

満州事変は、関東軍参謀の石原莞爾らにより事前に準備された計画であったことは周知のとおりだが、勃発直後の事実経過を簡単にみると次のようになる。彼等は、当時この地方（奉天・吉林・黒龍江省）の軍事的支配者であった張学良が本拠地を留守にするようにしむけ、同年九月一八日奉天近郊の南満州鉄道の線路を関東軍が自ら爆破する。そしてそれを中国軍のしわざとして戦争のきっかけをつくり、中国軍を攻撃し奉天にあった張学良の軍事的根拠地などを一挙に占領したのである。同夜、関東軍司令官より第二師団と関東軍に出動命令が下り、関東軍独立守備隊第二大隊は奉天付近の中国軍の兵営北大営を、第二師団歩兵第二九連隊（若松）は奉天城を攻撃する。さらに日が改まった翌日の未明午前一時二〇分、第二師団歩兵第四連隊と独立守備隊が長春の南嶺、午前三時三〇分、同歩兵第四連隊が寛城子をそれぞれ攻撃する。そして北大営を攻撃した関東軍の独立守備隊と長春南嶺および寛城子を攻撃した独立守備隊と歩兵第四連隊（宮城県出身郷土兵）から最初の戦死者がでる。特に長春方面からの戦死者が多かったのである（『東日』一九三一年九月二二日朝十一面）。

学童使節東北代表松岡達は、その歩兵第四連隊の所在地である仙台市榴岡小学校からの代表であった。

2　戦跡の見学と慰霊祭——松岡少年の満州事変

1　金沢の軍国少年

昭和七（一九三二）年九月二九日、学童使節達は第四連隊などを訪問し、寛城子戦跡・南嶺戦跡を訪れている。その様子を前述の上沼久之丞編『日本学童使節満州国訪問記』をとおしてみてみよう。前日に執政との謁見をはじめ満州国要人への挨拶をすませ、「重大な使命のいくらかは終わつた」と一息ついた学童使節達にとって、その日は「待ちに待つた戦跡見学」（八三頁。以下同資料からの引用は頁数のみ記す）であった。

学童使節北陸代表荒川宏は、新聞報道、ラジオや映画をはじめ学校や家庭などでもその活躍を繰り返し見聞したのであろう。とくに荒川少年と松岡少年は北大営攻撃の独立守備隊や第二師団第四連隊への憧れが強かったようだ。もっともそれは他の使節達も基本的には同じで、独立守備隊を訪ねて攻撃の中心を担った川島正大尉以下将校達が、学童使節達を「ドツとばかり取りまいて『やあ可愛いぞ、諸君！』と頭を撫で」る。そして使節達も嬉々として腕にすがるという様子であった（『大毎』一〇月三日朝一一面）。

使節一行が次に第四連隊を訪ねると、留守隊将士が「一同いかにも嬉さうに僕達を迎」える。警備隊長の田中中佐は、使節達に次のように挨拶したという。

多門師団長は目下匪賊討伐のために御不在であるが、我々は大いに皆様方の御好意を感謝する。陸軍大臣並に本庄閣下の御伝言に対しても深謝する。我々は常に全満州をほとんど一つの練兵場のやうに心得て十分に努力して居る。当連隊は殊に満州事変で沢山の犠牲者を出してゐるので、尚ほ一層ふんれいしてゐる、どうか御帰朝になつたら、師団長以下兵卒に至るまで、皇国のため一生けん命になつてゐると、陸軍大臣や本庄閣下にお伝へ下さい（八二頁）。

この言葉に感激した荒川少年は「このやさしいお顔、これが一度戦陣に立てば、百万の敵も恐れひしぐ強者と思へようか」という印象を記している。そしてその後の寛城子戦跡見学の様子を語る。

寛城子の旧兵営に着いた。いつか級友と共に激戦の映画を見たことがあるが、今目のあたりにその戦跡を見て僕の胸は高鳴り、血は全身に張りおどつた。兵舎及其の付近はものすごく荒されて、営内一ぱいに戦跡気分が横溢して居た、其所此所に「〇〇戦死之所」と書いた石碑があり、煉瓦造りの兵営に多数の弾痕があつて、我が軍の苦戦と奮戦とを思ふ存分物語つて居た……あゝ偉なるかな皇軍の意気、鬼神もさくる、一度正義の為に怒ればさしも東北軍閥指揮官張学良のほこつた大兵営も、わづか数時間で白旗をかかげなければならなかつたのだ。こう思ふと敵があわれにもあり、又我が軍の限りなき力強さを感ぜられた（八三〜八四頁）。

もちろん荒川少年をはじめ学童使節達も、満州事変が関東軍の謀略であることなど知らない。中国軍の暴挙から在留邦人を守るために出動した、歩兵第四連隊の正義を素直に信じている。荒川少年は「昨年九月十九日の朝まだき、居留民保護の大任を負つて、剣を取り銃を握つて進撃する軍人の英姿が目前に展開して……石碑に祀れる英霊に厚く〳〵感謝を捧げ」（八四頁）るのである。

その後南嶺に向かい「自らは敵弾に倒れて新京全市を救つた」独立守備歩兵第一大隊第三中隊の「名隊長倉本少佐以下四十四勇士の英霊に、心から手を合わせ石碑をかこんで記念撮影」（八四頁）をする（図1）。

図１　新京南嶺兵営戦没者慰霊での記念写真。倉本少佐の名前がみえる（『日本学童使節満州国訪問記』）。

彼の父も軍人で日露戦争に従軍し奉天で戦死している。倉本茂大尉（死後少佐）は、父子とともに満州で戦死した軍国美談の主人公としてマスコミでも大きく取り上げられた。「満洲を日清・日露戦争からつづく世代間の『生命線』へと作り変え過去と現在を結びつけた」という意味でも、倉本大尉の美談はその連続性を国民に刷り込むためにも、ふさわしかったのである(3)。

それは軍部も同様で「戦場に臨む勇士のため」の指南車として編集された教育総監部編『満州事変忠勇美談』（昭和八年）は、「慈父の如き中隊長と、壮烈なる其中隊団結」として十数倍の敵に立ち向かい中隊の五分の四の兵力を失い隊長も戦死した倉本中隊の攻撃精神を讃えている(4)。後述する事変勃発の同日に寛城子で突入する直前に敵弾に倒れた歩兵第四連隊の熊川少尉より英雄視しやすい物語があった（ちなみに同書には熊川少尉の記事はない）。南嶺は使節達にとっても忘れることのできない場所であり、倉本少佐は憧れの軍人であった。

荒川少年は、『満州国訪問記』に「身命を賭して尽す」という感想文を記している。

……満州国を去るに臨み僕達の旅行が余りに短か丶つたのがうらめしく　もつともつと居り度いと思ふ半面少さい僕達が日満親善の大使命を恙なく終へる事が出来たのに先づ一安心とほつとした。満州に於ける在留邦人が至る所で僕達に尽された事を思ふと全く感謝に堪えなかつた。遠く御国を離れて異郷の地に働く在留邦人はどんなに日本が懐しいのであらうと思ひ　日本人の自分の国家を思ふ念の厚いのに驚くと共に益々今後我が日本が発展するのは当然であると考へさせられた。今後の日満の間は恰も「車の両輪」の如くお互に確く手を握つて進まねばらぬ事を痛感した。……（朝鮮で）宇垣総督にその官邸でお目にか丶りその御訓辞中「諸君は今迠我々の為した仕事の後仕末を為し以て東洋平和の為め尽され度い」とのお言葉に対し「僕も一個の日本男子だ飽く迄御国の為にやります。」と心中絶叫した（一八四～一八五頁）。

彼の感想文は「我が大日本帝国の為め身命を賭して尽す決心である」と結ばれている。そしてこのような論旨は多かれ少なかれ他の学童使節の作文にも共通しているが、なかでも上海事変に参戦する第九師団の地元金沢市の出身の荒川少年と仙台の松岡少年の二人はその思いがつよい。その理由は、二人の生育環境にあると考えられる。、日常的に軍隊に接する機会が多く、そのため将兵への同情と感謝、国を守る使命感の共有などが、より直截に表現されたのではないだろうか。さらに松岡少年にとっては、荒川少年や他の学童使節よりも満州事変はより身近な戦争であった。

2　松岡少年の戦跡・寛城子

東北代表学童使節松岡達が通う榴岡小学校は歩兵第四連隊の本部が置かれた榴岡にあり、職業軍人と小学校が密接な関係をもつ学校であり、さらに少年の自宅（東十番町）も本部のすぐ近くにあった（図２）。その第四連隊の将兵が多数戦死した戦場である寛城子の訪問は、松岡少年にとって南嶺以上に感激深いものがあった。

松岡少年は、「南嶺　寛城子の新戦跡を尋ねた時の　あの悲壮な感激も　又忘れる事ができぬ」（一七三頁）として、『満州国訪問記』に次のように綴っている。

> 昨年九月十九日　全日本　否全世界を動かした事変の発端に異彩を放つたのは　実にこの両戦場であつた。寛城子の　まだ血の跡の残つてゐる戦跡は　熊川小尉《ママ》以下が勇敢な戦死を遂げられて堅固な兵舎を占領した所生々しい弾痕に当時をしのんだ。殊に僕は仙台で　熊川小尉《ママ》以下諸勇士の遺骨を迎へ　追廻錬兵場に於ける葬儀にも参列したのだ。あの砲車につんだ遺骨の後につゞく年老いた遺族方の　泣きながら歩む光景に　貰ひ泣きせぬ人が一人でもあつたゞろうか。僕は万感胸にせまつて実に感慨無量であつた。南嶺では　当時の支那兵舎の内部　追撃砲　歩兵砲　手榴弾の打込まれた跡　焼きすてられた丗六門の大砲等を見学　倉本少佐以下諸勇士の　ま新らしいお墓に心から手を合せ　止めやうとして止めかねた涙を地下の英霊に捧げた（一七四頁）。

図２　「地番入仙台市全図大正一五年度最新版」復刻版（第四連隊〔右上〕と榴岡小学校〔中〕は目と鼻の先にある（仙台市歴史民俗資料館所蔵）。

同日の攻撃では歩兵第四連隊から二九名の戦死者（見習士官一名、下士卒二八名）がでるが、その戦死者のなかで最も階級が高いのが福島県相馬郡出身の熊川威であった。熊川は、「本年七月陸軍士官学校を優秀なる成績で卒業した当年二十三歳の意気溌溂たる青年士官」で、寛城子の夜襲には第二中隊第二小隊長として参加する。そして「最も頑強なる敵に対して率先奮闘し勇敢に突入せんとする刹那、不幸一弾は彼の心臓を貫」いたという(5)。『大毎』(一九三一年九月二一日朝七面)は、「武勲輝く・戦死傷者」として「『尖兵となつて――骨を満州の野に――』大阪の戦友に宛てた悲壮な手紙　壮烈、熊川見習士官」を写真入りで大きく報道している。

また熊川以外の戦死者は、すべて宮城県の出身兵であった。新聞報道によれば歩兵第四連隊の遺骨は、昭和六年一〇月一一日午後四時三八分仙台駅に到着する(『河北新報』一九三一年一〇月一二日朝二面)。それを松岡少年は仙台駅前で迎え、さらに第一回慰霊祭にも参列したという。

3　慰霊祭と小学生

満州事変では、まず戦地で所属部隊によって戦死者の供養・慰霊が行われ、故郷へ帰る途中でも各地で繰り返されるが、原隊のある衛戍地(軍隊が永久的に一つの場所に配備・駐屯する土地)に帰還すると、「軍官民合同の仏式の法要(供養)と慰霊祭が2日にわたりねんごろに行われる」(6)。その勇士の慰霊祭が、宮城県・第二師団・昭忠会の主催で同年一〇月一二日、仙台市の川内追廻練兵場で行われたのである。

その様子を『憲兵情報』を参照にしてみてみよう。遺族達はなかなか遺骨が到着しないので「悲哀ヲ深刻」に感じているものもいるが、おおむね穏健で、しかも「高位高官ヨリ弔意弔電ヲ受ケ」て「無上ノ光栄」を感じているものが多い。地方官民(すなわち仙台を中心とする宮城県の人々)は「支那ニ対スル濃厚ナル敵愾心ヲ有シ」国民を代表した尊い犠牲者である戦死者を心から弔うことは当然であり、「遺族ト憂ヲ共ニシ衷心ヨリ同情」しているものがほとんどである(7)。

「第二師団管内戦死者三十三名」の遺骨は遺族三百余名が出迎えるなか仙台駅に到着し、歩兵第四連隊の将校集会所に安置されたが、沿道には「一般奉拝者実ニ五万」を数えた。

一二日「午前八時歩四留守隊ニ於テ行列ヲ整ヒ」遺骨は営門を出発し葬送行進曲に送られ仙台市内を進む。沿道の市民の拝礼をうけながら祭場に到着し、午後十時から十一時半まで神式で「慰霊祭ヲ挙行」する。参列者は「遺族、軍隊、在仙官公署及中等学校以下ノ職員生徒代表其他二万余名」であった。午後一時三十分から各遺族に遺骨とともに「両陛下ヨリノ祭粢料（将校二十円、准士官下士十五円、兵卒十円）満鉄会社ヨリ弔慰金（将校六百円、准士官下士四百円、兵卒三百円）」と花輪が交付され、それぞれ帰郷した(8)。また新聞報道によれば、「祭場における参拝の人々は定刻前より……祭場に参集、祭壇に面して右に軍部、左に市内小学校代表。その左に青年団、後方に中等学校生徒、場の周囲に一般参拝者踏をなし、その数五万余」（『河北新報』一九三一年一〇月一三日夕二面）の葬儀であったと報じている。参列者の数に一般の市民も入れているのだろうか。

これらをみると慰霊祭に小学生が動員されたことがわかる。そのなかに「学業成績でも全校一それも運動方面にかけても抜群の強少年」（『東日宮城』九月九日）である当時小学校五年生の松岡少年は、当然のように榴岡小学校の代表として参列したのであろう。さらに第四連隊本部近隣に住む少年は、遺骨の到着から慰霊祭まで、その一部始終を間近にみていたのである。

仙台市千葉写真館発行の『満州事変戦死者追悼　勇士の面影』（仙台市歴史民俗資料館所蔵）は、九月一九日の戦闘戦死者として歩兵第四連隊二九名と慰霊祭の様子などを写真入りで紹介している（図3）。

そこには報道の通り斎場の祭壇に面して最前列の右に軍人・左に小学生の姿が写っている。そしてその前には各校の校旗らしきものがみえる。軍人とともに銃後で戦争を支えるけなげな子ども達の姿を新聞報道等で大きく取り上げる傾向は、特に満州事変以降に目立つことは第1章で指摘したが、それは大新聞も地方紙も基本的には変わらない。『河北新報』（一九三一年一〇月一三日朝五面）も、慰霊祭を終えた遺族の様子とともに「遺骨輸送の任務を果たして足原少尉ホツト安堵　『小学児童の手紙に感謝』」の見出しのもとに、小学生による慰問の手紙の話題を取り上げて

図３ 『満州事変戦死者追悼　勇士の面影』左は拡大である。右手、校旗の元に小学生の姿がある（仙台市歴史民俗資料館所蔵））。

いる。すなわち遺骨を輸送した足原少尉は、新聞のインタビューに答えて、次のように言う。

（五名の他）熊川少尉以下全部寛城子でやられました。（これは）敵がかねて計画的で頑強に抵抗した結果であります。私は連隊旗手として寛城子に向ひましたが東北兵の勇敢果敢なのには痛切に感心させられました。アノ近距離において弾丸雨飛の中を平然として眼中敵なきが如き行動には実に感服の外ありません。……なほ慰問袋は事変の済んだ直後手拭包のものを分配されました何れも感謝してゐますが、特に感動させられたのは小学校児童の作文でした。これには士卒一同非常なよろこびでそれ〳〵返事を出さしてあります。

慰霊祭に参加する仙台市内の小学生の姿をことさらに目立たせるのは、満州事変の正当性を大衆へアピールするためにも効果的な演出であった。満州事変以降の戦争は、それまでとは異なり戦死者の数も多く、戦争の期間も長い。仙台市歴史民俗資料館の佐藤雅也氏によれば、凱旋、慰霊祭など一連の軍関係の催しは仙台が最初であり、これが他の地域のモデルになった可能性もあるという(9)。

確かに仙台の慰霊祭や凱旋では、子どもも重要な構成員であったのである。

3　仙台市愛国少年連盟にみる子ども

1　仙台市愛国少年連盟

これ以降、仙台では宮城県・第二師団・昭忠会の主催の七回の通夜・法要（仏式）と合同慰霊祭（神式）が行われる(10)。第七回目は昭和七（一九三二）年一〇月六日なので、松岡少年は学童使節として満州に出発するまで、六回の慰霊祭に参加したのだろうか。

そして第七回目の慰霊祭の約一カ月後の、一一月一三日には仙台市内の小学校校長会で、愛国精神の高揚と挙国一致の実をあげるために、各小学校に「愛国少年会」を設ける議が提出され、その設立趣意書を配布し、保護者に賛成を求めている。具体的には、市内の尋常小学校五年以上の「男女児を以て『愛国少年会』を組織し、更に之を構成分子とする『仙台市愛国少年会連盟』を作り、少年少女をして自治的に此の非常時に処するの道を講ぜしめん」とする団体を設立することであった(11)。

その綱領は、次の通りである。

一、私ハ日本少年トシテ忠君愛国ノ至誠ヲ捧ゲマス
一、私ハ日本少年トシテ清ク正シキ精神ノ発揚ニツトメマス
一、私ハ日本少年トシテ身体ノ健全ナル発達ヲハカリマス

「愛国少年会連盟約一万二〇〇〇名の児童は」、この「三綱領を、目を輝かし、声高らかに唱えながら、非常時に国難打開を願った」(12)と『宮城県教育百年史』はいう。同会は仙台市長が総裁となり、同学務課長が幹事長、各校長

図４　『仙台愛国少年』創刊号・表紙（仙台市歴史民俗資料館所蔵）。

は幹事、各教頭は委員となる、仙台市の教育界あげての少年会の設立であった。

「仙台市愛国少年会連盟」の機関紙『仙台愛国少年』創刊号（仙台市歴史民俗資料館所蔵）は、各校一名の委員が編集に参加している（図４）。その内容は知事や旧藩主の祝辞や多門二郎第二師団長の挨拶の他、全九八頁の大半を「凱旋兵を迎へて」「祖国のために」など小学生の作文がしめる。それに「愛国美談」と満州の将兵から慰問文に関する返信「満州国だより」、そして最後に松岡少年による「東北代表学童使節訪満誌」が掲載されている。

以下、『仙台愛国少年』創刊号の内容にそって詳しくみていこう。例えば、「祖国のために」に寄稿した小学生は、日本の現状を次のように語る。

我等は日本の少年　東二校　尋五　（男）

……満州事変を右に、国際連盟を左に非常な苦戦をしてゐる非常時の日本。其の後に残る我等国民は力をあはせて或は満州の野に、ジユネーブに、国のために奮闘してゐる兵士を、全権（松岡洋右）を後援しなくてはならないのだ。

我等小国民は少年ながら銃後の国民の一人である。まして我等は仙台小学生徒でつくられた、仙台愛国少年連盟の一員である。我等は大きな決心と、固い覚悟をもつてこれにあたらなければならない。……世界の国々は我が生命線である満州から、支那から手を引かさうとしてゐるのだ。我等の任務は益々重い。

我等は此の非常時日本の少年として、又愛国少年連盟の一員として立派に我等の任務を果して見せるだけの固い〱覚悟が必要ではないか（『仙台愛国少年』五一頁）。

そして同会が求める愛国精神の発露を語り、自分の夢は軍人となり国のために働くことだと、ある六年生は記す。

愛国　荒町校　尋六（男）

愛国の精神は大人も子供も身分の貴賤はあつても決して変らない。各々自分の職務にいそしんで国の富強を増さなければならない。

（中略）

我々少年は体こそ小さいが一致団結して大人にも負けないことをやらう。

此度は仙台に愛国少年連盟といふものが出来て我々の理想の愛国精神を発揮することが出来る。

又爆弾三勇士などは皆愛国精神の発露である。

我々も立派な兵隊さんになつて御国の為に働きたいと思ひます（『仙台愛国少年』五五頁）。

2　満州国からの手紙——将兵から少年少女へ

『仙台愛国少年』創刊号は、このような少年少女の手紙への返信である「満州国だより　慰問文に対する返事」も掲載している。ここには満州国を守る将兵から愛国少年達への信愛に満ちた言葉が溢れている。

例えば「満州鉄嶺独立守備隊五、三　北満州四桃鉄路太平川警備」の兵士は、仙台出身の軍人として自分の後輩の少年少女達の慰問文を懐かしく思うと同時に、つらい軍隊生活を赤裸々に綴っている。少し長いが全文を引用しよう。

御慰問状ありがたう。

仙台出身の一軍人として、あなたの様な優しい小学生の一人から御慰問状を戴くことが此の上なく嬉しく思ひます。

南の方、南材木丁小学校の卒業生で、五橋高小、県立工業と学業を歩んだ関係上仙台と言へば懐しくてたまりません。仙台も大変発展し、東一番丁にはビルデング等も出来たそうですね。

僕は今満州鉄道四平街駅より満州里に通ずる四洮線の太平川と言ふ、北満の砂漠の中を警備致して居ります。此の地は寒気甚だしく、昨日今日の平均温度は零下三十三度位です。それに又蒙古の強風砂を巻き、砂煙が舞上つて眼を開けて居る事も出来ません。

つい先頃、多門師団が凱旋、凱旋の歓喜の声に送られましたが今頃は目出度く帰仙なされた事でせう。共に学び共に遊んだ同年生、同級生もみんな凱旋せられたのです。而し自分は何時になつたら帰られるやら、一時平静にかたむいた満蒙の形勢も山海関事件と共に此の北満の四洮線路にも火の手はのび、支那軍の主力は通僚附近に集り漸次四洮線、或は鉄橋を爆破せんとして居るのです。こんな状態ですから緊張に緊張して不眠不休で警備して居ります。

酷寒骨をも通す北満の荒野の血腥い塹壕の中で、明日をも約束出来ない私なのです。鉄橋警備のせん伏斥候！零下三十余度の火の気のないかくれ穴にせん伏して鉄道や鉄橋を守備する時のつらさ。どんなに防寒具に身を固めても到底防ぎきれない寒さです。手足はつねつても他人の手足の様にちつとも感覚がありません。こんな酷寒の氷床の仮寝の夢も、氷雪膚を裂く夜半も、国家を思ひ、友人の苦難を思ひ忍べば、北満の第一線の活躍も自ら力がは《ママ》入つて来ます。御国の為に屍を朔北の荒野に曝す覚悟は渡満の時から既に決つしてをります。今更仙台には未練がない筈です。でもやつぱり自分の生れ故郷の仙台です。懐しい森の都の訪づれの又きつと舞ひ込む事を神様に御祈りしてゐます。異郷戦地に去られた後は、故国よりの便りが懐しく涙の出る様な気持で読まれます。

もつと書きたいのは山々ですが、多忙でゆつくり落付いてをれません。これで拙いペンの運びをとゞめます。さようなら（『仙台愛国少年』八〇～八一頁）。

国ためとはいえ零下三十度なかで鉄道の警備に従事する兵士にとって、任務を終えて凱旋した同僚はうらやましい。彼らを支えるものは故郷から通信であり、それも地元の子ども達からの憧れと感謝にみちた激励であれば、懐かしやとうれしさもひとしおであった。そしていわば後輩である子ども達には安心して心を開きやすかったのであろう。仙台の愛国少年達の慰問の手紙は、決して無駄ではなかった。

前述の『憲兵情報』によれば、満州事変で最初の第四連隊の戦死者二九名中「相当資産ヲ有シ生活ヲナス者」五名、中流一二名、貧者一二名、なかでも軍事救護を受けているものは三名もいて、兵士のなかには貧困家庭も多かった。遺族の職業は農業が一六名、無職三名、労働者二名、商業、漁業、教育家、石工、大工、八百屋、桶屋、履物商各一名だ。当時は不況で、特に農家の窮乏は深刻であった。そして兵士の多くが農村の子弟であったことがわかる。「弾丸ハ貧困者ノ子弟ヲ撰ンテ命中セリト」と噂するものまでいた(13)。一般人のなかには「生活不如意ノ者ニアリテハ其悲痛一層深刻」で同情するほかないという声もあがっていた。

さらに『憲兵情報』は、遺族に起こった、次のようなエピソードを紹介している。すなわち、妻子がある戦死者の実父が給付金を自分が受け取るために「妻子ヲ除籍セント策謀」するという騒動があり、近親者の仲介で何とか解決した、という。前述のように満鉄から准士官下士に四百円、兵卒に三百円の弔慰金がおくられていた。貧困家庭でなくても大金であった。「財界不況ノ折柄今后遺族中ニハ給与金受領ニ関シ各方面ニ種々ナル問題惹起スルモノト認メラレアリ」と報告は結ばれている(14)。

たとえ長男でなくても残された家族の生活など後顧の憂いを残す兵士達にとって、子ども達から手紙は安らぎであった。そして身近な親戚や知人、或いは兄弟が入営しているかもしれない子ども達も、このような返信を皆で読むことで、銃後から戦争を支えているという自覚を呼び起こすことができたのである。

もっともさらに上級の士官クラスは、満州国建国の正当性とそれに邪魔するものを退ける自分達の正義を大日本帝国の立場から愛国少年達に勇しく語る。

満州に居る悪い者は殺しても殺しても、降参させても降参させても、人数は中々へりません。それは満州国の軍人や百姓達が次ぎから次ぎからと悪い者になるからです。是には私達も困つてゐます。近頃は高粱と云ふ畑に生へてゐるものが刈り取られましたので、悪い連中も大へん困つてゐるらしいのです。寒くなれば又ずつと人数が減りますけれども、まだ三年や四年ではなくなりません。

満州の国にはよい政治が行き届いてゐなかつた為、働いてもそんだと思つてゐる人が少くありません。それが為に人の物を盗む事を平気でゐます。そして之を自分の仕事にしてゐる者や内職にしてゐる人が相当沢山ゐます。之を馬賊と申します。馬賊とは馬に乗つている盗人と云ふ事です。今日では馬に乗つていない馬賊もたくさんいます。お手紙がたいへんよく出来てゐましたので感心しました（「騎兵隊第二連隊長小島吉蔵氏より」『仙台愛国少年』八一～八二頁）。

そしてアジア盟主として、東洋の平和を守るためにも朝鮮との融和も唱えるのである。

御年賀をありがたうございました。

只今は仙台の方も随分お寒いことでせうね。

私は今、満州の間島に出征して居ります。大して雪は降りませんが、零下三十度位まで下ると可なり身にしみます。

表満州の方では、今度凱旋した第二師団が、非常な難儀をしながら悪い兵匪を討伐したので、彼等は間島の方へ逃げてきて、我が同胞――殊に朝鮮人が多いのです。――を色々言葉に余る事をして苛めたので、たう〳〵私共朝鮮の師団が出動したのです。

満州人も、朝鮮の人達も、とても喜んで大歓迎をして、何時までも此処に居てくれと頼むのです。

……朝鮮の子供達は、日本語を上手に話します。

「私も日本人よ。ね、兵隊さん。私も大きくなつて、兵隊さんになるの、そして日本の為に働くの。」なんて言ふのを聞くと、本当にうれしくなり、可愛らしくなります。

朝鮮の人達も、私共の兄弟なのです。

天子様の、可愛い丶子供なのです。

そして又、日本の軍隊にも、非常に、親切にしてくれるのです。

私共は、本当に仲よくしなければなりませんね、
第二師団が凱旋して、仙台はどんなに賑やかな事でしたらう（「満州国在間島派遣軍七四ノ十一（頭道溝守備）梅森寛彰氏より」『仙台愛国少年』八三～八四頁）。

3　第二師団の凱旋と小学生

昭和八（一九三三）年一月、第二師団の帰還に際して同師団管下の満州事変戦死者四一三名の通夜法要と慰霊祭が行われる。その凱旋にあたって、南町通りは師団長の多門二郎（一八七八～一九三四）を記念して「多門通」と改称することを仙台市会で制定決議されるほど⒂、仙台市民は熱狂的に歓迎する。

『仙台愛国少年』創刊号も「凱旋を永く記念するために、凱旋の気分を出すことにつとめた」編集方針をとり、表紙、口絵に凱旋の雰囲気をだしたという。創刊号の中心である「凱旋兵を迎へて」という各校の児童五六編の作文には、子ども達の軍隊への憧れとともに凱旋や慰霊祭などに、小学生が動員された様子も伝わってくる。

苦心の影に　木町通校　尋六（女）

一月八日此の日は、師団司令部が凱旋するといふ事で、市中は朝から大さわぎだ。私共は学校の代表として、又愛国少年団員として、此の感激新な凱旋将軍をお迎へに出た。

人！人！人！旗！旗！旗！凱旋する沿道は、将士歓迎の人でうづまつてしまつてゐた。……天地をふるはす萬歳の叫。熱誠をこめたる歓呼に嵐の中を悠然として乗りかまへ、鬼将軍と謳はれた多門師団長が、歓呼にあいさつしながら過ぎ行くやつれし英姿よ。思はず感激の涙がほろりとほゝをつたはつた。

……日本の戦国時代のやうだつた満州国も我が師団のために世界地上に一国家として立派に出来上つたのだ。かの血をもつて建設したる満州の広野。三千万民衆の間には平和が訪れたのだ。あゝ武勲永久に輝く第二師団。……（『仙台愛国少年』二〇～二一頁）

学校の生徒が動員されたというよりも、それは仙台の街をあげての全市的、否宮城県及び近隣の県市町村あげての凱旋祝いであった。

凱旋兵を迎へて　西多賀校　尋六（女）

「一月八日」は多門師団が凱旋するお喜びのため、私達は仙台までお迎へに行つた。私共が南町に行くと、各学校の生徒が、町の始から終まで、きれいにならんで居た。私の心は勇んできた。待つこと二時間、其の間飛行機がものすごい音を立てゝ、五六回飛びまはつた。……間もなく満州の野に世界にも誇る武功を立てられた師団長がしづしづとお通りになつた。……一度に萬歳がひゞいた。其の時私はほんたうに、「この兵隊さん達があのさむい満州の平野に立つて、私達のために戦つたのかな。」と思ふと、唯涙が流れる程であつた。……あゝ勇ましい第二師団……（『仙台愛国少年』二九頁）

我が第二師団の凱旋　荒町校　尋六（男）

僕等は多門通りの片側に立つて、凱旋勇士の来るのを今か〳〵と待つた。前後左右の家を見ても、人を見ても、皆凱旋気分にあふれてゐる。

何処からともなく凱旋の調、萬歳の叫び、ふと僕等のかたまりでも歌ひ始めた。僕も一しよになつて歌つた。其の中にのどがつかれて、だん〳〵元気がなくなり声もだん〳〵低くなつて、最後には聞こえなくなつてしまふ。又誰かゞ一人で歌ひ始めると、その声が四方にひろまり、ずん〳〵大きくなつて、しまひには皆それに気をとられて歌つてしまふ。……こんなことをくりかへしてゐる中に、僕も皆も、凱旋勇士を歓迎しない中につかれてしまつた。すると向ふの方から、電燈をたくさんつけた花電車が来たので、皆も僕も又少し元気になつた。

……先生は僕等の前に立たれて、一二三の号令をかけると、皆も僕も元気に歌ひ始めた。殊に鎌田君などは「荒町小学校の鎌田実此処にあり。」とでも言はんばかりに大きな声を出して歌つてゐる。勇士が僕等の前に来ると、僕等はあらんかぎりの声をはり上げて萬歳を叫んだ（『仙台愛国少年』三四〜三五頁）。

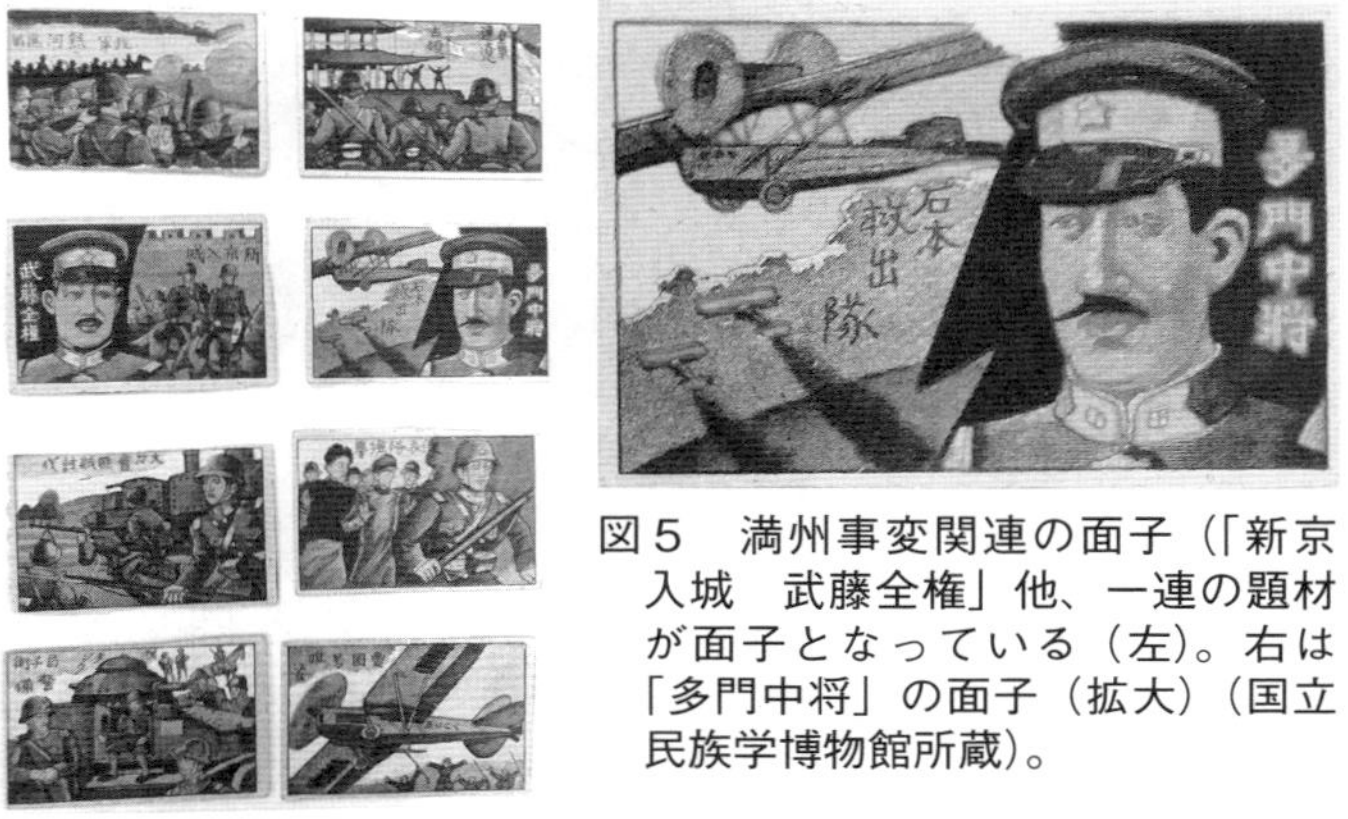

図５　満州事変関連の面子（「新京入城　武藤全権」他、一連の題材が面子となっている（左）。右は「多門中将」の面子（拡大）（国立民族学博物館所蔵）。

したがって小学生にとっても仙台市民にとっても、師団長多門二郎は憧れの人というより、神格化された存在であった（図５）。

多門師団長閣下　長町校　尋六（男）

或日先生が絵葉書を一枚持つて来られ大事さうに机に置かれた。……「此の絵葉書は多門師団長閣下から生徒に下されたのだ。」とおつしやつてお読みになつた。……毎日戦争をされ乍らも、一小学校生徒の慰問文に対して御返事を下さるとは、今世界の多門と言はれる将軍の人情のこまやかさ、今乃木将軍のやうに感ぜられた。それにしても何と幸運な人だらう、此の絵葉書を頂戴した人は、もしや僕であつたら長く家宝にしやうなど考へてゐる中に読み終へられた。終ると先生は「これは渡辺君に下されたのだ。惜しからうが、校宝とするから学校に寄付して下さい。」と言はれた。僕は夢ではないかと自分の耳を疑つた程であつた。僕は惜しかつたけれども一晩神棚に上げ、翌日先生に差し上げた。……（『仙台愛国少年』二一六〜二一七頁）

このような環境のなかで松岡達少年は、模範少年であり、東北地方の小学生の代表として学童使節に選抜されたのである。

4　学童使節松岡少年の訪満とその後

1　学童使節松岡少年の訪満

軍都仙台では、戦地に赴く時のパレードや慰霊祭、凱旋は国民に軍隊の存在意義を宣伝し、国威発揚させる絶好の機会であった。それに住民をはじめ小学生も参加することは、『仙台愛国少年』の作文にみられるように日常のことであった。

例えば、第二師団が満州に派遣される際にも、多門師団長以下の司令部職員は町の中心地で自動車から馬車に乗り換え、電車道を通り仙台駅へ向かっている。それは「沿道で見送る学生生徒、青年団、軍人会、一般市民への強烈なパフォーマンスであり、楽隊がでて曲を奏でるなど一種のお祭り気分を演出するのであった」(16)。そしてそこに毎回のように動員されたのが小学生であり、そこに参加することで彼らの幼い心に勇士の凛々しい姿が、憧れを含んだ強烈な印象として植え付けられたのであろう。

一〇月一二日から一六日の出発までにくまれた松岡少年の出発前のプログラムは、満州事変一周年の催しとして仙台では位置づけられている。一二日に松岡少年は、榴岡小学校校長三浦定吉、佐藤東京日日新聞仙台支局長とともに歩兵第四連隊・第二師団留守司令部を訪問する。その様子を『東日宮城』九月一三日は、「行つたら元気で慰めてくれ　安田留守司令官の慈愛」の見出しのもとに、次のように報じている。

「満蒙の地にあつて……武勲にその名も高き歩兵第四連隊留守隊」隊長の中村中佐は、「ヤア君が満州に行く松岡君か、満州には四連隊の兵隊さんが沢山ゐるんだからよく慰問して下さいよ」と激励した。その後第二師団司令部では副官・参謀に歓迎され、留守司令官の安田郷輔のもとに通される。安田に「多門師団長以下大勢の人達が向ふでは一生懸命に活動してゐるんだから元気で慰問して下さい」と激励されたという。さらに記念撮影の後、それぞれ多門師団長、森尻連隊長あてのメッセージを少年に託している。ここではすでに松岡少年の渡満目的は、日満親善ではなく将兵の慰問にすり替わっているのだ。

学童使節松岡少年の出発の日は、校内での送別会をすませた後、午前一一時、榴岡小学校の校旗と松岡達使節を先頭に男女児童五百名が列を組み続く。日の丸の小旗をもった「少年将軍の意気を見せて徒歩で仙台駅」に着いた松岡少年を、知事、市長、師団関係者他有力者をはじめ、市内一七小学校の代表児童五千名が迎え、駅前の広場で歓送式を行っている。小学生の代表が「皇国のために元気で行つて来て下さい」と言葉を送り、「一同天地にとゞけとばかり萬歳を叫び」式は終了する。さらにプラットフォームには市内一八の小学校代表（含榴岡小学校）児童三名づつが校旗をもって並んだという。これは仙台市教員会で協議の上決定したプログラムであった（『東日宮城』九月一六日）。

仙台駅から榴岡の第四連隊本部まで校旗を立てて行進する道は同じだ。七回も行われた慰霊祭や凱旋など軍事関係の催を何度も繰り返す内に、ある程度実施に関する手順が整備されていたのだろう。学童使節歓送迎もある意味ではそれに類似するパレードであり、仙台市民にとっては日常的に目にする光景の一つであったのかもしれない。

第3章で、学童使節に託して第二師団の将士にも絵葉書を贈りたいという宮城電鉄の希望が、五百枚だけ受け入られたことを紹介した。東北代表学童使節松岡少年だけは、満州国への子ども達への通信の絵葉書六〇〇〇枚とは別に慰問の絵葉書五〇〇枚と多門師団長等への第二師団関係者へのメッセージを携えて出発したのである。松岡少年の「訪満誌」では、次のように述べている（巻末掲載資料参照）(17)。

（九月二八日溥儀をはじめとする満州国要人の歓迎会に出席後）夜宿に帰つて見ると、なつかしい仙台四連隊の兵隊さんが二人迎へに来て下さつた。僕は故郷仙台で、知事様、市長様、その他師団や四連隊からたのまれたメッセーヂを持つて田中中佐を訪問した。

新京の夜は実に淋しい。その折中佐様から、多門師団長が僕に会ひたいとおつしやつたと伺つて、ほんとうに感激した。十時四十分宿に帰る。

翌日の学童使節の第四連隊訪問前に、松岡少年だけは、特別に連隊に招待されているのだ。仙台では日満融和というよりも満州事変で活躍した郷土兵への慰問に力がそそがれ、またそれが市民の大きな関心でもあったのである。さらに第一回慰霊祭が行われた三日後の昭和六年一〇月一五日、仙台市教員会主催で全国連合小学校教員会（全教連）の総会が仙台市公会堂で開かれている。大会では総会開催の経過報告を榴岡小学校校長三浦定吉が行うなど、三浦も全教連に積極的に関係した人物であった。三浦は松岡少年の上京にも同行し、帰国後の挨拶周りはもちろん仙台放送局による「子供の時間　学童使節東北代表歓迎会」にも松岡少年と共に出演している。

日満教育提携を基本方針とする全教連にとっても、愛国精神の高揚と挙国一致の実をあげることを目的とする仙台市愛国少年連盟にとっても、第四連隊の膝元にある榴岡小学校の優等生を学童使節に選抜することは、暗黙の了解事項であったのかもしれない。少年はまさに上沼の言う「平和の使節ではあるが　覚悟は出征軍人の意気」(一一三頁)で満州国に旅立つにふさわしい環境にあったのである。

そして帰路朝鮮で衛戍病院を訪問し戦傷兵をお見舞した少年は、より報国への思いを強くしたようだ。最後のその一節を紹介しよう。

満州の各地で　親しく兵隊さんにお目にかかつて　匪賊討伐の苦心を承り　南嶺　寛城子の血なまぐさい戦跡をたづねて　ま新しいお墓に感謝の涙を捧げて来た僕達　更に湯崗子温泉駅に　不自由な足を引きづりながら白い着物で僕達を迎へて下さつた戦傷兵の方々に　深く感謝した僕達は　今名誉の負傷をして　ここに静かに休んで居られる兵隊さんに厚くお礼を申しあげ　おなぐさめ申すことの出来たのを非常によろこびに思つた。しかしエックス光線室で　傷の写真　蜂の巣のやうにくだけてしまつた骨や　内部深く浸入して取り出せない砲弾のかけら　猛獣にかみさかれたやうな　物凄い傷口などを見せていただき　又大きな傷を受けて　ここに休んでゐる兵隊さん達におあひしたら　僕はもうたまらなくなつてしまつた。どんなにいたかつたことだらう。僕たちは実になんと云つてお見舞し　おなぐさめしてい、のか。知らず知らず頭がさがり　あつい涙が一杯にあふれた(一一〇頁)。

2　英霊となった松岡少年

松岡少年は、その後どのような人生を歩んだのだろう。随行した監督田村千世子は、松岡少年の思い出を次のように語る。

九月十七日一つ橋寮で宿つた夜　榴岡小学校の校長様や御両親に附き添はれ　ねむい眼を無理にあけて翌日の御挨拶廻りのお稽古を熱心になさつた坊ちゃんが達さんでした。大連でも新京でも奉天でも到る所の晩餐会の席上で代表となつて御挨拶なさいまして……あなたは暗い世界を明くするお月様のやうな方で　あなたを見る誰でも明くされるほんとに幸福な方です。あなたは断然「忠霊塔に納まるつもりだ」と仰つしやいましたが　私はあなた方の御成長を長く〳〵生きて眺めてゐたい気持で一杯です（二一〇頁）。

忠霊塔とは戦死者を祀った塔。国のために戦死したものの霊を称え続けることを象徴する塔である。このときすでに少年は、引率の教師にそう断言したのだ。

『宮城県教育百年史』には、少年のその後が記されている。「頭脳明断、温厚な少年であった松岡達（とおる）はその後、旧制仙台一中より海軍兵学校を卒業して太平洋戦争に従軍、昭和十八年、ラバウルの会戦で散華した」(18)。

学童使節東北代表松岡達は、望みどおり護国の英霊となり、ラバウルの海に消えたのである。明日の子ども達に世界平和の夢を託した日米人形交流の歓迎会に、おそらく小学校一年生として参加したであろう少年は、その五年後には満州事変の戦死者の慰霊祭に参列し、翌年日満親善の一翼を担う学童使節として満州へ旅立つ。やがて中学をへて海軍兵学校へと進学、軍人となり太平洋戦争に参加し、小学生六年生の頃からの望みどおり英霊となり忠霊塔に納まったのだ。

なお金沢の荒川少年は、金沢一中同窓会発行『昭和二十六年会員名簿』から当時三一歳の少年の名前が確認できた。勤務先は東京の「辻特殊塗料ＫＫ」、戦争で命を落とすことはなかったようだ。ただし同級生一八五名中死亡者は四九名、実に三割近くの同級生が亡くなっている。大正九（一九二〇）年前後に生まれた学童使節達は、敗戦時皆二五歳前後の若者であった。軍国少年松岡達をはじめ学童使節達は、まさに青年として大日本帝国の戦争を支えたのである。

第6章——『少年倶楽部』と学童使節

■軍国少年・少女誕生の背景

1 『少年倶楽部』とその時代——子ども達の共通体験

1 軍国少年の第一世代

子どもの読物への国家的な統制が始まるのは、昭和一二（一九三七）年の日中戦争後である。内務省警保局図書課に勤務し、その後検閲課・情報局第四部で少国民文化協会の設立や児童書出版の監督指導に中心的な役割を果たした佐伯郁郎（一九〇一〜一九九二）は、「少国民文化運動の前進態勢が整備された」のは、「少なくとも支那事変以後の内外情勢の変化」が「わが文化界全体に及ぼした時代的影響」だと述べている(1)。

つまり昭和一三（一九三八）年内務省警保局図書課より「児童読物改善ニ関スル指示要綱」が通達され、児童図書の国家的な統制が始まり、低俗な出版物の規制が本格化する(2)。そして昭和一六（一九四一）年皇国民練成を目的とした「日本少国民文化協会」が設立されるなど(3)、日米開戦から敗戦までの三〜四年間に、児童文化財が戦時色に染め上げられていく。その間の極端に硬直化した児童文化財（読物・玩具など）を中心とする紹介が、山中恒等により試みられてきた。その結果、主に戦時下の子どもの生活がこれまで注目されてきた(4)。

山中は、まさに一九三〇年後半から四〇年代にかけて少年期を過ごし終戦を迎えた世代である。しかし大正期に生まれ、戦間期に子ども時代を過ごし第二次世界大戦中に青年期を迎えた彼らの一世代前の子ども、つまり学童使節達の世代が主に兵士として戦場に立ち、教壇で子どもを教育した、十五年戦争の申し子といえる世代だ。彼らこそ硬直化した軍国教育が本格化する以前に、満州事変により排外熱が高まるなかで学校教育をうけ、満州で活躍する兵隊の姿に心を躍らせた子ども達であった。さらに最盛期の『少年倶楽部』を直接愛読した子ども達でもあった。

2 大衆雑誌『少年倶楽部』

① 昭和初期の人気の月刊誌

大正期は児童雑誌の創刊が相次いだ時代である。児童文学史では、大正七(一九一八)年創刊の鈴木三重吉が主宰する『赤い鳥』に代表される良心的な雑誌は冬の時代をむかえ(5)、昭和初期は大衆通俗的な少年少女小説が児童読物の世界を制覇するとされる。それは大正九(一九二〇)年には就学率が九九%をこえ、義務教育が普及し、文字をまったく読めない人がほとんどいなくなったことも関係しているであろう。児童文学の世界でも大衆・通俗化が始まり、一冊の古雑誌が何年も子ども達の間で回し読みされるが、その中心が大日本雄弁会講談社(現・講談社)の『少年倶楽部』であった。

『少年倶楽部』は少年を対象とした月刊誌で、第二次世界大戦後の昭和二一(一九四六)年に『少年クラブ』と改名して昭和三七(一九六二)年まで合計六一一冊刊行された。当時は『少年世界』(博文館、明治二八年創刊)、『少年』(時事新報社、明治三九年創刊)、『日本少年』(実業之日本社、明治三九年創刊)などが相次いで刊行されており、二万から二万五千部程の発行にすぎない『少年倶楽部』は、『日本少年』の二〇万部の前では弱小な存在であった。しかし関東大震災後の大正一三(一九二四)年、一二万部から三〇万部へと躍進する。一時『キング』(大正一四年創刊)(6)と『幼年倶楽部』(大正一五年創刊)に、頭と足をさらわれる形になるが、昭和に入り本格的な激増期を迎える。

昭和四（一九二九）年五〇万部、五（一九三〇）年六三万部、六年六七万部、八（一九三三）年には七〇万部へと大きく部数を伸ばし、昭和初期の少年達に圧倒的な支持を受け、戦前の子ども達に大きな影響力をもったのである。

② **読者層と編集方針**――『少年倶楽部』の読者層は、尋常小学校四、五年から高等小学校全部、中学一、二年、もしくは三年までを想定していた。確かに、昭和七年の投書欄「誌友クラブ」には、小学校四、五年、つまり一〇歳前後に『幼年倶楽部』から『少年倶楽部』にうつる子どもが多いことを傍証する投書がみられる。

僕は幼年倶楽部を永く愛読して居りましたが、もう十一歳になりましたので、この正月から少年倶楽部の愛読者にかはりました、お蔭様で五年の今日まで、成績は一番をつづけてきました。（東京府中村謙一）（『少年倶楽部』第一九巻七号、三四三頁。以下、『少年倶楽部』の引用は巻号数と頁数のみを記す。）

僕は二年生から続けて幼倶（幼年倶楽部）を読んでいましたが、四年生になりましてから少倶（少年倶楽部）につりました。（鹿児島県久保田利男）（第一九巻九号、三五六頁）

また読者は少年にかぎらず女子もいたらしく、次のような投書もある。

私は女でございますけれども……ずつと前から少年倶楽部と少女倶楽部の愛読者でございます。少年倶楽部はずつと前の尋常五年の時から取りはじめて今女学校ですけれども愛読者でございます。私の組でも二三人少年倶楽部の愛読者がございます。……（東京府兼原琴子）（第一九巻九号、三五二頁）

また昭和二（一九二七）年から昭和一七（一九四二）年までの総数一四八一件の投書を分析した岩橋郁郎も、投書者の年齢がわかるのは六九件と多くはないが、大体の傾向として一〇歳から一四、五歳の層が『少年倶楽部』の中心であったと推測している(7)。

大正の末から昭和一〇年頃の代表的な作品が、吉川英治「神州天馬俠」(大正一四年五月~昭和三年一二月)、佐藤紅緑「ああ玉杯に花うけて」(昭和二年五月~昭和三年四月)、佐々木邦「苦心の学友」(昭和二年一〇月~昭和四年一二月)、大仏次郎「鞍馬天狗・角兵衛獅子」(昭和二年三月~昭和三年五月)、佐藤紅緑「少年連盟」(昭和六年八月~昭和七年六月)、佐々木邦「村の少年団」(昭和五年四月~昭和七年五月)であった。

その編集方針は講談社の「面白くて為になる」の少年版であり、学校でできない精神教育、つまり友情や勇気、正直など精神的な徳育に力を尽し、〝偉大なる人〟になるのだという意気と気魄を少年の心に焼き付ける雑誌にすることであった(8)。そのためには「親が押しつけてむりに読ませようとするものではなくて、児童たちが進んで愉快に読もうとするような雑誌であること。それにはまず何よりおもしろくなくてはならない。おもしろく読むうちに知らず知らずにある種の教育を受ける、利益を受ける」、そういう雑誌をめざして力をつくした(9)、と昭和七年七月から編集部にいた松下嘉行は語る。

これは戦後の「座談会『少年倶楽部』の思い出」という席上で、「少年倶楽部が著者に語りかける理想とは」と質問された時の松下の発言である。但し編集している側にとっても、なぜあれほど少年達に影響を与えたか、よくわからないとも語っている(10)。

3 『少年倶楽部』の再評価

ところが圧倒的な読者をもちながら『少年倶楽部』に掲載された少年小説は、児童文学史上の業績としてはほとんど無視されていた。このような現状に意義を唱えたのが、かつての愛読者の立場から『少年倶楽部』を再評価した佐藤忠男「少年の理想主義」(『思想の科学』一九五九年三月初出)であった(11)。

彼は軍国少年であった自分達はなぜ生まれたのか、という問題意識から出発する。良書とされる小川未明や坪田穣治の作品には、退屈以外の何ものも感じることができなかった。大正末年から日中戦争の頃にかけて、少年時代を過ごし、ある程度読書欲が盛んだった主に都市部の子ども達は、程度の差こそあれ『少年倶楽部』の小説や漫画に泣き、笑い、そして血わき肉おどる思いをした。したがって『少年倶楽部』が自分達の世代の人間形成にまったく無意味な雑誌だった、といわれると戸惑いを覚える。なぜならこの時代に少年期を過ごした文学者や文芸評論家、ジャーナリストのほとんどといっていいほどの多数が、熱心な『少年倶楽部』の読者であったからだ。

例えば、奥野健男（一九二六〜一九九七）は、『少年倶楽部』の廃刊（『北海道新聞』一九六二年一二月二日初出）について、次のように述べている。

図１　『少年倶楽部』表紙（第19巻4号、1932年）

講談社の成人向き文化は、インテリや中流、上流家庭にははいらなかったが、講談社少年文化は、インテリや中、上流家庭の子女に見事に浸透した。「幼年倶楽部」「少年倶楽部」「少女倶楽部」の三大雑誌は……昭和十年頃の、都会のあらゆる子供を完全に征服した。……（このようなものを読まないで勉強しろという）教師や父母に反抗して、ぼくら子供がやむにやまれぬ欲求に従って、下から突き上げ、自主的に買わせて読んだのだ。……三島由紀夫（一九二五〜一九七〇）、阿部公房（一九二四〜一九九三）、三浦朱門（一九二六〜）、井上光晴（一九二六〜一九九二）、北杜夫（一九二七〜二〇一一）など、同じ世代の文学者が集まり、その頃の『少年倶楽部』や講談社の単行本の話になると、つい夜を徹してしゃべってしまうくらい、みんな夢中になる。それは幼い頃の郷愁などというものではない。現在の自分を内的に決定した大きな要因として、その本質を人に語り、検討せずにはいられないという異様な気さえただようのだ(12)。

子ども達は親や教師に強制されて読んだのではない。みずから進んで『少年倶楽部』を愛読し、その記事や附録・小説に心を踊らされたのである。確かに佐藤が指摘するように、『少年倶楽部』からの感化は、子ども達が「進んで熱心に読みふけった以上、単に外側からの影響と言い捨てるだけでは問題は片づかない。私たち自身の内部の問題として検討してみることが必要だ」ろう(13)。

ただし大正九（一九一九）年前後に生まれ、昭和五～九年頃『少年倶楽部』の熱心な読者であった日本学童使節と、昭和五（一九三〇）年生まれの佐藤の体験は、一世代隔たっている。奥野や三島はその中間に属するが、彼らは世代を越えて、作家・作品等を含めてほぼ同じ読書経験をもっている。しかも佐藤達が一〇代の頃には、前述のように児童読物の内務省の統制が始まり、もはや『少年倶楽部』は魅力的な雑誌ではなかったはずだ。

では彼らが共通体験をもつのはなぜか。それは当時雑誌は貴重であり、捨てるということがあまりなく「ほとんどバックナンバーをそろえていたので、新刊の雑誌に目を通す以上に、旧号を通読する機会が多」かったからだ。昭和三（一九二八）年生まれの尾崎秀樹は、昭和七、八年頃までさかのぼって作品を読んだと回想する。昭和六年奉天生まれの織田久は、昭和一七年国民小学校二年生の時に内地から転校してきた同級生から譲り受け山中峯太郎『亜細亜の曙』を読み感動し、昭和七年生まれの山本明は平田晋策『昭和遊撃隊』を昭和一六年秋に読む機会があった、また昭和一〇年生まれの牛島秀彦も同様の体験を綴っている(14)。つまり『少年倶楽部』やそこに連載され単行本になった作品は、戦前の子ども達の共通体験であり、なかでも彼らを魅了したのが、戦時統制が始まる前の『少年倶楽部』であった。

しかし戦間期と戦時体制下の生活には明らかな違いがある。そして第3章で紹介したように、学童使節の満州国への認識には、『少年倶楽部』からの影響が見受けられる。そこで一九三〇年代前半の『少年倶楽部』から直接影響を受けたいわば第一世代である学童使節との関係、及びその社会的背景を見てみたい。

2　学童使節と一九三〇年代の『少年倶楽部』

1　『少年倶楽部』の付録

①　御真影と学校

安丸良夫は、いわゆる十五年戦争期の時代経験をふまえて天皇制とその時代構造を観察すると、「極端な非合理性や全体主義は明治初年の神道国家主義や昭和の超国家主義などに顕著なもので文明開化期から一九二〇年代までの歴史」(15)と同じではないと指摘する。それは昭和六（一九三一）年の満州事変前後まである程度あてはまることだろう。

例えば、天皇制教育の象徴ともいえる「御真影」の扱いをみてみよう。いうまでもなく「御真影」は、宮内省から各学校に貸与され、奉安殿に教育勅語とともに保管された天皇の写真だ。丸山真男が関東大震災の時に、御真影を守るために殉職した小学校教員に驚く外国人の姿をとおして、臣民の無限責任と国体精神の無限浸透を読みとろうとしたことはよく知られている(16)。ところが意外にも、明治初期、御真影の下付の対象として学校は重視されていなかった。

教育勅語が正規の制度として認められた学校すべてに強制的に交付されたのに対して、御真影は申請校に下付されるのが原則(17)であった。大正七（一九一八）年、ほとんどすべての学校に御真影の下付申請資格が授与されて、文部省が「拝戴」を促しても、管理などで重荷を背負うことを嫌った学校は消極的であった。しかし昭和一〇（一九三五）年を境に、文部省による御真影の管理方法の統一化がはかられ、神社様式奉安殿による管理の奨励と「行政指導」による各学校へ強制下付が実施され、各道府県・各学校レベルでも、それを受け入れる状況になる。昭和一二（一九三七）年頃までには、御真影の神格化は完成し、拝礼の対象となり、各地に神社様式奉安殿が普及し、児童生徒が登下校時にそれに向かい最敬礼するまでになる(18)。

言葉をかえて言えば、本書が対象とする一九三〇年代前半、すなわち昭和五年から九年頃は、まだ御真影は極端に神格化される前段階であった。それは昭和五年『少年倶楽部』創刊二〇〇号記念号の付録が、「両陛下の御尊影（御写真）」であったことからもわかる。

② **付録「御真影」の不人気**――同誌一九九号の記念号への「御あいさつ」は、「どんな計画がこの二百号のお祝ひにふさはしいか、何を記念品として五月号に添へたら皆さんが喜んで呉れるか。」「私達の一生懸命な気持があなたにもよくわかる」、その気持ちこそが「両陛下の御尊影」である、という。

仰ぐも神々しい両陛下の御写真を少年倶楽部二百号の記念として、謹んでお添へする事にいたしました。申すも畏い事でございますが、

両陛下の御写真は、御気高さをそのまゝに仰ぎ奉る為め、特に精巧な印刷法に依り、赤・青・黄・紫・黒・其の他数色を配しましたので、御正装の神々しさ御美しさは、実に筆紙に尽し難いところでございます。

之を厳重な畳紙にをさめ奉り、五月号に洩れなくお添へ致します。之ぞ誠に家の宝、国の宝、大切の上にも大切に拝し、忠君愛国の大精神を愈々磨かうではありませんか。

実に少年倶楽部の愛読者だけが、この尊い記念品を拝む事が出来るのです。あ、光栄に輝く二百号よ（第一七巻第四号）。

当時の編集長である加藤謙一の回想によれば、この企画は三月号の付録である乃木大将直筆の教育勅語が予想外に評判だったので、勅語の上をいく御真影なら、という発想から始まった。例年五月号は新学期直後で、売り上げが低

迷する。このジンクスを克服したいという思いがあったようだ。

そこで「宮内省の特別なお貸し下げによる謹製の複写を贈」ることに決め、当時カラー写真がなく、一点でも間違うと不敬になるので宮内省に出かけて細かに教えてもらい色をつけた。しかし結果は売り上げが七割台に転落するという不人気だった。「もったいないばかりでおもしろ味がないから、子どもが飛びつ」(19)かなかったのだと、加藤は分析している。

しかし別の見方をすれば、昭和五年、つまり一九三〇年代の初頭は少年雑誌の付録に御真影が使われるほど、まだ天皇の神格化は浸透していなかったのである(20)。そして同誌の最盛期をほこった昭和初期の読者(大正期・一九二〇年代生まれ)が定年をむかえる昭和五〇年代に、昭和五年から八年までの『少年倶楽部』が復刻されている。

……当時はテレビはもちろん、ラジオでさえ今日のように普及しておらなかったので、そのころの子ども達にとって、毎月の雑誌だけがただ一つの楽しみであり、友だちとも先生とも親しまれたものであります。したがって、この雑誌が当時の少年達の人間形成の上にあたえた影響はいちじるしく、そのことが戦後になって研究検討の対象とされ、各方面からこれまでにない注目をあびることになりました。……(復刻にあたり)どの年度を対象とすべきか、これもいろいろに考えた結果、もっとも多数の少年達に影響をあたえたといわれる最盛期の昭和五年六年七年あたりが適当の時期として選ばれることになりました(『少年倶楽部復刻愛蔵版刊行のごあいさつ』)。

つまり彼らの郷愁を誘い一種のブームを再燃させた時期は、満州事変後の一九三〇年初頭であり、その時代こそが同誌の黄金期であったのだ。

2　子ども達の満州国

①　満州国からの呼びかけ――繰り返すが『日本学童使節満州国訪問記』は、日本学童使節の監督・引率者上沼久之丞編の二六五頁にわたる手書きの謄写版印刷の私家版である。帰国後の昭和八年九月満州事変二周年に発行されたが、使節達の分担執筆による行程と各自の感想文も掲載されている。教師の指導が入っているとおもわれるが、表向きとはいえ子ども達一人ひとりの心情が記されている。そこで学童使節の作文と当時の『少年倶楽部』の内容と対比させながら、その影響を探ってみよう。

同書によれば、学童使節達は、神戸港では日満両国旗が振られる歓喜のなか、小学校校歌、大阪市歌とともに「(爆弾)三勇士」の歌で送られ（五五頁。以下、同書からの引用は頁数のみ記す）、船中の学芸会では爆弾三勇士の劇を披露する（五九頁）など、彼らは創作された軍国美談を大人とともに共有する大衆社会の一員であった。出発にあたり北陸代表荒川宏は「日満親善学童使節の一人として重大使命がこの僕に与へられた時　言ひ知れぬ嬉しさと非常な興奮と或る不安に包まれ」「我が国八百万学童中より選ばれての此の名誉は僕には全く余りにも重いもの」であり、金沢駅を埋めるばかりの人々の激励に接して「如何に僕の使命が重大である」のかを考えた（一八二～一八三頁）、と喜びを語っている。そして帰国後に、大阪代表三好忠幸は、学童使節の一人として「満州各地を歴訪し……及ばずながら日満親善の使命の一端を果すことができました」（一七九頁）と記している。

そして満州国を訪問した学童使節達は、まるで『少年倶楽部』からのメッセージに呼応するかのような言動を繰り返している（第3章参照）。

満州国の建国が宣言された直後、昭和七年四月一日発行の『少年倶楽部』「愛国特大号」には、見開き二頁に溥儀の写真とともに「満蒙の新国家　大満州国生る」が掲載されている。

今まで、世界地図になかつた国が、こんど、新しく生まれ出ました。満州国と蒙古の一部が、支那本国と縁をきつて、すつかり独立したのです。（どうしてこの国ができたのかは）もと、奉天にゐて、満州を治めてゐた張学良は、わけなくして外国人をいぢめたり、良民の商売を邪魔したりしてゐましたが、満州事変を起して、日本軍と衝突したため、さんざんに破られて満州にゐられなくなり、遂に、支那本国に逃げ込んでしまひました。張学良は、いつも、重い税金をとりたてて、悪い政治ばかりしてゐたので満州の人々は非常に喜んで「これを機会に、満州を世界で一番楽しい平和な国にしようではないか」といふことになりました。……こんど国家をつくた人達は、真に人民のためを思ふ偉い人達ばかりですから、わけなくして外国人を追ひ出したり、苦しめたりするやうな無謀なことは致しません。「新国家を立派に育て、繁栄させて行くには、どうしても、日本人と手に手をとり、互に力をあはせてやつてゆかねば駄目だ。日本の皆様、どうぞ、私達のこの大事業を助けて下さい」と熱心に叫んでゐます……（第一九巻四号、一〇二～一〇三頁）

そしていろいろな物産に恵まれている満蒙は、まさに日本人の活躍すべき舞台だ、と結んでいる。さら翌月号には「内地の少年諸君へ　満州の小学生から」の手紙を掲載し、子どもの側から満州国の現状を訴えるのである。

満州には、日本人の小学校が五十七もあつて、私達小学生は三万三千人居ります。馬賊が出ても、兵隊さんや巡査さんのおかげで一日も休まず勉強してゐます。一方満州に住む支那人は、約二千八百万人もあるのに、小学校へ行つてお勉強をしてゐる子供さんは、たつた八十万で、二・八パーセントです。幾百万人かの子供さんが学校へ行けないあはれさです（「満州の小学生　尋六　飯田芳枝」）（第一九巻五号、二四〇頁）。

自動車や自転車などのひじやうにすくない満州では、馬車が一番の、たつた一つののりものです。だから馬は日本より少し多くゐるやうです。……馬賊も百、二百と組みを作つて馬にのつておしよせてきますが、めちやくちやにやつゝけられてゐます。今にだんだんなくなるでせう（「馬　尋四　永松　堀口」）（第一九巻五号、二四一頁）。

これに答えるかのように中国代表小島君子は、『日本学童使節満州国訪問記』のなかで「幾年か後には　立派な満州国を造ることが出来るだろう……満州国の皆さん　どうかしつかりやつて下さい。色々の難儀もあるでせうが　そんな事には負けてはいけません。日本の私達も出来るだけのお手伝いを致します」（一八八頁）と記す。彼女の胸には、日満の一体感が刻まれているのだ。

②　少年少女の使命感――満州国を日本が守り育てるという使命感は、当時広く世間に定着していた認識なのだろう。その理由は満州の土地にある、と軍事評論家平田晋策は、少年達に呼びかける。「（満州の土には）日本の兵隊さんの、赤い赤い血がしみこんでゐるのです。日本はこの大陸に、本当に平和な楽しい国が出来上るまでは、どこまでも旭日の軍旗をひるがへして、この広野の国を守らねばなりません」と。満州国は、日清日露戦争などの日本人の犠牲の上に成り立った国である。しかし中国の軍隊が影から賊軍を操り、ロシア（ソ連）がその新しい国家満州国をねらっているなど、「まだまだ暗雲は消え」ない。だからこそ十年後に帝国軍人になる諸君こそ満州国を守る人だ、という自覚を平田は促すのだ（「風雲暗し十年後の満州」『少年倶楽部』第一九巻七号、一四七～一四九頁）。

それを受けるかのように学童使節東京代表師岡康子は、今まで土台を築いてくれた人々の志を無にしないで、「我が国の生命線満州を死守し我得し権益を擁護し」「東洋平和の為に　又白色人種の圧迫に対抗するために　神国日本平和の天地大満州国が相互にしつかりと手を取つて友国支那を助け……東洋人類平和の為に新満州国を援助して」「一大楽園地の建設を　声たかだかに歌う」（一九四頁）と記している。

そして横浜代表小笠原秀子は、次のようにいう。

（満州に日本学童八百万の代表として決まった時は）何んだか恐しいやうな気持がしてなりませんでした。然し私も日本の少女です。……彼の地へ行つて出来るだけ日満親善の為に尽さうと　堅い決心を致しました。……満州国に参りましてからは　到る所で非常な歓迎を受け　新京では執政閣下に拝謁を許され「御苦労であつた東洋平和の為につくせよ」と有難い御言葉を頂戴し　握手さへ賜はつた時には　全く感泣いたしました。そして此の記念すべき小さい手で満州国の少年少女の方々と堅く堅く握手をして　いつまでもいつまでも東洋平和の為に　一身を捧げて尽さねばならぬと思ひました（一八一頁）。

このように学童使節達が抱く義務感・使命感は、基本的に少年も少女も同じであった。

3　『少女倶楽部』――日本の少女としての自覚

『少女倶楽部』昭和七年新年号は、全国で最も早い時期に「祖国のために身を捧げてゐる満州軍」の慰問団を派遣した日出高等女学校の使節の手記「満州軍慰問に使ひして」を掲載している。一行は校長、教諭と五年生の生徒総代二名（根岸順子・澤道子、ともに一七歳）である。昭和六年一〇月二八日東京出発、旅順・北大営の戦跡・奉天・長春等を経て、一一月一〇日帰京する。主に傷兵の慰問を目的としていたが、その作文は国家への奉仕の心に満ちている。

（旅順は）日本が国運を賭して戦つた明治三十七八年の役、その戦争中でも、最も激戦苦闘を重ね、幾萬の生霊が、護国の鬼と化したところでした。旅順の十月の寒さに、日本の少女は、いたづらに震へ驚いてゐてい丶のでせうか！

……「私たちだつて、いざとなれば、銃を肩に……《ママ》」とさういふお友達の一人は、射つ手真似をしてみせたりしました。「私だつて」「私だつて――」まつたく私たちは、いゝ加減な気持ちで話し合つてゐたのではありません。私たちは、いつしか慰問に来ただけではなく、私たちがしてもいゝ仕事があつたらどんなことでもしたといふ気持ちになつてゐました。

……兵士たちはこの寒さに襲れながら、戦場を走駆し、国家のため同胞のため、わが身を捨てて戦つてゐるのです。「ジツとしてはゐられない。本当に、ジツとしてはゐられない！」私たちは、帰路の汽車の中で叫んだ言葉を、東京へ帰りついた今日でも、今尚叫びつゞけてゐます（『少女倶楽部』第一〇巻一号、一五二～一五五頁）。

手記の文末で編集部は、読者に満州への慰問の手紙を書き『少女倶楽部』宛に届けるよう呼びかけている。当時は満州事変から満州国建国までの、日本国内の排外熱が最高潮に達していた時期である。例えば、東京のバスの車掌である八名の女性が陸相に血判した看護婦志願書をだしたり、女工が看護婦志願を断られると参謀本部に座り込むなど、慰問や献金だけではおさまらず、女性があいついで看護婦などとして満州への従軍を志願したという(21)。『少女倶楽部』昭和八年新年号は、陸軍大臣荒木貞夫が「満州事変と日本の少女」と題して、次のように述べている。

（満州事変・上海事変の活躍は）日本の軍人達が、尊い、聖い、正しい使命をどこまでも果さねばならぬといふ心持が、胸に一ぱいみなぎりあふれてゐた為であります。それに又、大人も子供も、年寄も、若いものも、みなみな一体となつて、出先の軍隊を援けたことも、大きな力添となつてゐるのであります。

中にも、出先の軍人が、心から感じいつたことは、あなた方、少年少女の皆さまの真心のこもつた慰めや励ましの言葉でありました。

（学校の生徒ばかりか、女中、女工など各方面の少女々から）血書をしたり、血判をおしたりして、看護婦になりと、雑役婦になりと、この際、何でもよいから働かせてくれ、このお国の大事変に臨んで、じつとしてはゐられないと、すばらしい意気ごみを見せて下さつたことは、私どもの深く感激するところであります。……実際、国民に、今お話したやうな燃えるやうな熱のこもつた真心があつてこそ、始めて、軍人も、正しいことの為に、うんと踏んばらうといふ強い〳〵信念が生まれてくるのです。
日本少女の皆さま！どうぞこれから後も、自分達も日本といふお国を背負つて立つてゐるのだといふ大きな考をもつて、立派な心がけを養つて下さい（『少女倶楽部』第一一巻一号、七六〜七七頁）。

つまり陸軍大臣が満州事変への女性達の協力に対して、『少女倶楽部』をとおして少女達へも感謝の言葉を贈ったのである。

満州国を日本が守り育て、アジア人のためのアジアを建設することが東洋平和、そして世界平和につながるという意識は、『少年倶楽部』『少女倶楽部』も、基本構造はかわらない。そして学童使節をはじめとする少年・少女の間にも共通している。ただしここには満州国が独立した国家であるという意識は低い。日満親善も仲良く東洋平和を築くという感覚ではなく、あくまで主人は日本人であった。そしてこのようなイデオロギーをわかりやすく、そしてより広く不特定多数の少年少女に発信していたのが『少年倶楽部』『少女倶楽部』であり、なかでも圧倒的な人気を博したのが、山中峯太郎や平田晋策の小説や記事であった。

3　軍事愛国小説と子ども

1　『少年倶楽部』の人気作家・山中峯太郎

①　軍事愛国小説家――山中恒、山本明は、「少年軍事愛国小説」という言葉を用いて、十五年戦争期に日本が正

義の国であることを強調し、アジア諸国、特に中国を思い通りにすることが世界平和であることを繰り返し強調した小説の子どもへの影響力の大きさを論じている。その魅力を⑴軍事科学の知識、⑵通俗科学の知識、⑶挿絵の魅力、⑷文章表現、⑸暗号、⑹宇宙への関心、⑺地図への関心、⑻現実性、⑼異性への関心の九点にまとめ、その代表的な作品として、昭和五年山中峯太郎『敵中横断三百里』から昭和一〇年までの山中、平田晋策の二人の作品をあげている(22)。その他に南洋一郎、海野十三という人気作家もいるが、彼等の活躍は主に昭和一一年以降であり、使節達は彼らを知らない。一九三〇年代前半、つまり昭和五年から九年にかけて学童使節達の世代が親しんだ少年軍事愛国小説は、山中と平田の二人につきるのである。

少年軍事愛国小説の定義は必ずしも明確ではないが、ここでは「戦争に関する内容を描き愛国精神を高揚するような少年向けの小説」と定義しておきたい。これを児童文学研究者の上笙一郎は、ナショナリズム児童文学と称している。丸山真男は、ナショナリズムに不可欠の構成要素として、⑴国民的伝統、⑵国民的利益、⑶国民的使命をあげ、三つが合成されて国民的個性観念（national character）が打ち出される(23)、という。それを児童文学史にあてはめれば、日清戦争後の明治三三（一九〇〇）年押川春浪『海底軍艦』に思想的な完成をみることができる。同作品には欧米列強から解放されたアジア人のアジアをつくるという使命感が表現されているからだ。

しかしそこには「自分の主体的な判断と意思で何ごとかを計画し、自分の主体的な責任において行動をする」ことはみられない。したがって『海底軍艦』は思想的な完成であっても、文学そのものの完成ではない。大正期の不振期を経てナショナリズム児童文学が再び盛んになるのは満州事変から日中戦争、太平洋戦争へと進んでいく状況下だが、その役割を担った雑誌こそ『少年倶楽部』であり、同誌を舞台として登場する作家達の作品だ。なかでもさまざまな意味でもすぐれており、典型的なのが山中峯太郎で、彼こそがナショナリズム児童文学の完成者だ、と上は評価している(24)。

山中峯太郎（一八八五〜一九六六）は陸軍幼年学校、同士官学校、陸軍大学中退の元エリート軍人、中国革命の裏面工作にも参加した人物で、『少年倶楽部』最大の人気作家の一人でもあった。その代表的な作品が「敵中横断三百里」（昭和五年四月～九月）であり（図２）、「亜細亜の曙」（昭和六年一月～昭和七年七月）、「大東の鉄人」（昭和七年八月～昭和八年一二月）であった（図３）。昭和六年～八年の『少年倶楽部』に連載された後者二作品の人気キャラクターが軍事探偵、つまりスパイである本郷義昭だ。彼を主人公とする作品が連載され、当時の読書好きの少年なら本郷義昭の名前を知らない人はほとんどいないといわれるほど、圧倒的な人気を博していた。

学童使節達が血わき肉おどる思いをさせた流行作家の代表こそが山中峯太郎であり、その人気は次の世代の山中恒や佐藤忠男にも及んでいたのである。

図２　『敵中横断三百里』表紙（大日本雄弁会講談社、1931年）

図３　『大東の鉄人』表紙（大日本雄弁会講談社、1934年）

② **愛国心の喚起**――満州事変に先立つ昭和五年四月号から『少年倶楽部』に連載され、単行本にもなった『敵中横断三百里』は、日露戦争の時に決死の覚悟でロシア軍の敵情視察に赴き大きな成果をあげた建川美次（一八八〇～一九四五）以下六名の日本軍人を描いた実録小説だ。同書はそのうちの一人豊吉新三郎軍曹からの聞き書きをもとにまとめたもので、絶大な人気を博した。昭和五（一九三〇）年四月号の連載第一回目の終わりには、

山中先生も記者も、老勇士の口からぢかに聞くこの敵中横断の大冒険苦心に、魂を奪はれてしまひました。「……僕は全力をあげて、この面白さを少年諸君に伝へなくてはならぬ」……これで全くこの読物は無類のものになりました。あなたが日本人である限り、熟読

図４　『少年倶楽部』（第17巻4号、1930年）連載第１回目

　せずにゐられないことを断言しておきます（一七巻四号、一二六頁）。

と、その感激が記されている（図４）。

　昭和六（一九三一）年三月、同書は短編を加えて発行される。『少年倶楽部』（一八巻四号、一二〇頁）は、「（連載中の）『亜細亜の曙』を熱狂して読んでゐる諸君なら、この『敵中横断三百里』は是非読まなければならぬ本です」として、両面印刷のA４版の差込広告で詳細を伝えている。その一節には「諸君は日本人です。ゼヒこの名著を読んでいよいよ精神を鍛へ、忠勇の国民になつてください」と赤字で綴られている。そして『少女倶楽部』（一〇巻一号、一五一頁）も「之を読んで奮ひ起たない人はありません。日本の少年少女で之を読まなかつたら恥です」とまで煽り立てている。

　『少年倶楽部』昭和八年九月号に掲載された「山中峯太郎先生の三大名著」という広告には、『敵中横断三百里』一四六版、昭和七年九月発行の『亜細亜の曙』もたちまち三一版と記されているように、確かに両書はすごい売れゆきであった。

　　その名を聞いただけでも読まずにゐられない山中先生の名著、出る度ごとに全国少年の人気を湧き立たせて、もう三冊にもなりました。なぜこんなに評判か。考へるまでもなく、それは、どこを読んでも、堪らなく痛快で面白い上に、どんな宝玉にも優る、立派な日本人を作る尊い感激が、満ちあふれてゐるからです（第二〇巻九号、二九四〜二九五頁)。

つまりこれらの小説は「忠勇なる国民」「立派な日本人」という語が踊るように、少年少女の愛国精神に火をつけるものであった。

③　**昭和七年頃の少年軍事愛国小説**——山中恒、山本明は、日本にあったような「少年軍事愛国小説」はアメリカやイギリスにはなかったようで、それらは「軍事的であっても、愛国小説」ではなかったと述べている(25)。これに対して伊藤公雄は、ナショナリズムという点では西欧の少年小説の方が愛国的であり、必ずしも山中、山本の指摘はあたらないが、「軍事や民族をみる、少年主人公たちの視点」には明らかな差がある、とする。日本の軍事愛国小説は「武力を後楯とする白人帝国主義に対する有色人種の団結が説かれ」る。そして「大日本帝国の外交政策、敵のイデオロギーへの視点が語られ」「少年主人公たちはしばしば、国際情勢をにらみつつ天下国家を論じ」(26)るのだ。

例えば、山中のもう一つの代表作『亜細亜の曙』(大日本雄弁会講談社、昭和七年)は、次のような前書きから始まっている。

日本!!!亜細亜の日本を、世界は恐れてゐる。中にも、欧米諸国が恐れてゐる。平和を愛し正義の国である日本を、何故恐れるのか?強いからだ。負けないからだ。戦へば勝つ日本が、正義の剣をもつて、亜細亜を護つてゐるからだ。こゝに、亜細亜へ勢力を伸ばすためには、強国日本を、一挙に征服しなければならぬ。日本征服!この大陰謀を計つて〇国が、南洋の奥地に立てた極秘の『巌窟城』——世界無比の兵器を製造する絶大の巌窟城である。……(第一九巻四号、一〇六頁)

そこでは日本の強さと正義の国であることが強調される。さらに『少女倶楽部』に連載された美少女美佐子を主人公にした少女向けの「萬国の王城」（昭和六年六月～昭和七年一二月）も同様である。冒頭の「この本には、何が書いてあるか」は言う。

『萬国の王城』に大蒙古の独立を計る青年と少女が、東京から蒙古へかけての秘密活躍と、祖国愛に燃ゆる熱情と冒険の数々を、この本に書いたのである。
満州国は独立した。満州国を見る我等の眼は、次に蒙古を見つめねばならぬ。眼を亜細亜大陸に放て！殊に少年少女諸君の責任は、将来にかけて、いよいよ大きく重くなる。純なる日本精神に育てられ、気分を剛く大きく健かに、大陸的に養ふことが、諸君の行く道でなければならぬ。『萬国の王城』は、このために書いた（『萬国の王城』大日本雄弁会講談社、昭和八年、三頁）。

そして山中とともに少年達を興奮させたのが、平田晋策の軍事評論と小説であった。

2　軍事評論家平田晋策

①　軍事解説書『われ等若し戦はば』

――軍事評論家平田晋策は、昭和七年五月号の『少年倶楽部』帝国海軍号（第一九巻五号）に日米対戦を想定した「日本もし戦はば」を掲載した後、次々と同誌に軍事的な読みものを寄稿し、翌年八月『われ等若し戦はば』（大日本雄弁会講談社）を出版すると大評判になった。

英文学者佐伯彰一（一九二二～二〇一六）は、一九三四年一二歳で北陸の山間部から富山市の旧制高校の尋常科、つまり中等部に入学したというから、ほぼ学童使節達と同世代である。彼は中学に入学するにあたり小学校時代の愛読書数冊を携えて故郷をでるが、そこに平田晋策『われ等若し戦はば』があった。

「ほかの四冊には、中学の学科にも役立つという下心が働いていたかも知れず」「十二歳のぼくにとって純粋に無償の愛読書」は、『われ等若し戦はば』だった。「はじめてのひとり暮らしの下宿の部屋で、さびしくなると、ぼくはこの本の書出しのあたりを、何度も声をあげて読み上げたことを思い出す。……十二歳の少年の蒙った、情緒的、認識的な衝撃は、さまざまな微妙な形で、長く尾をひいているらしいのだ」(27)と佐伯は回想する。

例えば、次の一文は『われ等若し戦はば』の冒頭「戦ひたくはないが　日本は極東の平和を守らねばならぬ」である。

　これから、日本が外国から攻められた時の、戦争の予想を書く。しかし敬愛する諸君よ、僕は決して戦争を扇動するものではないのだ。戦争は最後の血路である。出来るならどこまでも避けたい。日本の武士道は、むやみに人を斬ることを禁じてゐる。避けても避けても、避けきれぬ時に、武士ははじめて三尺の秋水に手をかけるのだ。

　……僕は心から世界の平和、ことに極東と太平洋の平和を祈つてゐるのだ。いや、僕だけではない。日本人はたれもみな、真剣に、平和を愛してゐるのだ。たゞその平和は、不名誉な、女々しい、力のない平和ではない。名誉ある、男らしい平和だ。日本は太平洋上の偉大な独立国である。だからわが海軍は、独立国としての神聖な使命をはたすために、西太平洋の波を守つてゐるのだ。

帝国は、極東大陸に、しつかりと足をふみしめた大国家である。だからわが陸軍は、陛下の軍旗をさゝげて、満州の野を守つてゐるのだ。

極東の平和を守ることは、日本民族の使命である（『われ等若し戦はば』二〜四頁）。

佐伯は言う。この本によって、たちまち軍国少年へ回心せしめられたなどとは思わない。しかし平田の「実に恐ろ

図５『われ等若し戦はば』表紙

しい仮想敵」としてのアメリカのイメージを、「ぼくの心に消しがたくやきつけたのが『われ等若し戦はば』であった」(28)と述べている。仮想敵としてのアメリカというイメージは、もちろん平田の専売特許ではない。たまたま少年読物という形で、定着し、浸透させたのが平田というだけであった。

だが『われ等若し戦はば』（図5）は「侵略的なイメージを大仰にふりかざし煽り立てるより、むしろ冷静に軍事的なリアリティというべきものを提示することに力点をおいている。十二歳のぼくは、いきなりヴェールを引きはがしたように、眼前にさしつけられた軍事的な現実の姿に、おびえと快感の入りまじった興奮をおぼえたのだったけれど、毒々しい絵の具で塗り立てられた空想図絵による陶酔とは縁遠いものであった。ぼくにとっては、むしろ、そこで一つの認識の喜びを味わった、とすらいいたい」(29)と、佐伯はその影響を記している。

② **『昭和遊撃隊』**(30)——平田は『少女倶楽部』にも「皇軍のまもり陸軍の話」（一〇巻六号）、「太平洋波高し」（一一巻一～四号）、「熱河と支那兵の話」（一一巻五号）、「日本がもし空襲されたら」（一一巻八号）などを寄稿している。そして豊富な軍事知識をフィクションのなかにちりばめ作品にリアリズムをあたえた小説『昭和遊撃隊』（大日本雄弁会講談社、昭和一〇年）を著す。

連載（昭和九年一月～一二月）の冒頭には「これは小説だ。しかし、たゞの小説ではない。こゝに書かれる事柄は、今少年である読者諸君が、立派な日本の若者となる頃、既に事実となつてゐるかも知れないのです。そのつもりで読んで下さい」（第二一巻一号、六九頁）と記している。同書は米軍の東京への空襲や九十九里浜への上陸、長門・陸奥など実在の艦船、馬占山なども実名で登場するなど「平田の想定する太平洋戦争プログラムが進行する」「きわめてリアリティの高い内容」であった(31)。なお雑誌連載時は、三月号までは米国、五月号は〇国、六月号以降はA国と直接的な表記をさけ、さらに単行本では八島王国と南米大陸のアキタニア国が戦争をする話に改作されている。

物語は五人の米人将校をひきつれた張学良が、日本の駆逐艦に戦闘機から爆弾を投下したところから始まる。これは「卑怯千萬な不意打」であり、ここから太平洋戦争が始まるが、同書にも「抑圧されている有色人種」対「白人帝国主義」という論旨は一貫している。

例えば、日本の武田博士の好敵手であるアメリカのフーラー博士の息子アーサーは、日本との戦いに異常な執念をみせる父の姿に戸惑う。

> お父さまは、偉い。戦の神さまかもしれない。……《ママ》しかし。なんだか日本人を憎みすぎている。そして白人をえらく考へすぎてゐるのぢやないかしら?それは間違だ。東洋人だつて偉いんだ。佛陀も東洋人だ。孔子も東洋人だ。そして、あの大提督トーゴーだつて、みんな東洋人だ。東洋人を軽蔑するのは、いけないことだ（第二一巻一〇巻、一三五頁）。

そして日本に一方的なライバル心を燃やすアメリカ人の姿が描かれる。

> たゞお父さまの胸をこがしてゐるのは、東洋人に勝ちたい、日本人を負かしたいの一心なのだ。この「一心」は悪い「一心」かもしれない。悪魔の心かもしれない。しかし、僕も白人だ。東洋人に負けたくはない。あゝ、天国にいらつしやるお母さま。どうか、お父さまをおまもり下さい（第二一巻一一巻、五二頁）。

そして新兵器毒ガス砲をもつライオン戦車隊を率いて九十九里浜に上陸したものの、日本軍に印旛沼に追い詰められ、佐倉連隊との奮戦もむなしく捕虜になったスミス中佐は、第一師団長立川中将をにらみつけて言う。

しかし、日本人は黄色い顔をしてゐるぢやありませんか。黄色人種は劣等人種です。わが軍は、こんどは武運がなくて負けたけれど、心から日本に降伏はしませんぞ。われ等は白人だ。日本の師団長よ。あなたはいやしい有色人種だ。われ〳〵とは種がちがひますよ。……白人万歳！（捕虜のくせに生意気だ。こらしめてやろうか、と将校が目配せをすると立川中将は）捕虜をいぢめてはいかん。かはいさうな男だ。白人だけが、えらい人種だと思つてゐるのだ。……わが東洋のいゝ芸術でも見せてやれ。……スミス中佐、日本軍はどこかの国のやうに、捕虜をはづかしめたりしないから心配したまふな。……（第二二巻二二巻、一三八～一三九頁）

あたかも日本人の欧米への劣等感が裏返しとなった表現である。同書はたしかに日本人の多くが共有する「対米コンプレックス、屈辱感を空想の世界で晴らしてくれる作品」であった(32)。そして連載を終えるに当たり『少年倶楽部』は、次のようなメッセージを読書に発信している。

この小説によつて皆さんは強い愛国心を注ぎこまれた。太平洋の護る大事なことを教へられた。これは、五年十年の後皆さんが日本をしよつて立つ時になつて、どれほど力になるか知れません。平田晋策先生と挿絵の村松次郎先生に、心からお礼を申し上げませう（第二二巻一二巻、一六一頁）。

もちろんそれは山中や平田の小説だけではない。『少年倶楽部』の記事や附録、特集を中心に雑誌全体が、アメリカに代表される白人帝国主義への敵愾心と正義の国日本よるアジア建設という排外主義的な風潮に満ちているのである。

4　複雑な編集――アメリカとの対等な関係

1　国際連盟脱退と日本の立場

一例をあげれば、日本が国際連盟を脱退する直後の昭和八年四月号には、著名な軍事評論家で『日米果たして戦ふ』（春秋社、昭和六年）などの著者のある海軍少佐石丸藤太による、「もし日本が世界を敵としたら」という伯父と甥の対話形式の記事が掲載されている。それは『少年倶楽部』をはじめとする日本国内に蔓延するステレオタイプの国際認識であった。

（伯父）（国際連盟脱退は連盟と中国が悪いからであり、中国は外交の約束を破ったばかりか）日本が東洋の平和のために、非常な金と、何万といふ勇士の血を流して、ロシアを満州から打退けた恩も忘れ、満州から日本人を追出さうとしたり、日本品を買つてはいけないといふ乱暴な命令を出したり、また小学生などにも日本人を仇と思へ、大きくなつたら日本と戦つて勝てなどと教へてゐるのだ。

（甥）乱暴ですね。

（伯父）乱暴だとも、実に不良少年みたいな国なんだ。

（甥）僕なら、そんな不良少年、なぐりつけてやります。

（伯父）さう思ふだろう。日本も我慢に我慢をして来たが、国の名誉を踏みにじられては日本の武士道が承知しない。（満州や上海で中国を撃破したが）自分の悪いことは棚に上げて、「日本が戦争をしかけて困ります」と連盟へ訴へ出たのだ。（それにのせられて連盟は）日本が悪いと思ひ込んでしまつた。……又満州国も認めない……君達もさうだろう。自分が正しいことをしてゐるのに大勢で寄つてたかつていぢめたらどうする。

（甥）そんなお友達とは遊んでやらないや。
（伯父）は、は〳〵、その通り。だから日本は連盟を脱退するのだ（第二〇巻四号、二七二〜二七四頁）。

続いて伯父は連盟を脱退しても満州国があれば日本は困らないこと、戦争をして困らせようとしても、今の日本に勝てる国はないが、今は大国難で米中両国と戦争になる可能性があり、子ども達もしっかりしなければならないと説く。「世界中で最も日本をやつつけたがつてゐるのは米国」であり、海軍の戦力が整えば「きつと日本へ向つて来る」という。そして彼は、次の言葉で締めくくっている(33)。

（日本でも負けず軍艦を造るがアメリカはぐんぐん増やす。そして日本の二倍の海軍力になったら攻めて来る。軍機上の秘密だからいえないが、日本は絶対に負けない。たとえ敵が二倍でも負けない準備をしている日本海軍は偉いが）いくら我々軍人が強くても結局は国民と国民との戦争だ。強い国民は勝つ。どんな辛い苦しい目に会つても、じつと歯を食ひしばつて、最後までがんばり通した国民が勝つのだ。君達少年も、やがてこの立派な日本国の国運を両肩に荷つて立つべき時が来るのだ。しつかりやりたまへ。頼むよ。諸君。

アメリカを仮想敵とみなす読物は①一九世紀末、②第一次世界大戦直後、③一九三二年から三三年頃と三つのピークがあるが、①と②の時期は、ほとんどペシミズムが基調であった。ところが③では数多くの論者がアメリカの弱点に注目して、物量的には優勢だが、「怖るるに足ら」ぬことを強調し始める。このような願望が現実であるかのように信じこんだ論者が大勢を占めたという。少なくとも一九三〇年初めには「イメージレベル・意識下では対米戦争への心理的準備はほぼ完了した」(34)。そして「少年読物のレベルにおいても、たしかに総力戦体制にふみこみつつあった」(35)という指摘は重い。そして『少年倶楽部』は、少年がこれからの国家主義の担い手であるという視点をうち出し、子どもの心の奥に正義の国日本というイメージを植えつけた。「おそらくそれが『少年倶楽部』を、それ以前のお伽噺や抒情詩の少年雑誌および講談本と区別するもの」(36)であった。

2　中国侵略とアメリカとの友好

しかし『少年倶楽部』の魅力は、単純なアメリカ排撃ではない。さらに日本人の欧米コンプレックスが融合し、複雑な様相をみせるのである。例えば、それはアメリカを仮想敵とする平田らの評論とともに、アメリカ人の双子が隣に越してきた縁で日本の子どもと親友になる佐々木邦『トム君サム君』が、同時期に連載されていることにも表れている。

図６　特別付録「万里の長城大模型」

図７　特別読み物「万里の長城は日本の砦だ」

昭和八年八月号をみてみよう。二月陸軍は万里の長城の北部分にあたる熱河省に軍隊を侵攻させる。そして三月二七日国際連盟脱退を通告した日本は、四月に万里の長城の内側に侵攻するなど、中国侵略をエスカレートさせる。五月三一日、河北省東部を非武装地帯とした「塘沽停戦協定」が成立し、長城線を境界とする満州国の存在を中国が事実上承認することになる。

八月号はその記念なのだろうか。特別付録「万里の長城大模型の作り方」とともに、平田晋策の特別読物「万里の長城は日本の砦だ」という評論が掲載される（図６・図７）。そこで平田は満州国の国境線である万里の長城を日本軍が守る正当性を、日本側の論理で解説する。その最後には、中国軍が「二度と万里の長城の近くには来ない」と誓った光景として、「塘沽停戦協定」の写真が掲載されているのだ。さらに附録の模型は、城壁が満州国と中国を分ける国境であり、飾るとそれが少年にもよく解るという（第二〇巻八号、六八～七五頁）。

その一方で同号には、米国二少年による作文が掲載されている。日本の国際観光協会でアメリカの少年雑誌に「なぜ僕は日本へ行きたいか」という題で作文を募集し、その当選者を「憧れの日本、満州」へ招待する企画であった。

一等当選は満一六歳の「少年外交官として」。内容は、排日移民法や建艦競争で妨げられた両国の友情を互いの人的交流により理解を深めようという趣旨だ（図8）。

図８　作文「なぜ僕は日本へ行きたいか」

> 今や両国民は太平洋を越えて、心の底から握手しなければならない時が来ました。そして、この両国の貿易を盛んにし、仲よくやつて行くにはお互に旅行団を交換するのが一番い丶方法だと思ひます。……僕が日本へ行きたいのは、未知の世界に遊び、いろいろのことを学び、楽しみたいためです。ところで、それにも勝る僕の希望は、日本の少年に会ふことです。（相手の理解することが日米親善につながる。そのため）僕はアメリカから日本へ、日本からアメリカへ、少年の往来が益々繁くなるやう希望いたします（第二〇巻八号、二〇八～二〇九頁）。

二等の満一五歳の少年の「柔道が習いたい」は、自分が日本を褒めると、その発展はアメリカのお蔭とけなす者がいるが「今度は僕の方から日本へ行つて、日本から少しでも学」び、相互理解をはかりたい、と記している（第二〇巻八号、二〇八～二一〇頁）。

『少年倶楽部』では、彼らの歓迎会を計画するとともに、手紙を参考にして「アメリカの少年に出す手紙」を読者に募集している。そして同号の『トム君サム君』は、アメリカから来た彼らの叔父さんを親友の安井君と本間君が東京見物に案内するという内容であった。このように極端に反米一辺倒で編集されているわけではなかった。

3　アメリカの少年へ――日本人の政治的な使命感

しかし昭和八年一〇月号に掲載された「アメリカの少年に出す手紙」の入賞作文は、国家を担う使命感や義務感、つまり愛国心に満ちた内容であり、日本の少年が国際情勢をにらみ天下国家を論じる姿は、アメリカの少年の作文にはみられない。

日本は正義の国です　　横浜市若林立司

友邦アメリカの少年諸君。僕はアメリカの人が大好きです。アメリカの人は実に立派な、そして親しみやすい人々ばかりです。……諸君のお国と日本とは、昔から大変密接な関係をもつてゐます。又日本がお国から受けた御恩は少くありません。……このやうな親しい関係にありながら、満州、上海、熱河等の事変に対して、アメリカの人々が日本の立場を誤解してゐるのは、まことに残念なことです。日本が満州国の独立を承認したのも、満州、上海その他へ出兵したのも、唯正義の為、東洋の平和をうちたてる為なのです。日本は決してわけもなくよその国をいぢめるやうなことは致しません。正義をこの上なく重んじ、真に平和を愛する国なのです。世界のどの国から悪くいはれても、アメリカの人々さへ日本のこの気持を理解して下さつたら、何でもありません。世界の諸君どうか日本の立場をよく理解して下さい。そして今後今迄より一そう固く手を握り合つて、共に、世界の平和の為に、又人々の幸福の為に力を尽くさうではありませんか。……

僕等同志親友にならう　宮城県山田文夫

アメリカの少年諸君。この間は、諸君の国からハワイ少年団の方々が、はるばる僕等の国を訪ねて下さつて、非常にうれしく思ひました。……僕は実をいふと、諸君の国が、わが日本人の移民を禁止したり、わが軍隊が満州に出かけて戦つた正しいわけを理解してくれなかつたりするので、あまりいい気持はしませんでした。（それは両国があまりに離れているために誤解があるからだ。）お互に子供同志よく交はつて、その国をよく理解して帰れば、やがて十年、二十年の後、ほんたうに仲のよい日本とアメリカを作ることが出来ると信じます。……（第二〇巻一〇号、一七二～一七五頁）

日本の少年軍事愛国小説に登場する少年達は、軍事や民族を見る視点が欧米のそれとは異なっている(37)。これを読んだ編集者は「日本の少年諸君が、米国少年にも勝つた、立派な、しつかりした考へを持つ」ものであり、記者は「日本少年の偉さを知り、とても心強い気がし」たという。それは確かに「当時の児童の対米イメージを反映したものというよりも、親達や先生が児童に持たせたい対米イメージの反映」(38)だが、子ども達の作文をみるかぎり、彼らもある程度自発的にそれを身に着けているといえるだろう。

ここにはアメリカを仮想敵とみなす一方で、世界の二大強国である日本とアメリカが対等な立場で友好関係を樹立したいという、複雑な自意識が同居している。日本とアメリカは互いに認め合うライバルなのだ。そして日本の立場と行動の正当性をアメリカ人が理解することが世界平和につながるのである。他国、特にアジア諸国の立場は気にもかけない独善的なうぬぼれにも似た自意識は、大正の終わりから昭和にかけて、つまり一九二〇年代の排日移民法から日米人形交流にみられる日本人の対応とつながるものがある(39)。

終　章――軍国少年・少女の誕生

平和・美談の主人公

本書の目的は、汚れなき子どもというイメージが、平和・友好という語に結びつき、日本のアジア侵略を正当化する国民的幻想を支える手段に利用される過程をとおして、国をあげていわゆる十五年戦争に突入した日本人の心性の一端に迫ることであった。

満州事変当時、不況等で苦しめられた民衆側の鬱屈した感情は、国内の排外熱となって一気に噴きだすが、そこで大きな役割を果たしたのが新聞マスメディアである。その影響力は子どもにまで及び、戦争ごっこや戦争玩具が流行し、小学生の慰問熱が高揚する。そして子どもに関する美談が新聞各紙に数多く取り上げられる。このような満蒙ブームのなかで、『大朝』・『東朝』の『在満将士慰問生徒作品』（「全国小学校生徒諸君よりの慰問状」）の募集が計画される。軍部への批判的な態度から方針を転換した当時の『朝日新聞』は、総力をあげて同事変支持のキャンペーンを展開するが、その一環として、けなげな子どもによる将兵への慰問企画が、満州事変ブームの便乗商品に仕立て上げられるのである。

ただしそれは江口圭一が指摘するように、大人の世界で盛り上がった排外熱が、家族や教師を介して児童にまで及んだ結果(1)だけではない。この頃子どもを主題とするニュースは、すでに新聞・ラジオ・出版等の主要な一ジャンルを形成していた。そしてそれは陸軍省新聞班にまで及んでいたのである。当時の日本は満州での軍事行動を応援する、けなげな子ども達の行為を美談として報道することで、社会の共感を呼んでいた。それを好意的に受け入れる大衆が、確かに存在していたのだ。それが国際紛争を浄化させるイメージ戦略の柱として、子どもは少女、そして若い未婚の女性とともに、平和の使者や感動・美談の主人公としてマスメディアによって意図的に活用されるのである。

誇大妄想の表明

それは昭和七（一九三二）年三月一日の満州国建国宣言にともない、同年五月から六月にかけて同国資政局から派遣された少女使節であり、そして若い女性を広告塔とした協和会使節の来日であった。両使節の派遣は、満州国建国からリットン調査団の実地調査、そして日満議定書の調印まで（同年三月～九月）の満州国承認を支持する国民世論を形成するための重要な時期であった。

満洲にすむ人々の自発的な意思による独立という形で建国された満州国の実体は、その実、日本の武力侵攻の結果に他ならなかった。それを少女、子どもというソフトなイメージで、社会的弱者による国民レベルの平和交流を演出することで、満州国の宣伝をはかったのである。

山室信一は、日本国内の満洲国への過剰な宣伝の理由として「なぜ満洲国は生まれなければならなかったのか。満州国が国家としてもつ存在理由とは何でありうるか。そのことの正当な論証をなしえないかぎり、独立国家として認証されることもなければ、『国民』の支持も調達していくことも不可能」だ。そこに「異例ともいえるほど自らの建国理念や国制が既存のものをはるかに凌駕し、比類なきものであると宣伝した理由」があった、と指摘する(2)。そのために計画された日本国内への宣伝活動の一つが少女使節と協和会の女性使節の派遣であった。それは同時に満州国内の一体感の形成という役割も担っていたのである。

例えば、少女使節は「次の世代を造る小国民」同士が手を「しっかり結びあって」「東洋の平和、ひいては全世界の平和の道」をねがうメッセージを携えていた。これは明日を担う純粋で守られるべき子ども（幼児や少女・少年）が、日満両国の平和交流をはかることを目的としていた。しかし、張学良政権の無法のもと死を待つのみであった満蒙三千万の民衆を日本が助けだし、漢・満・蒙・日・朝の五種族をはじめとする理想国家を建国した、という少女使節の日本の子どもへ向けたメッセージの内容や『満州日報』や大連・奉天など満鉄沿線での加熱ぶりは常軌を逸していた。

確かに山室が言うように満州国には宣伝をしなければならない理由があった。しかし、満州事変時の慰問ブームのように「嵐のような満蒙熱」がすでに日本国内には湧き上がっていた。これらの宣伝活動は、果たして国民の支持を調達することが目的だったのか。ここには「排日移民法」の成立から「日米人形交流」の歓迎にみられる日本国民のヒステリックな過剰反応と同根のものがみられる。それは山室がいうような満州国の存在理由の表明ではなく、日本人がアジア人でありながら世界に比類なき国家を創り上げたという一等国日本の誇大妄想の表明であった。

子ども・少女・若い女性の活用

新聞報道の回数を見る限りでは、若い女性よりも幼い子どもの方が記事になりやすく話題性に富んでいたが、両使節への連日の執拗な報道は、国民の排外熱が満州国建国への共感へと刷り替わったことを物語っている。

協和会使節の主要な目的は、日本に満州国の承認を求めることにあり、満州国の現状を国民に紹介することで即時承認の機運を盛り上げる、という役割を担っていた。そこで男性陣は首相訪問をはじめ実務的な政治活動を行い、女性二人は広告塔の役割を果たし歓迎会や座談会の主役となるなど、表舞台で新聞の社会面を中心に話題づくりをする。

新国家建設のために、全満州人が日本の援助と指導を求め、同時に女性の社会進出が進まない満州国の現状を訴える彼女達の姿は、アジアで唯一近代国家として欧米から認められる日本の先進性（欧米化）を、国内外に視覚化するという意味でも、効果的な演出であった。

一方、満州国少女使節は日本の近代化に驚き、戸惑う満州人・朝鮮人少女という図式で報道されている。上京の途中駅から取材の新聞記者を迎い入れ、『東日』『東朝』をはじめ、当時の東京のいわゆる五大新聞社を訪問する。そして訪問の先々で少女達は満州・朝鮮のそれぞれの民族衣装に着替え公式行事に臨む。しかも引率の女性は和服姿、日本の少女はブラウスにスカート、帽子を手にした洋服であり、これも日本の近代化を視覚化するための演出の一つであった。さらに子ども・少女というイメージは、満州国特使交通総長丁鑑修との大阪駅頭での少女使節との出会いを演出するなど、「純情」「無心」「平和」の名のもとに侵略の事実から目をそらす効果もあった。その動向は満州国の宣伝情報機関である資政局を中心に、写真映りまで意識したマスコミ対策が仕組まれていたのだ。日米人形交流をはじめとする他の子どもを中心とした国際文化交流が、表面上民間団体や新聞社の主催であるのに対して、満州国少女使節だけは唯一満州国政府の公的な対外宣伝活動の一環として計画実行されたのである。

さらに少女使節と協和会使節の重複はまさに満州国内で資政局が廃止され、協和会が正式に発足するまでの期間だが、対立する両者がともに満州国建国にむけての対外宣伝用のイメージづくりの中心に子ども、少女、若い女性を活用しているのは偶然とはいえない。

少女使節から日本学童使節へ

これらのことは満州事変勃発の一周年に、少女使節に答えて日本側が日本学童使節を派遣したことにも表れている。昭和七年六月下旬、訪日した満州国少女使節への報道合戦を制するイベントの一環として、七月一日に発表されたのが『大毎』・『東日』主催の「答礼少女使節」の計画であった。またそれと並行して、民間の小学校教員団体である全教連による少女使節の答礼計画があった。全教連は、全国規模の小学校の教員組織と称し、文部省の支援をうけてはいたが、その実情は東京を中心とする一部の地域の現職小学校教員による民間団体にすぎなかった。ただし同会は文部省に盲目的に追従する、いわゆる御用団体ではなく、率先して現場の教育者の立場から日満親善運動を展開し、国や社会にむけアピールするという行動を取り続けている。

特に全教連は満州国建国宣言にさいして、いちはやく日満教育提携を模索し、学童の交流や使節団の派遣などを計画している。そのような時に、満州国承認の気運を盛り上げるために満州国少女使節が来日する。彼らは子どもによる答礼計画を東京市や外務省に訴えるが、行政側は未承認国家であるために実行に消極的であった。そこで全教連が主体となり外交上問題のない私設団体の立場から、教育親善の子ども使節を提案するのだ。

さらに全教連は『大毎』・『東日』主催の「答礼少女使節」の計画を知ると、新聞社側に合同主催を申込む。手間や責任を負うことなく、ニュースソースを独占できる利点も考え、新聞社側は合同主催に合意し、その結果、使節の人選や引率等、子ども達の現状をよく知る全教連主導のもとに答礼計画が進展するのである。

そしてその目的も、日満の子ども達の親善にとどまらず、全教連の案にそって「在満将士ノ慰問、戦没将士ノ慰霊」、朝鮮の児童との交流へと拡大し、さらに出発直前に満州国が承認されたために、建国祝賀を兼ねた「日本学童使節」へと発展するのだ。すなわち少女使節の答礼計画は、『大毎』・『東日』案を呑みこみ、小学校教員の任意団体である全教連の実質的な主催事業へと変化するのである。

日本学童使節の本質

民間の教員団体の発案に始まる子どもによる親善計画は、新聞社の参入と日満両政府や軍の協力のなか、民間交流という枠を越えて政官民が一体となったイベントとして一人歩きを始め、使節に選ばれることは母校や地域の名誉として、地方を中心に異常な盛り上がりをみせる。そして学童使節は、非公式に日本を代表する使節へと発展し、国民レベルで注目を集めるのだ。

確かに学童使節によって日本の子ども達のメッセージを託した一五万枚の絵葉書が、直接満州・朝鮮の子ども達の手に届くなど、満州国とその周辺の外地（関東州・朝鮮）の子ども達との親善交流も実行された。しかし、この計画の主宰者ともいえる上沼久之丞をはじめとする全教連や新聞社側には、日米人形交流を提唱したシドニー・ギューリックのように、互いの国を対等に認めたうえで、日満両国の相互理解と世界平和をめざすという視点はない。彼らには満州国は独立した国家であるという意識が低く、日満親善も仲良く東洋平和を築くという感覚でもない。あくまで主人は日本人であった。そして満州国の人々は、日本人に導かれ管理されて教えられる従属的な立場にすぎなかった。

例えば、上沼のいう「相互理解」とは、教育の面でも遅れた満州国を近代国家になるように日本が指導することにあった。彼は世界平和や国際社会への文化的貢献を強調するが、その一方で欧米列強との国際競争に勝ち抜くための人材の育成を志していた。学童使節が日満親善をめざしている限り、それは国家間の平和的共存が前提になる。それは満州での日本の立場と行動の正当性を認めた上での平和であり、日本学童使節が平和使節であることは、その意味においてであった。しかし使節の「覚悟は出征軍人」である。なぜなら日本が英米と対抗して対外発展をめざす以上、満州国は日本の生命線であるからだ。

上沼のめざすものは、日本を忘れて満州国人として尽す意気のある人材の育成だ。日本の膨張と対外進出を担うことを期待された子ども達、彼らが将来アジアの盟主である日本人として満州国をはじめアジアの国々を指導して米英との競争に打ち勝つ人間として成長すること。上沼は、そのために子ども達による日満親善をめざす。ここに日本学童使節の本質が集約されている。

さらに「平和の使ひ」「純真なる十五名の使節」「子供の手で平和を誓ふ」の語が踊るように、大人社会の謀略を覆い隠す子どもというイメージの利用価値が、日満の両政府をはじめ社会的にも浸透していた。大正期に近代化のアンチテーゼを含む文学上の主題として見出されたのが、純粋無垢というロマン主義的子ども観である。それは堕落した大人の対概念として理想化された子ども像であり、実際の子どもの姿を映しているとはいえなかった。したがって、時代意識を反映して、どのようにも変容しやすい概念でもあった。汚れなき子どもというイメージは、平和、友好という美名に容易に結びつけられ、満州国建国の正当性を確認したい国民世論に迎合する。それは昭和初期の日本の軍部・政府・植民地支配層やメディアが国民と一体となって独善的につくり上げたフィクションであった。

イベント化とその政治的利用

では少女使節や学童使節は、新聞社をはじめとするメディアや政府にどのように利用され、その何が大衆の支持を得たのか。

昭和七年当時は、社会主義運動への弾圧と恐慌や満州事変により軍人や右翼による国家改造運動が活発になっていた。三月一日の満州国建国宣言の四日後には右翼の血盟団員が団琢磨三井合名会社理事長を暗殺し、五月一五日には海軍将校の一団が首相官邸に押し入り、犬養毅首相を射殺する事件があいついでいた。少女使節の来日は海軍大将斎藤実内閣が成立し政党内閣時代が終わりを告げた直後のことである。少女使節や協和会の女性使節など子どもや女性が親善と平和を訴える姿は、国内の不穏な空気を和ませる役割を果たしたのである。さらに日本学童使節により子どもによる日満親善交流が官民をこえて演出されることで、文相、拓相のメッセージ持参をはじめ、首相、陸相等の主要閣僚、満州国の執政、国務総理、関東軍司令官などの要人への謁見等、全面的に学童使節の便宜をはかることにつながる。そして派遣日程が満州事変一周年と満州国承認に重なり、満州国関連のメディア・イベントとしての要素を強めることで、日本学童使節は陸軍が発信するメッセージと見事に融合し新聞報道を過熱させ、ラジオも追従するなど、予想以上の相乗効果を生みだしたのである。

当時は全国規模の日刊紙が登場し、満州事変を契機にラジオの契約数も爆発的に増大していた。「汚れなき子ども」は日満融和の主人公として、相応しかったのである。少女使節の話題を競って報道した『大朝』・『東朝』の朝日新聞側を出し抜くという意味でも、満蒙ブームのなかで『大毎』・『東日』の毎日新聞側が、日本学童使節を主催することは、報道、販売、広告を拡大させる上で大きなメリットがあった。しかも共同主催とはいえ、全教連という民間の現職小学校教員団体が主導する計画を背後から支援する形になり、記事に取り上げやすい環境も整っていたのである。

さらに日満両政府や関東軍の側も学童使節が満州国を統治するうえで効果的なイベントであることを、認識していた。前述のようにテロが横行し、恐慌により大衆の不満が鬱積するとともに労働争議や小作争議が激増するなか、支配層は実態以上に社会主義運動を恐れ、それを弾圧する官憲の圧力が強まるという社会的背景があった。それに加えて、満州国へも日本から行状のよくない移民が多数流入していた。日本人への反感が増していた満州国においても、国民レベルで融和をはかる必要性が差し迫っていたのだ。政府や軍は、国内外のきなくさい雰囲気を緩和させるとともに日満両国民の融和策としても、子どもによる日満親善交流は政治的な利用価値が高いと判断したのであろう。

学童使節の行程をみるかぎり満州国や関東軍・満鉄・新聞社ばかりか、立ち寄り先の国内外の都市の首長や役所、在留邦人団体などの訪問に重点が置かれている。さらに帰路朝鮮に立ち寄り内鮮融和をはかるなど、同使節は日本の植民地支配を推進する宣伝活動の役割を担っていたことがわかる。そして帰国後は、満州服姿で街をパレードし、歓迎会にのぞむ子ども達の姿は、まさに平和的な日満融和の演出であった。このようにして日本学童使節は非公式ながら、ある意味では国家的な使命に近い性格を帯びた使節にまで拡大していたのだ。

吉見俊哉は、大正期から本格化する日本のメディア・イベントは、「近代的な消費生活のイメージを大衆的に浸透させる広告装置」と「軍事的に拡張する国家戦略に大衆意識を動員していくプロパガンダ装置」の両方の側面を一貫して発展させてきたが、後者については必ずしも研究が深化されてはこなかった、「特に新聞社が活字を超えたレベルで大衆の身体をどのように戦争イメージのなかにまきこんでいったかを問題」にしていない(3)、と指摘する。新聞社が共同主催する学童使節は、まさに後者にあてはまるメディア・イベントの一つであろう(4)。

先行研究によれば、満蒙は軍人達にとって対ソ戦と対米戦を戦うために中国国民政府の支配から分離して資源獲得基地として獲得する必要があった。しかし、彼らが国民に向かって訴えたことは、日本が日清・日露をはじめ多大な犠牲をはらって獲得した満蒙の特殊権益を無法な中国の手から守るという論理であった。さらにこのような誤った認識や歪みを助長し定着させるような組織的活動を全国に展開したのが軍部による国防思想普及運動であった。それを直接担当したのが在郷軍人会であり、彼らは全国的にはりめぐらしていた組織を活用して各地で講演会を展開し、現役または在郷の将校が弁士となり決議や宣言を行い、軍部の強硬論をもとに国民を結集する大キャンペーンとなったのである(5)。

さらに大日本帝国の非公式プロパガンダであるマスメディアが、これに追従する。大新聞を中心に彼らは「軍国主義を市場で売りさばくことで、中国への軍事侵略という陸軍の政策に対して民衆の支持を動員するのに役立ち、その過程で帝国の外交政策・政治に影響を及ぼ」すのである(6)。その意味では、学童使節はまさにマスメディアによって商品化されたイベントであった。それにまた軍部も便乗し子どもというイメージを最大限に活用したのである。

しかしここで注目したいのは権力やマスコミなどの強制ではなく、学童使節は、現場の教育関係者、いわば下からの自発的な計画を発端としていたことである。それをマスコミが後押し、政府や軍が協力し、さらに大衆が支持することで、相乗効果を生みだしたのである。それこそが大衆意識を国家戦略に動員するイベントへと学童使節が成長した大きな要因であったといえるだろう。

少年・少女雑誌の役割

昭和七年の時点で、〝満蒙は日本の生命線〟という意識は、大人ばかりか子どもの胸にも確実に刻み込まれていた。誕生したばかりの満州国を守り育てることは日本人の使命であり、アジア人のためのアジア建設こそが東洋平和、そして世界平和につながるという意識を、すでに学童使節達と小学校高学年の多くの子ども達は共有したのである。これは満州事変を熱狂的に支持する基盤が、子どもを含む国民的単位で形成されていたことを物語っている。

このようなイデオロギーを子ども達までが身につけるにあたり、学校、新聞や家庭をはじめとする、子ども達の生育環境は最大の要因であった。特に初等教育機関は、子ども達に軍国教育思想を注入する主要な機関であった。学童使節派遣当時の全教連会長であった下川兵次郎は、後の「全国小学校教員精神作興大会」に際して、次のようにいう。「……軍人は軍人として武を以て国家のために死ぬし、教育者は精神的に命を投げ出す。これが両者の職分だが、戦線に立つて死んで行く軍人は、皆我々初等教育者が育てるのだから……鳥居の二本の柱のやうに、両方相俟つてゐる……教員の一人一人が悉く爆弾三勇士でなくてはならぬ」(『教育週報』昭和九年四月七日)。そして軍隊に入る兵士達の最大の供給源は、中学など上級の学校に進学しない階層の主に地方の子弟であった。彼らは小学校卒業から徴兵年齢になるまでおよそ六~八年の青少年期があった。

日常的に軍人の姿に接し、あるいは親戚や兄弟・知人が入営し、学校を揚げて彼らの出征を見送り、凱旋に立ち会い、戦死者の慰霊祭に参加する軍都仙台の子ども達がいた。彼らにはマスコミや軍部、あるいは学校教育の現場で日本の権益を守り、アジアの平和を築くために、卑劣な中国を相手に酷寒の地で何十倍もの敵を前に苦戦する日本の将兵というイメージが生活のなかで刷り込まれるのである。

子どもが軍隊に憧れと感謝と同情を抱き、陸軍省をはじめ、各地の師団や連隊、新聞社などに慰問金や慰問品を届けるのは、ある意味当然の結果であった。しかしそれ以外に、子ども達がこのようなイデオロギーを自発的に身につける何らかの社会的要因があったのではないか。またそれこそが地域をこえて全国一律に子ども達の意識形成に決定的な役割を果たしたと筆者は考える。それを小学校高学年から中学生前半、或は小学校卒業まもない一五歳前後の少年少女にあてはめてみると、少年少女雑誌、特に『少年倶楽部』『少女倶楽部』を中心とする講談社の雑誌の影響力をあげることができる。

満州事変から満州国建国・承認期である昭和六~八年前後、七十万部を越える雑誌へと急成長した『少年倶楽部』は、少年達の意識形成に大きな影響力をもち、そこで展開されるアジア認識と欧米コンプレックスが読者の心のなかにも浸透していた。その影響を最初にうけた世代が、一九二〇年代生まれの学童使節達の世代であり、彼らが心を躍らせながら面白く読むうちに、知らず知らずに『少年倶楽部』『少女倶楽部』が発信するメッセージを刷り込まれたのだ。まさにそれは講談社が掲げる学校教育では十分にできない精神教育の賜物であった。例えば学童使節と同年代の佐伯彰一はいう。同世代の友人・知人に確かめてみても『少年倶楽部』に連載された平田晋策などの「少年読物の印象はかなり鮮明・強烈」で仮相敵としての「アメリカのイメージは、まず何よりも（日米）未来戦争物を通してあたえられた」(7)と。

その受容層は、主に都市部の比較的裕福な家庭の子どもが中心だが雑誌の回し読みにより大きく拡大していた。都市部の優等生から選抜された学童使節達も、一途な心で家庭や学校、そして雑誌などから大人達のメッセージを取り込み、東洋平和と日本の正義を信じ、日本のアジア侵略を正当化する「平和の使者」となったのである。

その根底には日米人形交流にもみられるような、日本とアメリカが国際社会の盟主として対等な友好関係を築きたいという意識が子ども達の間にも共有されていたのである。彼らは国家か個人かというとき、まず国家を優先させる子ども達であった。彼らは明日の大日本帝国を担う子どもとしての使命感・義務感を自覚していた。それに純粋無垢という膜をかけて、メディア・軍部・政府・植民地支配層をはじめとする大人達は子ども達を活用する。それが国内の排外熱を生みだした基盤と融合することで、日満親善の名のもとに満蒙ブームが全国的に拡散したのである。

後に『大毎』・『東日』は、その成功体験を皇太子誕生を祝うイベントへと応用する。それは日本学童使節をモデルにした東西の男子小学生の交流であった。そして朝鮮総督府の御用新聞である『京城日報』も、奉祝（朝鮮）学童使節を結成し、内鮮融和への世論環境を整えることに活用する。すなわち昭和九年初頭、イベントの目的が対外融和から国内の団結に向かう時、小学生を中心とするメディア・イベントは、国家への帰属意識を高めるイベントへと変化する。そして、その主人公も少女から少年へと交代するのである。

軍国少年・少女の誕生

一九二〇年代は、大正天皇・皇后の御真影を「拝戴」しても、それをほとんど「放置」に近い状況にした学校の事例などがあった。さらに小学校の校長や教員、警官、議員など、社会的地位があり、地域や集団で何らかの責任のある立場の人々と「生活者としての民衆」との間には社会的な位相の違いも存在し(8)、国民の間には天皇崇拝や国家的観念にも温度差があった、と考えられる。そして、それが子どもだとなおさらであった。しかし昭和初期の大衆社会は大人を含めて子どもの心さえ呑みこんでしまう。子どもを含めた国民全体を軍国主義へと誘うイデオロギー装置として、大衆的な展開期に入ったマスメディアが人心を支配する時代を迎えようとしていたのだ。

そして満蒙は日本の生命線になり、満州国に日本の人的・物的・文化的資源を総動員していくのである(9)。一九三〇年代の日本では、子どもという存在を満州への侵略を正義・平和・友好という美名のもとに国民を扇動する戦略の一つとして利用し始める。その源流は、昭和二(一九二七)年の日米人形交流の成功体験にあった。対米関係が悪化したなかで、けなげな子ども・少女が平和・友好を訴える姿は国民的レベルで歓迎され、新聞各社は熱狂的に報道する。さらに人形の歓迎歌募集で日本語の作詞で一等当選をした朝鮮人少女を「幼い人たちの手で結ばれた内鮮融和」のキャンペーンに展開するなど、植民地支配のなかで民族融和をはかる話題づくりとしても子どもは有効であった。日米人形交流は、国内外の対外イメージの形成のために、子ども・少女を積極的に活用するという方法を生みだしたといえるのだ。その影響を受けて、昭和初期の日本では大小さまざまな人形や子どもを使った国際交流が試みられるが、その主要なものは満州国に集中し、メディアや教育関係者、植民地支配層から計画実行され、それを軍部政府が協力することで、換骨奪胎された形で応用されていく。

新たな植民地政策が展開されるなかで、汚れなき子どもというイメージ(近代的子ども観)は、平和・防衛(権益擁護)のための戦争と結びつき、日本の植民地支配を正当化するイメージ戦略の重要な構成要素の一つになっていたのである。その根底には、軍事力だけでなく生活レベル・社会制度などを含めてあらゆる点で日本は欧米列強と同等だ。日本はアメリカと対等な一等国でありアジアの盟主である。したがって中国・朝鮮・インドなどアジアの近隣の国々に日本をモデルとした近代を提供することこそ日本の使命であるという過剰な自意識を共有する多くの国民がいた。それが排日移民法の成立時や日米人形交流時にみられる反米・親米へと極端に揺れる屈折した反応となって表れるとともに、今度は中華民国の暴政から満州の人々を守り、近代国家をめざして満州国を指導する日本というわかりやすい構図をつくり上げる。そしてそれを大衆に訴える手段として子ども・少女、そして若い女性を効果的に活用するのである。

少女使節から日本学童使節までの子どもによる日満親善交流をみるかぎり、満州への侵略を正当化する世論を盛り上げる文化侵略の手段として、一九三〇年前後に大衆化する近代的子ども観は、官民を問わず子ども・大人を含めて国民的レベルで利用されたと言えるだろう。その直接の担い手となった学童使節をはじめとする大多数の子ども達の間には、軍国主義的なイデオロギーが浸透していた。学校・家庭・生育環境、そして雑誌などさまざまな要素が相互に関連して、すでに「軍国少年少女」は十五年戦争の始まりの時点で誕生していた。やがて彼らは青年として日中戦争以後の戦時体制を支えていくのである。

註

序　章　近代的子ども観とメディア

1　子ども期についてはフィリップ・アリエス（杉山光信他訳）『〈子ども〉の誕生――アンシァン・レジーム期の子どもと家族生活』みすず書房、一九八〇年参照。
2　是澤博昭『教育玩具の近代――教育対象としての子どもの誕生』世織書房、二〇〇九年。
3　遠藤薫『聖なる消費とグローバリゼーション――社会変動をどうとらえるか』勁草書房、二〇〇九年、六四～六五頁。
4　沢山美果子『近代家族と子育て』吉川弘文館、二〇一三年。なお小山静子『子どもたちの近代――学校教育と家庭教育』吉川弘文館、二〇〇二年もあわせて参照。
5　柄谷行人『定本柄谷行人集1　日本近代文学の起源』岩波書店、二〇〇四年、一五九頁。日本における近代子供観の変遷に関しては、本田和子『子ども百年のエポック』フレーベル館、二〇〇〇年、河原和江『子ども観の近代』中公新書、一九九八年をあわせて参照。
6　是澤博昭『青い目の人形と近代日本――渋沢栄一とL・ギューリックの夢の行方』世織書房、二〇一〇年。
7　南博・社会心理研究所『大正文化』勁草書房、一九八七年、一一八～一二五頁。

8　吉見俊哉「［総説］帝都東京とモダニティの文化政治」『近代日本の政治文化史6拡大するモダニティ』岩波書店、二〇〇二年、一八頁。

9　神野由紀『子どもをめぐるデザインと近代』世界思想社、二〇一一年、『百貨店で〈趣味〉買う　大衆消費文化の近代』吉川弘文館、二〇一五年、参照。

10　吉見俊哉『博覧会の政治学　まなざしの近代』中央公論社、一九九二年、一六六頁。

11　津金澤聰廣「大阪毎日新聞社の『事業活動』と地域生活・文化――本山彦一の時代を中心に」、畠山兆子「大阪朝日新聞社における子どものための文化事業」『近代日本のメディア・イベント』同文館、一九九六年、「『健康優良児』――メディアがつくった理想の少年少女」『戦時期日本のメディア・イベント』世界思想社、一九九八年など。なおここでいうメディア・イベントは、「マスメディアが開催の主体となり、報道・販売・広告活動の拡大という目的を達成する手段や戦略として計画的に実行するイベント」という意味で用いる。メディア・イベントについては、前掲『近代日本のメディア・イベント』の他、巫坤達「メディア・イベント論の再構築」『応用社会学研究』第五一号、二〇〇九年参照。

12　江口圭一『日本帝国主義史論』青木書店、一九七五年、第五章。

13　L・ヤング（加藤陽子・川島真・高光佳絵・千葉功・古市大輔訳）『総動員帝国』岩波書店、二〇〇一年、三〇頁。

14　前掲江口『日本帝国主義史論』一九四～一九五頁。

15　前掲L・ヤング『総動員帝国』八三～九一頁。なお日本のアジア侵略にたいして民衆の支持があったことを論じたものに高橋彦博『民衆側の戦争責任』青木書店、一九八九年、吉見義明『草の根にファシズム』東京大学出版会、一九八七年がある。

16　松村正義『国際交流史――近現代の日本』地人館、一九九六年、二二四頁。

17　吉村道男「人形使節から人間使節へ――昭和初期国際交流史の一節――」『外交史料館報』第七号。

18　飯森明子「少年赤十字と東洋地方少年赤十字会議の招致――その「国際理解」をめぐって――」『人間科学の継承と発展』上見幸司先生追悼論文集編集員会、二〇〇九年、一〇四頁。

19　前掲江口『日本帝国主義史論』一六九頁。

20　例えば、JACAR［アジア歴史資料センター：以下 Ref.］B05015780000（第2画像目から）、『満支人本邦視察旅行関係雑件』／『便宜供与関係第四巻』（H.6.1）（外務省外交史料館）には、「一満州国少女使節派遣」「二満州国国民代表丁鑑修外九名訪日」「三満州国協和会使節渡日」の三使節の項目がファイルされている。なお満州通信社社長の藤曲政吉著『満州国建国と五省の富源』［増補版］（満州通信社、一九三二年）「満州国承認促進運動」の章には、「一協和会使節の渡日」「二満州国少女使節渡日」「三日本学童使節渡満」「四丁満州国特派訪日国民代表使節」「五駒井長官渡日」の五つが取り上げられている。少女使節・協和会女性使節から学童使節までの一連の交流が、満州国の承認促進運動として位置づけられている。同書は、昭和七年五月、満州国の事情を紹介するために出版され、さらに同年一〇月現在のリットン調査団の報告までの経緯を加筆し、一一月改訂増補版が出版された。その際「満州国承認促進運動」の章を追加したのである。序文に鄭孝胥国務総理、関東軍司令官本庄繁、内田康哉満鉄総裁、題字には駒井徳三・謝介石など満州関連の主要人物が名を連ねている。

21　前掲是澤『青い目の人形と近代日本』第五章で使節の概要と日米人形交流との関係を紹介しているが、管見のかぎりでは満州国少女使節、及び日本学童使節を扱った先行研究はみられない。

22　吉見俊哉「メディア・イベント概念の諸相」津金澤聰廣編『近代日本のメディア・イベント』同文館、一九九六年、六頁。

23　新聞社の主催するメディア・イベントは、自社でしか報道されないため他の新聞と明らかに異なる紙面を作ることができ、「報道を通してその主題を宣伝し説明」する役割を果たし、「熱狂を感動的に報道すること」でイベントの主題を増幅し拡大することができる（有山輝雄『甲子園と日本人――メディアのつくったイベント』吉川弘文館、一九九七年、四～七頁）。

24　佐藤卓巳『『キング』の時代――国民的大衆雑誌の公共性』岩波書店、二〇〇二年、六一～六二頁。

25　伊藤公雄「『開かれた』イデオロギー装置――メディアとしての少年軍事愛国小説」京都大学新聞社編『口笛と軍靴――天皇制ファシズムの相貌』社会評論社、一九八五年、九八～九九頁。

26　例えば川崎洋『わたしは軍国少年だった』新潮社、一九九二年、帖佐勉『軍国少年はこうして作られた――昭和14～20年、戦時教育の記録――』南方新社、二〇〇八年の著者は昭和五年生まれ、『軍国少年がなぜコミュニストになったのか』かもがわ出版、二〇一四年の松本善明は大正一五年生まれである。また『むかし、みんな軍国少年だった：小二から中学まで二十二人が見た8・15』G・B、二〇〇二年は、昭和三年から一五年生まれ、主に六年から一〇年生まれの証言者を掲載している。このように軍国少年は、主に日中戦争の開始以後に、少年・少女期を迎えた世代というイメージが強い。

27　例えば、片瀬一男「軍国少年たちの戦前・戦後」『人間情報学研究』第一八巻、二〇一三年。

第1章　満州事変と排外熱──純粋無垢な子どもの利用

1　江口圭一『日本帝国主義史論』青木書店、一九七五年、一六二頁。
2　『朝日新聞社史』資料編、一九九五年。
3　『毎日新聞百年史　一八七二～一九七二』一九七二年。
4　佐々木隆『日本の近代14　メディアと権力』中央公論社、一九九九年、二九七・三四八頁。
5　今西光男『新聞資本と経営の昭和史』朝日新聞社、二〇〇七年、一〇二頁、及び『朝日新聞社史』。
6　前掲佐々木『日本の近代14　メディアと権力』三三〇頁。
7　藤原彰・功刀俊洋編『資料現代日本史八　満州事変と国民動員』大月書店、一九八三年、九六頁。
8　前掲今西、一一四頁。
9　前掲江口『日本帝国主義史論』一九五頁、及び『昭和の歴史』第四巻、小学館、一九八八年、一〇四頁。
10　前掲江口『日本帝国主義史論』。
11　「時局と新聞紙」『婦人之友』一九三二年三月号、三七～三九頁。
12　『婦人之友』一九三二年三月号、九六～一〇一頁。
13　前掲今西、九七～九八頁。
14　前掲江口『日本帝国主義史論』一六二～一六三頁。
15　同右、第五章・六章。
16　是澤博昭『青い目の人形と近代日本──渋沢栄一とL・ギューリックの夢の行方』世織書房、二〇一〇年を参照されたい。
17　前掲江口『日本帝国主義史論』及び、朝日新聞「新聞と戦争」取材班『戦争と新聞』下、朝日新聞、二〇一一年、第一九章に作品は紹介されているが、いずれも詳細にはふれられていない。
18　小野晋史「陸軍省新聞班の設立とその活動　大正期日本陸軍の言論政策」『法学政治学論究』第五五号、二〇〇二年一二月、参照。
19 陸軍省新聞班「国防思想普及計画に関する件」（一九三〇年六月三〇日）前掲『資料現代日本史八』二〇三頁。
20 前掲『昭和の歴史』第四巻、一〇九〜一一〇頁。
21 前掲江口『日本帝国主義史論』一八九〜一九一頁。
22 文部省構内財団法人社会教育会『満蒙読本』一九三一年、一一頁。
23 同右、三〇頁。
24 なお『東朝』一九三二年六月一三日朝七面は『大朝』ほどセンセーショナルではなく中央左四段で少女の顔写真一枚程度である。
25 L・ヤング『総動員帝国』（加藤陽子・川島真・高光佳絵・千葉功・古市大輔訳）岩波書店、二〇〇一年、五五頁。なお同書「訳者あとがき」をあわせて参照。
26 例えば、一九二九年『救護法』、一九三三年『児童虐待防止法』、『少年教護法』など、昭和初期に児童を保護するための法律が整備される。

第2章　満州国建国と少年・少女、女性の役割——満州国少女使節と協和会女性使節

1 江口圭一『日本帝国主義史論』青木書店、一九七五年、一六七頁。
2 満州国協和会日本派遣使節は主席代表丁静遠（満州国の大立者丁沖漢息子）、「第一班丁静遠・近藤義春・黄子明・夏文選・馬士傑・丁若蘭、第二班大岩銀象、安祥、瀬田修逸、丁志和、第三班高久肇、丁波、酒井肇」であり、全体の案内役が「小澤開策」であったと推測される。そして主に報道の対象となるのは女性二名を含めた第一班の活動である。同使節については「協和会派遣使節」「満州国協和会の日本使節」「満州国国民使節」等さまざまに表記されるが、本書では「協和会使節」とする。なお「協和会の女性使節」とする場合はその第一班ことをさす。「満州国協和会ノ日本使節派遣」JACAR［アジア歴史資料センター：以下 Ref.］B05016212200［第103〜104画像目から］『外国人来住関係雑件集第二十巻』［H. 7. 2］・外務省外交史料館。

3 「満州国少女使節委員来阪ノ件」Ref. B05016212200［第53～54画像目から］前掲『外国人来住関係雑件集第二十巻』。そして両名は京都市役所での日程打合せのために同日京都に立ったという。
4 「満州国少女使節一行ノ日程ニ関スル件」Ref. B05016212300［第109～110画像目から］前掲『外国人来住関係雑件集第二十巻』。
5 「満州国少女使節一行入京ノ件」Ref. B05015780100［第37画像目から］『満支人本邦視察旅行関係雑件』／『便宜供与関係第四巻。
6 「満州国協和会使節ノ来阪ニ関スル件」Ref. B05016212400［第138画像目から］前掲『外国人来住関係雑件集第二十巻』。
7 『国民新聞』昭和六年六月二四日。
8 満州国協和会の研究動向については、ドルネッティ・フイリッポ「『満州国協和会』の研究の成果と課題」『三田学会雑誌』105巻4号、二〇一三年を参照。
9 山室信一『キメラ　満州国の肖像』中公新書、一九九三年、九一頁。
10 同右、一九〇頁。
11 貴志俊彦『満州国のビジュアル・メディアポスター・絵はがき・切手』吉川弘文館、二〇一〇年、五四頁。
12 『本庄日記』原書房、二〇〇五年。
13 「遊説記録第一班鯉沼代表の通信」『満州青年連盟史』一九三二年（復刻　原書房、一九六八年）、八〇〇頁。
14 なお少女使節は東京市から自動車を提供されている。公式と非公式使節の違いがこの点にはあらわれている。
15 前掲鯉沼「遊説記録第一班鯉沼代表の通信」七九八頁。
16 この映像は『映像の証言　満州の記録』21（協和会映画編）に収録されている。
17 前掲鯉沼「遊説記録第一班鯉沼代表の通信」七九八頁。
18 「満州国協和会派遣並満州青年連盟遊説員ノ動静（退京）ニ関スル件（其ノ三）」. Ref. B05015780400［第132～134画像目から」前掲『満支人本邦視察旅行関係雑件』。
19 「昭和七年六月二日長春田代重徳総領事より外務大臣斉藤実宛電報」Ref. B05015780100［第9画像目から］前掲『満支人本邦視察旅行関係雑件』。

20　一九一八年生まれの愈以外の五少女は、一九二〇年四月〜一九二一年二月年生まれである。
21　宋安寧「兵庫県教育会による教員の『支那満鮮視察旅行』――『満州国』建国直後を中心として」『社会システム研究』第21号、立命館大学、二〇一〇年、一二六頁。
22　「満州国少女使節一行入京ノ件」「外秘第一六九八号六月二四日付警視総監藤沼正平より内大臣山本達生、外務大臣斎藤実、拓務大臣永井柳太郎、神奈川、栃木、埼玉、静岡、愛知、京都、大阪、兵庫、奈良、岡山、広島、山口、福岡各府県長官、関東庁警務局長宛」」Ref. B05015780100［第41〜42画像目から］前掲『満支人本邦視察旅行関係雑件』。
23　「満州国少女使節歓迎会日程」Ref. B05015780100［第38画像目から］同右。
24　『少女倶楽部』一〇巻八号に人形を抱く六名の少女の記念写真と記事が掲載されている。
25　「協議事項」Ref. B05015780100［第12画像目から］前掲『満支人本邦視察旅行関係雑件』。
26　前掲「満州国少女使節一行入京ノ件」Ref. B05015780100［第35〜37画像目から］同右。
27　同右。
28　普通公第三六五号昭和七年六月一六日「少女使節携行『メッセージ』ニ関スル件」Ref. B05015780100［第21画像目から］『満支人本邦視察旅行関係雑件』便宜供与関係第四巻。
29　引用は『満州日報』一九三二年六月一七日。ただしRef. B05015780100［第29〜30画像目から］前掲『満支人本邦視察旅行関係雑件』ファイルの斎藤実に送られたメッセージは仮名書である。引用文は、それらを参考に適宜改行を施した。なお外務省及び『大阪朝日』六月二一日では「日本の少女に贈る」となっている。
30　前掲山室『キメラ――満州国の肖像』一二六〜一二七頁。
31　前掲是澤『青い目の人形と近代日本』一六九〜一七〇頁。
32　「満州国少女使節渡来ニ関スル件」Ref. B05016212200［第97画像目から］前掲『外国人来住関係雑件集第二十巻』。
33　前掲「満州国少女使節歓迎会日程」Ref. B05015780100［第38画像目から］前掲『満支人本邦視察旅行関係雑件』。
34　「日満中央協会ノ動静ニ関スル件」Ref. B04012404100［第180〜182画像目から］『本邦ニ於ケル協会及文化団体関係雑件第五巻』（I. 1. 10）。
35　同右、［第184画像目から］。

36 前掲「満州国少女使節一行ノ日程ニ関スル件」。
37 『満州国使節歓迎、満州国即時承認』国民大会開催ニ関スル件」Ref. B05016212400［第144画像目から］前掲『外国人来住関係雑件集第二十巻』。
38 前掲鯉沼「遊説記録第一班鯉沼代表の通信」八〇二頁。
39 「一九二七年二月十日付　シドニーギューリックより渋沢栄一宛書簡」伝記史料三八巻、四三頁。
40 「満州国少女使節一行宝塚観劇ニ関スル件」Ref. B05016212400［第144画像目から］前掲『外国人来住関係雑件集第二十巻』。

第3章　小学生による日満親善の試み――満州国承認と日本学童使節

1 「昭和七年九月八日内田外務大臣より長春田中総領事代理宛電報」「満州国協和会ノ日本使節派遣」JACAR［アジア歴史資料センター：以下 Ref.］B05015716700［第113画像目から］『本邦人満支視察旅行関係雑件』／『便宜供与関係　第一巻』［H・6・1］外務省外交資料館。
2 『日本学童使節満州国訪問記』二三九〜二六四頁。
3 『礼教事業概要』満州国文教部礼教司、大同元（一九三二）年、六七頁。
4 同右。
5 なお『東日』は翌七月二日朝刊二面に掲載。ただし二面は全面広告なので実質は一面で記事の大きさもほぼ同じだが、内容は少し簡略されている。掲載順などからみても『大毎』本社主導で計画されたと推測される。
6 全教連の歴史、および評価については、全体にわたり太郎良信「全国連合小学校教員会研究序説」鈴木博雄編『日本教育史研究』第一法規、一九九三年参照。
7 「全国連合小学校教員会規約」『全国小学校教員精神作興大会御親閲記念誌』全国小学校教員会、一九三四年、三八九頁。
8 前掲『全国小学校教員精神作興大会御親閲記念誌』三二九頁。
9 「教育団体を描く25」『教育週報』昭和七年一〇月二九日付。
10 「加盟団体名簿（昭和九年六月一日現在）」前掲『全国小学校教員精神作與大会御親閲記念誌』三九〇〜三九五頁参照。

11　石戸谷哲夫『日本教員史研究』講談社、一九五八年、三八七頁、久保義三『日本ファシズム教育史』明治図書、一九六九年、二三四頁など。

12　前掲「教育団体を描く25」。

13　「教育団体を描く26」『教育週報』昭和七年一一月一九日付。

14　明治天皇官制で、天皇が内閣総理大臣または宮内大臣の奏薦によって任ずる官。三等以下九等までの高等官。

15　例えば、昭和九年皇太子の誕生とあわせて小学校教員が天皇や国家に対して忠誠をつくす「全国小学校教員精神作興大会」の計画を全教連から提案され、それを文部省は受け入れている。開催にあたり同省は、全教連を表面上の主催者にする。だが「実施に関する諸般の仕事は実際上すべて文部省」で行い、全教連への加盟の有無にかかわらず地方に参加等を呼びかけ、約三万五千の教員が参加し盛大に開催している。民間の教員団体による自主的な教育実践という形にして、実質は文部省が主導しているのである（式部欽一「御親閲と勅語御下賜全国小学校教員精神作興大会に際して」前掲『全国小学校教員精神作興大会御親閲記念誌』三～五頁）。

16　前掲太郎良「全国連合小学校教員会研究序説」三九四～七頁、及び太郎良信「全国連合小学校教員会の成立」『教育学部紀要』文教大学教育学部第39集、二〇〇五年、三一頁。ちなみに昭和七年八月二三日、文部省はマルキシズムに対抗する日本教学の精神的支柱建設のために国民精神文化研究所を設置している。

17　上沼については、出張一夫『廣野を拓いた人々』No.1 東京都台東区立教育所、一九七七年、『民間教育史研究事典』評論社、一九七五年、三三八～三三九頁、参照。近年の研究には渡邊優子「新教育連盟日本支部における『国際化』――『連携』と上沼久之丞――」（『教育学研究』第八〇巻第二号、二〇一三年）があり、参考になる。なお富士小学校は代表的な公立の代表的な新教育実践校であった。その新教育は校長の上沼が教師の自由な研究を奨励し、若い教師がその場を積極的に活用することで展開し、学校を越えた研究交流の場を広げたと評価される（鈴木その子「富士小学校における教育実践・研究活動の展開――昭和初期公立学校の新教育実践――」『東京大学教育学部紀要』第26巻、一九八六年、参照）。

18　同書を大学及び公立機関で所蔵している機関は、管見のかぎり都立中央図書館だけである。ちなみに「龍凰社」は学童使節の帰国後に結成された親睦会であり、執政に献上した建国人形が龍と凰で、しかも満州ではその彫刻が随所にみられることなどから、使節一行全員の投票で会名が決まったという。

19　前掲『日本学童使節満州国訪問記』一頁。なお一字空けの部分は原文のとおりである。以下、同資料の引用は本文中に頁数のみを記す。
20　「第七回全国連合小学校教員会」『帝国教育』五八一号、一九三二年一月、一一四〜一一五頁。
21　少女使節は、六月二三日全教連の本部のある東京市を訪問している。二五日は東京市小学児童歓迎会、全国教員会主催歓迎会、二六日は一ツ橋高等小学校集会、市内見物、東京女子教員会主催茶ノ会、六月二七日は都下代表小学校参観などの交流など、東京市教育局庶務課の斡旋で小学校との交流を行っている。「全国教員会主催歓迎会」と表記されているが、これは全教連のことであろう。
22　『教育週報』昭和七年七月二三日付も同様の経緯を報じている。
23　七月中に東京・名古屋・高知・仙台・広島・北海道・金沢・埼玉、八月中に横浜・鹿児島・大阪が使節の人選を終えた、という。
24　なお地方版は朝刊のみの一面のため月日のみを記すことにする。
25　関一「私たちの使命」『大毎』九月三〇日朝一二面。
26　上沼久之丞「訪満学童使節と国民教育」『帝国教育』六一五号、一九三二年一二月、一三頁。
27　石附実「大正期における自由教育と国際教育」『大正の教育』第一法規出版、一九七八年、五七〇〜五七二頁。
28　中内敏夫「上沼久之丞」『民間教育史研究事典』評論社、一九七五年、三三八頁。
29　前掲渡邊優子「新教育連盟日本支部における『国際化』――『連携』と上沼久之丞――」八三頁。
30　前掲上沼「訪満学童使節と国民教育」一四頁。
31　同右、一三頁。

第４章　満州国と少女・少年――日本学童使節のイベント化とその政治的利用

1　『日本学童使節満州国訪問記』一七〜一八頁。
2　同右、三三〜三四頁。なお『日本学童使節満州国訪問記』「第四メッセーヂ」には関東州・満州国・満州国（中国語訳）・

朝鮮とともに、満州国少女使節に託された鄭孝胥国務総理による「日本少女へ贈る」の五つのメッセージの全文が採録されている。引用は同書による。

3　同右、三四頁。

4　笹川は評論家で、『帝国文学』の編集に従事、日本近世の文学・美術に通暁していた。山田は『日本人形史』冨山房、一九四二年等の著書のある人形研究家としても知られ、翌年満州国建国一周年の祝賀に代表少女四名とともに満州国人形使節の一員として渡満する人物である。

5　『東京朝日新聞』一九三二年、九月四日付号外。

6　近代日本史史料選書6・2『本庄繁日記』昭和五年〜昭和八年、山川出版社、一九八三年、二五三〜二五四頁。

7　前掲『本庄繁日記』二五五頁。

8　例えば、昭和七年六月「日満中央協会」の幹部が満州国要人の訪日を要請したところ、「同国ハ前後二回ニ亘リ閣議」を開き、はじめ謝介石の訪日を決定したが、謝は満州国の正式承認の際は公式使節として派遣するべき立場になるので、「丁交通総長ニ変更」している。「日満中央協会ノ動静ニ関スル件」JACAR［アジア歴史資料センター：以下 Ref.］B04012404100［第180〜182画像目から］『本邦ニ於ケル協会及文化団体関係雑件第五巻』（I.1.10）（外務省外交史料館）。事実、謝は一〇月一七日に溥儀の名代の満州国特使として日本を訪問している。

9　前掲『本庄繁日記』二五七頁。なお『日本学童使節満州国訪問記』の記述やその日の本庄のスケジュールからみて面会は八時半であったと推測される。

10　新聞では武藤と同型の人形となっているが、制作元の吉徳商店発行のカタログ『趣味の人形』をみると鄭孝胥と同じ人形（春駒にまたがった姿）である。

11　前掲江口『日本帝国主義史論』第六章「満州事変と大新聞」参照。

12　江口圭一『昭和の歴史』第四巻、小学館、一九八八年、一〇九〜一一〇頁。

13　当時の新聞報道は「湖」を「溝」とあやまり伝えたために、このような表記となっている。

14　佐藤卓己『キングの時代――国民大衆雑誌の公共性』岩波書店、二〇〇二年、参照。

15　『放送五十年史』日本放送出版協会、一九七七年、七五頁。

16 竹山昭子『ラジオの時代――ラジオは茶の間の主役だった』世界思想社、二〇〇二年、三三頁。
17 日本放送協会編「調査時報」昭和七年五月一五日『放送五十年史』資料編、日本放送出版協会、一九七七年、二八四頁。
18 前掲『放送五十年史』資料編、六六四～六六五頁。
19 ちなみに九月一八日の「夜の子供の時間」は、大阪童話教育研究会出演の「童話劇良寛和尚の童心月と兎の物語」であった。
20 前掲『放送五十年史』六一～六二頁。
21 前掲『放送五十年史』資料編、二八五頁。
22 Ref.B05015716700［第2～9画像目から］『本邦人満支視察旅行関係雑件』／『文化便宜供与関係第一巻』（外務省外交史料館）。但し満鉄については、発信者は坪上文化事業部長名である。
23 上沼久之丞「訪満学童使節と国民教育」『帝国教育』六一五号、一九三二年一二月、一〇頁。
24 「故正七位篠原義政位階追陸ノ件」Ref. A12090312900［第6画像目から］『叙位裁可書・昭和十八年・叙位巻二十八・臨時叙位』（国立公文書館）。
25 篠原義政『満州縦横記』（改訂版）国政研究会、一九三二年一二月、一頁。
26 同右、九頁。
27 満鉄附属地は関東州以外に満鉄の沿線用地および停車場のある市街地で、この地域内では日本領事が裁判、外交権、関東庁が軍事、警察権をもち、満鉄が土木、教育、衛生などの施設を整備し、その費用を附属地住民から徴収する権限をもっていた。
28 前掲篠原『満州縦横記』五八頁。
29 同右、七九頁。
30 同右、八〇頁。また前掲『満州国建国と五省の富源』も、迷信により行動する彼らの行動と銃器を三分の一ぐらいしか持たないことにふれ、「日本軍隊長曰く、大刀会、紅槍会匪の突撃には初年兵の実弾射撃の標的に又となき機会だ。……二三十米の手頃の処に而も密集して数百或は数千も来るのだから盲目が撃つ鉄砲でも中る」（六〇七頁）と記している。
31 前掲篠原『満州縦横記』二六頁。

32　同右、二八頁。
33　同右。
34　同右、八七～八九頁。
35　Ref.B04012404100［第192画像目から］前掲『本邦ニ於ケル協会及文化団体関係雑件』。
36　「既住事業概要日満中央協会」Ref.B04012404100［第221画像目から］。
37　『東京朝日新聞』一九三三年四月二五日。
38　「人形使節一行経過報告書」Ref.B05015717200［第146画像目から］前掲『本邦人満支視察旅行関係雑件』。
39　同右［第147画像目から］。
40　『満州日報』一九三三年六月八日。
41　「人形使節一行経過報告書」Ref.B05015717200［第147画像目から］前掲『本邦人満支視察旅行関係雑件』。
42　山田徳兵衛「人形の旅から帰りて」『東京玩具商報』三五六号、一九三三年七月、四頁。
43　「人形使節一行経過報告書」Ref.B05015717200［第147画像目から］前掲『本邦人満支視察旅行関係雑件』。
44　前掲山田「人形の旅から帰りて」四頁。
45　『東京朝日新聞』一九三三年四月二五日。
46　『帝都訪問学童団記念写真帳』大阪毎日新聞社、一九三四年二月一五日。
47　李錬「朝鮮総督府の機関紙『京城日報』の創刊背景とその役割について」『メディア史研究』21、二〇〇六年一二月、一〇一頁。
48　『京城彙報』一五〇号、一九三四年三月、三八頁。
49　なおこれとほぼ同じ内容が、『朝鮮』二二六号、一九三四年三月号、一四三頁に採録されている。
50　前掲李錬「朝鮮総督府の機関紙『京城日報』の創刊背景とその役割について」一〇一頁。
51　概要は、前掲是澤『青い目の人形と近代日本』を参照されたい。
52　学童使節には男子も含まれているが、新聞社の当初の計画は少女使節答礼のための少女を中心に選抜する予定であり、学童使節も男子七名、女子八名と女子の方が多い。

1　『目で見る仙台の一〇〇年』郷土出版社、二〇〇一年、一九頁。
2　畑井洋樹「『多門通』の誕生について～当時の新聞記事を中心に～」仙台市歴史民俗資料館『調査報告書』第26集、仙台市教育委員会、二〇〇八年、一一四頁。なお佐藤雅也「近代仙台の慰霊と招魂（2）——誰が戦死者を祀るのか——」仙台市歴史民俗資料館『調査報告書』第35集、仙台市教育委員会、二〇一七年もあわせて参照。
3　L・ヤング（加藤陽子・川島真・高光佳絵・千葉功・古市大輔訳）『総動員帝国』岩波書店、二〇〇一年、四〇頁。
4　教育総監部編『満州事変忠勇美談』（川流堂、一九三三年）「敬上恵下（将兵一体の心）之部」七九～八六頁。
5　『偕行社記事』一九三一（昭和六）年十月六八五号。
6　前掲佐藤、一頁。
7　憲兵司令官外山豊造「戦死者遺族の言動其他の状況に関する件報告」（一九三一年一〇月一〇日）藤原彰・功刀俊洋編『資料日本現代史八　満州事変と国民動員』大月書店、一九八三年、八七頁。
8　憲兵司令官外山豊造「満洲事変戦死者慰霊祭の状況に関する件報告」（一九三一年一〇月一六日）同右、九二頁。
9　前掲佐藤、一頁。
10　同右、一九頁。
11　『仙台愛国少年』創刊号、一九三三年、九一頁。以下児童の名前は省略し、男女の別を明記の上、『仙台愛国少年』としてページ数のみを記す。
12　『宮城県教育百年史』第二巻、ぎょうせい、一九七七年、一九九頁。
13　前掲憲兵司令官外山豊造「戦死者遺族の言動其他の状況に関する件報告」『資料日本現代史八　満州事変と国民動員』八七頁。
14　前掲憲兵司令官外山豊造「満洲事変戦死者慰霊祭の状況に関する件報告」同右、九二頁。
15　前掲畑井、一五八頁。

16　同右、一六〇頁。ただし赴任時は、乗馬姿の軍人を沿道から見守る二重、三重になった人々の姿が見えるが、後の凱旋時のような小旗を振ったり、歓声をあげたりというような様子はみられない、と畑井は指摘している。

17　仙台市愛国少年会連盟の機関紙『仙台愛国少年』創刊号（全九八頁）には、松岡少年の「東北代表学童使節訪満誌」が掲載されている。これは『日本学童使節満州国訪問記』とは別な内容であり、特に本書と関わりが深いので資料として全文を巻末に紹介する。また仙台市愛国少年会連盟に関する資料としては、同創刊号の「設立経過大要」「規約」を参考までに合わせて掲載した。所蔵しているのは、管見のかぎりでは仙台市歴史民俗資料館だけである（宮城県図書館に第6号、大阪府立中央図書館国際児童文学館に第7号の所蔵が確認できる）。

18　前掲『宮城県教育百年史』第二巻、一九六頁。

第6章　『少年倶楽部』と学童使節——軍国少年・少女誕生の背景

1　佐伯郁郎『少国民文化をめぐつて』日本出版社、一九四三年、三頁。

2　「資料幼少年少女読物改善問題」警保局図書課『出版警察資料』第三三号、一九三八年（『出版警察資料』13、不二出版、一九八二年）参照。なお『出版警察資料』第三二号「資料幼少年少女雑誌改善に関する答申案」をあわせて参照。

3　「少国民文化協会」の設立経緯を扱ったものとして浅岡靖央『児童文化とは何であったか』つなん出版、二〇〇四年がある。

4　例えば、山中恒『ボクラ少国民』全五巻・補巻、辺境社、一九七四～八一年、等一連の著作のほか『少国民戦争文化史』辺境社、二〇一三年がある。さらに、早川タダノリ『愛国の技法——神国日本の愛のかたち』青弓社、二〇一四年、久保井則夫『絵で読む大日本帝国の子どもたち——戦場へ誘った教育・遊び・世相文化』柘植書房新社、二〇〇六年、など。

5　『赤い鳥』は昭和四年に休刊、同六年に復刊するが一一年には終刊している。

6　当時の人口は六千万人、約八〇冊に一冊という驚異的な売行きだが、同社はその前後にさまざまな年齢層の大衆にあわせて大正三（一九一四）年『少年倶楽部』、大正九（一九二〇）年『婦人倶楽部』、大正一二（一九二三）年『少女倶楽部』、大正一五（一九二六）年『幼年倶楽部』を発行する。なお少年倶楽部の発行部数に関しては、加藤謙一『少年倶楽部時代』

講談社、一九六八年、黒古一夫監修『少女倶楽部・少女クラブ総目次』上巻、ゆまに書房、二〇一〇年を参照。。
7 岩橋郁郎『少年倶楽部の読者たち』ゾーオン社、一九八八年、八二頁。
8 『少年倶楽部』の編集方針については、同誌創刊二年目の第二巻四号（一九一五年）の「本誌の編集方針」、創業者である野間清治の出版事業と修養論については田嶋一『〈少年〉と〈青年〉の近代日本人間形成と教育の社会史』東京大学出版会、二〇一六年が参考になる。
9 尾崎秀樹『思い出の少年倶楽部時代――なつかしの名作博覧会――』講談社、一九九七年、三四四頁。
10 同右、三七五頁。
11 佐藤忠男「少年の理想主義」『大衆文化の原像』岩波書店、一九九三年。
12 奥野健男「『少年倶楽部』の廃刊」『文学的制覇』春秋社、一九六四年、三七二～三七三頁。
13 前掲佐藤「少年の理想主義」一〇四～一〇五頁。
14 山中恒・山本明編『勝ち抜く僕ら少国民』世界思想社、一九八五年、六六・七六・一一一・一三三頁。
15 安丸良夫『近代天皇制の形成』岩波書店、一九九二年、一九頁。
16 丸山真男『日本の思想』岩波書店、一九六一年、三三頁。
17 佐藤秀夫「解説」『続現代史資料八　教育』みすず書房、一九九四年、一六頁。
18 小野雅章『御真影と学校――「奉護」の変容』東京大学出版会、二〇一四年、三七二～三八二頁。
19 加藤謙一『少年倶楽部時代』講談社、一九六八年、一六六～一六七頁。
20 もちろん天皇や皇族の「御肖像」その他に関する取締は明治二五（一八九二）年からみられ、「御宸筆」「御名御璽国璽」など出版禁止の範囲は広がる傾向にあった。しかし大正一三（一九二四）年ごろから事情が変化し、一度取り締まりがゆるめられ、一九三〇年代に入り再び厳しくなるという経緯をたどる（由井正臣他『出版警察関係資料　解説・総目次』不二出版、一九八三年、二二～二三頁）。
21 前掲江口『日本帝国主義史論』一六六頁。戦争支援の女性の参加については、L・ヤング（加藤陽子・川島真・高光佳絵・千葉功・古市大輔訳）『総動員帝国』岩波書店。二〇〇一年、第三章を参照。
22 前掲山中、山本編『勝ち抜く僕ら少国民』六・一六～二一頁。

23 丸山真男『増補版現代政治の思想と行動』未来社、一九八一年、二八一～二八二頁。
24 上笙一郎『日本児童文学の思想』国土社、一九七六年、一六〇～一六八頁。
25 前掲山中、山本編『勝ち抜く僕ら少国民』二〇頁。
26 前掲伊藤「『開かれた』イデオロギー――装置」九三～九四頁。
27 佐伯彰一『内なるアメリカ・外なるアメリカ』新潮社、一九七一年、五〇～五一頁。
28 同右、五三頁。
29 同右、五五頁。
30 一九三〇年代の民衆レベルの対米イメージの研究は、佐伯彰一「仮想敵としてのアメリカのイメージ」加藤秀俊・亀井俊介編『日本とアメリカ相手国のイメージ研究』日本学術振興会、一九九一年、を参照にした。なお、『少年倶楽部』を中心に対米イメージの形成を取り上げた研究に、田中秀東「児童雑誌『少年倶楽部』における対米イメージ――一九三一－一九三七――」上智大学アメリカ・カナダ研究所編『アメリカと日本』彩流社、一九九三年、また同誌に一九三〇年代に連載された平田晋策「昭和遊撃隊」と佐々木邦「トム君サム君」を対置させて、当時の日本人のアメリカ像にふれたものに澤田次郎『近代日本のアメリカ観　日露戦争以後を中心に』慶応義塾大学出版会、一九九九年がある。
31 会津信吾解説『少年小説体系17巻』三一書房、一九九四年、五一三頁。
32 前掲澤田『近代日本のアメリカ観』二六七頁。
33 石丸の言動は「日本を必勝に導く秘策は軍機で言うことができないと読者を言いくるめ、精神主義を持ちだして、軍事評論家として保つべき客観性や冷静さ放棄」するが、このような「筋書きは石丸だけでなく、当時の多くの日米未来戦の作家に共通する」と田中秀東は指摘する（前掲「児童雑誌『少年倶楽部』における対米イメージ」六八頁）。また第一次大戦直後のものは敵としてのアメリカがいかに恐るべき相手かに憂慮しそのための決意と準備を説く傾向があるが、平田晋策は不利な条件にはふれるが、全体としては一貫して楽観的であり、その態度は「一応平静かつ客観的とみえながら、じつはより積極的・攻撃的」だと佐伯は指摘する（前掲「仮想敵としてのアメリカのイメージ」二一六頁）。
34 前掲佐伯「仮想敵としてのアメリカのイメージ」二二四頁。
35 同右、二一六頁。

36　前掲佐藤「少年の理想主義」一一九〜一二二頁。
37　前掲伊藤「『開かれた』イデオロギー――装置」。
38　前掲田中「児童雑誌『少年倶楽部』における対米イメージ」七一頁。
39　是澤博昭『青い目の人形と近代日本』世織書房、二〇一〇年。

終　章　軍国少年・少女の誕生

1　江口圭一『日本帝国主義史論』青木書店、一九七五年、一六四頁。
2　山室信一『キメラ――満州国の肖像』中公新書、一九九三年、一二五頁。
3　吉見俊哉「メディア・イベント概念の諸相」津金澤聰廣編『近代日本のメディア・イベント』同文館、一九九六年、六、一一から一二頁。
4　なお前掲『戦時期日本のメディア・イベント』では「戦時期マスメディア・イベント年表（一九三一〜一九四四）」（井川充雄編）がまとめられているが、学童使節の記載はない。
5　江口圭一『昭和の歴史』第四巻、小学館、一九八八年、一一一〜一一二頁。なお加藤陽子『満州事変から日中戦争へ　シリーズ日本近現代史⑤』岩波新書、二〇〇七年も合わせて参照。
6　L・ヤング（加藤陽子・川島真・高光佳絵・千葉功・古市大輔訳）『総動員帝国』岩波書店、二〇〇一年、三〇頁。
7　佐伯彰一「仮想敵としてのアメリカのイメージ」加藤秀俊・亀井俊介編『日本とアメリカ　相手国のイメージ研究』日本学術振興会、一九九一年、二一一頁。
8　安丸良夫『近代天皇制の形成』岩波書店、一九九二年、二六九〜二七〇頁。
9　前掲ヤング『総動員帝国』。

●資料（旧漢字は新漢字にしている）

東北代表学童使節

訪満誌

榴岡尋常小学校　六年生　松岡達

〈『仙台愛国少年』創刊号、昭和八年、八五〜九〇頁（仙台市歴史民俗資料館所蔵）〉

【九月二十四日】

午前七時（日本時間八時）大歓迎を受けながら、我がウスリー丸は大船体を大連埠頭に横づけた。まもなく僕らは三日間お友達となつたウスリー丸と別れをつげて、大陸の第一歩を力づよくふみ入れた。

陸では満洲人の苦力《クリー》が汗だく〳〵で働いてゐた。我等一行は大連の児童の打ち振る日満両国旗の波の中を、大連神社に参拝し、つゞいて表忠塔に参拝する。日清日露の戦役に戦死なされた我が忠勇なる軍人の魂がこゝに永久にねむり、護国の鬼となつて我等を守つて下さるのだと思ふと、我知らず感激の涙が流れた。

市長様、民政署長様、満鉄、満洲日報社を御訪問して有り難いお言葉や御注意をいたゞいた。午後一時二十分歓迎会場に出席、午後四時たいへん盛大に終つた。

僕は皆様の御厚意にたいし厚く感謝した。午後五時初めて宿のヤマトホテルに入り、室わけをして六時半より晩餐会に出席、市長様よりお話を承つた。

【九月二十五日】

午前七時五十分ホテルを出発し旅順に向ふ。途中馬の死がいが道端に横たはつてゐるのや、高粱の林、満洲人の家屋などを見た。中でも珍しかつたのは低い石山の麓に山羊の群れてゐるのだつた。これは実際満洲らしい感じがする。午前九時半旅順着、関東庁を訪問した。

それから各所の戦跡をだづねたが、今まで何心なく歌つてゐた水師営会見の歌、「我はたゝへぬ彼の防備」の実際の所を見て、ロシヤ軍の防備のげん重なのに驚くと共に、乃木大将が苦戦されたのも無理ではないと思つた。乃木大将のお墓に野菊をたむけ、コンドラ将軍のお墓にも心から手を合わせた。表忠塔にも参拝し、旅順博物館も見学した。

それより水師営にも行つたが、乃木、ステツセル両将軍会見所の民屋には、無数の弾丸の跡が残つてゐた。又この時のテーブルは、病院の手術台だつたときいて、無量の感に打たれた。名高いなつめの木がいつぱいに実をつけて、昔を物語るかのやうに枝を張つてゐた。

帰りには千八百年前の古墳を見学、その立派なのと、精巧なのに驚いてしまつた。これは最近道路工事の際発掘したのださうである。夕方大連に帰る。


【九月二十六日】

午前八時半ホテルの大広間で満洲国初代公使の鮑観澄様にお目にかゝり、いろ〳〵と有りがたいお言葉をいたゞいた。九時二十五分ホテル出発、満蒙資源館に向ふ。

案内の人に満蒙現勢模型、満蒙鉱山物の標本及び撫順炭坑露天掘の模型について説明していたゞいた。数種の化石、石炭、油母頁岩、玄武岩の桂状節里、自然金、及び鉄、六十五グラムもある砂金、その他種々の鉱物を見て、満蒙の鉱産物の豊富なことをさとり得た。林産物もなか〳〵多い。

十一時此所を後にして露店市場に向つた。着いて見ると町は非常にきたなく、いやなにほひがする。昔はどろぼう市場などゝ言ったさうだ。

それから支那商人、手品師、支那人の入浴場、アヘンの吸引等を見学した。吸入室に入ると、支那人がたくさんゐて、盛に吸つてゐた。

【九月二十七日】

午前九時盛大な歓送を受けながら大連駅を出発した。列車は満鉄特急の『鳩』だ。内地とちがつて広軌なので、実にすばらしい速力だ。途中湯崗子温泉駅で、我等の兵隊さんと感激の深い最初の面会をした。こゝには陸軍の療養所があり、各地の戦闘に名誉の負傷をされた兵隊さんが保養していらつしやるのだ。白い着物に不自由な身体をつゝんだ兵隊さんに僕等は心から感謝し、お慰めして上げた。

窓外の景色は実に雄大で、見渡すかぎり高粱の畠だ。丈高い高粱を見ると、畠と言ふよりも林のやうな感じがする。

途中停車した各駅には、駅前の広場に鉄条網が張つてあり夜になると強力の電流を通ずると聞いた。又列車中には武装した兵隊さんが必ず乗つてゐて、旅客にこの上もない安心を感じさせる。

名高い赤い夕日も、この列車より完全に見ることが出来た。実に美しい、地平線に太陽が沈む時は、あたりの物が真赤に染まり、その光景はとても内地では見ることも出来ず言ひあらはす事も出来ない。たゞ「赤い夕日の満洲」が一番に、ふさはしいと思つた。

午後八時半、停車場もわきかへる程の御歓迎の中に、無事新京に着いた。

【九月二十八日】

今日は最も重大な使命を果たすべき日だ。午前十時半、執政府にて、執政閣下に拝謁を賜つた。謁見所はずゐぶん奥にある。閣下は洋服を召して紫色のお眼鏡をおかけになり、たいへんお丈の高い立派なお方でいらつしやつた。いろ〳〵と有り難いお言葉を賜り、尚今後も東洋平和の為につくせよと仰せられた。それから記念写真の撮影までおゆるしになつた。殊にも僕はなでゝいたゞいたり、お言葉を賜つたりして非常に光栄だつた。永く〳〵忘れられぬ名誉である。

それより日本総領事館を訪問し、つゞいて国務院に参り、鄭国務総理にお目にかゝつた。閣下は御多忙中を我等一行を御引見下され、一同に一々ちがつた書を下された。

謝外交総長様もおたづねした。閣下はやさしい、そして非常に英雄的な感じのする方だ。僕等の為に支那芝居を見物させて下さつたり、いろ〳〵とおもてなしをいたゞき、感謝にたえなかつた。

午後二時より満洲国の皆様の歓迎会に出席、非常に盛会であつた。

夜宿に帰つて見ると、なつかしい仙台四連隊の兵隊さんが二人迎へに来て下さつた。僕は故郷仙台で、知事様、市長様その他師団や四連隊からたのまれたメッセーヂを持つて田中中佐を訪問した。

新京の夜は実に淋しい。その折中佐様から、多門師団長が僕に会ひたいとおつしやつたと伺つて、ほんとうに感激した。十時四十分宿に帰る。

【九月二十九日】

午前八時三十分宿を出発、独立守備隊や四連隊を訪問した。兵隊さん達は非常によろこばれて、たくさんの兵器やタンクを見せていたゞき、鉄カブトもかしていたゞいた。鉄カブトはたいへん重い。首がちゞんでしまふやうだ。

それから寛城子の戦跡をたづねたが、未だ血の跡が残つて居り、日本軍の苦戦が察せられて、凄惨であつた。

県立女子小学校も訪問、唱歌、遊戯、国語、常識、音楽、図画など見学したが、図画と手芸の上手なのには実に驚いた。それより血なまぐさい南嶺の戦跡をたづねたが、倉本少佐を初め我が忠勇なる将士の、ま新しいお墓に手を合わせた時は、感謝の涙がほゝを伝ふるのをどうすることも出来なかつた。

賓宴楼における鄭国務総理、謝外交総長両閣下御招待の午餐を終へ、それより長春高等女学校の大座談会にのぞんだ。

【九月三十日】

思出多い新京を後に午前八時三十分奉天に向ふ。午後一時二十分無事着いた。直ちに南口広場に於ける歓迎式にのぞんだ。

それより奉天神社に参拝、玉串を捧げ、次に忠霊塔に参拝する。

関東軍司令部を御訪問して、武藤大将にお目にかゝり、建国人形をお贈りした。

省公署、市政公所、日本総領事館、満鉄、居留民会、警察署を訪問して、記念品やら有り難いお言葉やらをいたゞいた。殊に警察署でいたゞいた蒙古剣は、珍しくうれしかつた。

宿舎瀋陽館には入り、午後七時より春日小学校講堂に於ける日鮮児童の歓迎会に出席、たいへん盛会であつた。

【十月一日】

午前七時宿を出発し、北大営の戦跡を武装した警官五人に守られて見学した。戦跡らしい気分が一杯にみなぎつてゐる。この戦ひの当時内地ではラヂオに新聞に、毎日のやうに血なまぐさい、そして勇ましい事どもが書かれたり放送されたものだ。あの時分の事など思ひ出し、こうしてこの戦跡を見るにつけても、万感胸にみつる思ひがして、感激にたえなかつた。

北陵も見学した。奉天駅の北方一里半、満洲にもこんな所があるのかと思ふ程のうつ蒼たる松林がある。建物は壮麗を極め、日本の日光を思ひ出させる。今を距る二百七十年前の建造ときくが、美しい大理石で築造された数多の門や、各種の怪しげな石豹、石馬、石獅、石駝、石象など精巧を極めそゞろに当時の東洋文明をしのばせる。陸恩門を入り陸恩殿に行くには階段が三つあるが、中央は天子の昇降し給ふ玉階なさうで、大理石で作つた階段全部に精巧な龍の彫刻が一杯にしてあつた。

張学良邸へも行つた。我が首相官邸などは、足元よりつけぬぜいたくさで、建物の壮麗なのには驚歎した。内部の道具など皆金や銀を用ひてゐる。又子供の玩具と言ふのを見て驚いた。その中に二メートル位の吉林省でとつたと言ふ虎の剝製二匹、二尺位の銀の舟、長さ四メートル位の軍艦の模型などがあつた。

それより博物館、兵工廠、飛行場、大南門城壁等を見学した。

午後一時満洲協和会を訪問し、交歓茶話会を開いていたゞいた。こゝで支那手品、高足踊り等を見せていたゞく。それより旧同沢女学校に於ける歓迎会に出席したが、非常に盛会であつた。

夜八時半より僕達の代表、北海道の山口君と大宮の関根さんがラヂオで内地へ放送した。

【十月二日】

午前七時宿を出発憲兵司令部、独立守備隊を訪問、八時四十分撫順に向つた。列車は僕らを乗せて赤茶色にうれて刈り取られた高粱の林の中を幾度となく通りぬけて、万歳々々の声に迎へられてホームにすべり込んだ。時に十時十分。

僕等は熱狂する皆様の大歓迎にこたへながら、独立守備隊、警察署、実業協会、満鉄を訪問、又撫順神社に参拝した。

午後炭坑に向ふ。炭坑の内部を上から見下した光景は実に壮観であつた。幾段にも別れた石炭の上を石炭を山と積んだ炭車を引いて行く機関車が、まるでマッチ箱のやうに小さく見える。太陽こそ照らないが、黒色の石炭の壁は黒光りに光つてゐる。

今は地下百米の所まで掘り下げてゐるが将来は三百米の所まで掘る計画が出来てゐる事や国際連盟の調査団が来た時、さすが世界一をほこる米国人もあいた口がふさがらなかつた事、その他いろ〳〵説明していたゞいて驚きの声をあげずには居られなかつた。それより製油所に向ふ。こゝで勇ましかつたのは油母頁岩をくだく所だつた。この岩はくづれる時や汽車から下す時は物凄い音がする。僕は各種の鉱石を拾つて記念とした。それより日満児童主催の歓迎会に出席、四時十分川上中隊長を初め撫順の皆様のお見送りの中を奉天に帰る。列車中には守備隊よりの御厚意の伝書鳩十五羽と兵隊さんが一人乗つてゐた。この鳩は僕達の通信を列車中より送るのである。一生懸命お便りを書いて、かはいらしい鳩の赤い足に結んで放つた。鳩は列車の上を二三回舞ひ、やがて夕焼の空高く撫順の方へ向つたやうだつた。僕は一心に鳩の成功を祈つた。

【十月三日】

午前九時名残を惜しみつゝ奉天を出発。四時三十五分列車は無事安東駅のホームにすべり込んだ。大歓迎を受けながら県公署や各所を訪問の後、歓迎会に出席御挨拶申し上げた。夜宮城師範御出身の朴先生が僕をホテルにおたづね下され、実に感謝にたえなかつた。

【十月四日】

守備隊を訪問の後、鎮江山上の表忠碑に参拝した。それから有名な鴨緑江の開閉橋を開いて見せていたゞく。僕等は小舟に乗つて江上に出で、開閉橋の下まで行く。此の頃は大船の航行がないので開かないのださうだが、僕等の為わざ〳〵開いて下さるのだ。橋の根に五六人の人がよつてロクロをまわした。この人力と電力が一しよになつて橋が開く。見てゐる中に大きな橋がスル〳〵と開いて来た。この橋を開くのは我が国新義洲の方の権利と伺つて、とても愉快だつた。短い間に御親切をいたゞいた皆様とお別れして午後一時思ひ出なつかしい満洲に名残りを惜しみつゝ、嵐のやうな大歓送の中を安東駅を後にした。名高い鴨綠江の大鉄橋を渡つたが驚いた事には満洲から朝鮮に直接かけてあるのではなく、江の中程にある島を利用して二つに別れてゐるのだつた。内地にあつて、写真を見ながら想像した方が遙に立派だつたのに思はず苦笑した。鉄橋を渡り終へていよ〳〵朝鮮に入つた時は、何とも知れずほんたうに安心を感じた。

会報

仙台市愛国少年会連盟〈『仙台愛国少年』創刊号、昭和八年、八五〜九〇頁〉

設立経過大要

「我が仙台市愛国少年会連盟はどうして出来たか」についてみなさんにわかり易く報告致しませう。

昭和六年から七年にかけて日本は非常時といはれたやうに、外は満洲事変から国際連盟との間がむつかしくなつて世界を相手として交渉を進め、内は不景気で、生活にも困るといふ有様でした。

この時です。日本人はふるひ立ちました。三千年この方きたえ上げられた日本精神が燃え立つて、自力更生となり愛国の熱情となり、全国各所に愛国団体が組織されさうな機運となつてまゐりました。

この時はやく仙台市長さんが心ひそかに組織をお考えになつて居られました。

昭和七年十一月二日の市内小学校長会に正式に問題となり、規約の制定其の他具体的な議を練つたが、その後もしば〳〵会合して先づ各小学校に愛国少年会を設ける事となり、設立趣意書（次の如きもの）をみなさんの保護者各位に配つて賛成を求めました。

仙台市愛国小年会設立趣意書

我が国の現状は今更申すまでもなく誠に憂慮に堪へないものがあります。経済界の不況は其の極度に陥り、国民の思想は動揺を来し外には又満洲といふ難問題あり、容易ならぬ危機に迫り真に国難来と申すべきであります。然るに最近国内各所に各種団体が猛然として立ち愛国運動に、自力更正に、真剣なる国難打開の叫を聞くに至りましたことは三千年来日本精神の伝統を有する国民として、さもあるべきものと痛快に思ふ次第であります。

此の秋に当り市内各小学校は、時局に鑑み相図り、尋常第五学年以上の男女児を以て『愛国少年会』を組織し、更に之を構成分子とする『仙台市愛国少年会連盟』を作り、少年少女をして自治的に此の非常時に処するの道を講ぜしめんとするものであります。勿論小学校は国民の基礎教育たる以上、平時に於いても国体の精華を体し、忠君愛国の精神涵養に力めつゝあることは今更申すまでもありません。従つて児童に於いても最近の我が国状を憂ふること切なるものあることは事実であります。唯、吾々は時局多難に際し此の志を結集し大同団結の力に依つて、更に一層愛国精神を高潮し、以て挙国一致の実を挙げんとするものであります。

保護者各位には宜しく此の挙を賛せられ、進んで御後援の程を切に翼ふ次第であります。

猶一ケ年を通じて児童一人当借金参銭位の会費を頂くかも知れませんから予め御了承願ひ上げます。

昭和七年十一月三日

仙台市立各小学校

保護者各位

各校ではそれ〴〵十一月十日、国民精神作興に関する詔書奉読式の日を期して一斉に発会式を挙げたのでした。これで連盟の基礎が出来たのです。

それから各愛国少年会長の協議で連盟の規約が出来、澁谷仙台市長さんを総裁と仰ぎ、市内一万二千の会員が連合して仙台愛国少年会連盟が成立したのです。

この第一回総会は十一月十三日を以て仙台市公会堂に於て開催されました。

本連盟は誕生後日猶浅く目覚しい活動は致しませんが、二月十一日建国祭に際して団員一同式及大行進に参加し当日遙かスイスのジュネーヴにある国際連盟帝国代表松岡洋右閣下に対し次のやうな電報を発しました。

『紀元節に際し閣下の御健闘を感謝す』仙台市愛国少年会連盟

又機関雑誌『愛国少年』を発行し、一方近いうちに多門第二師団長閣下をお招ぎして講演会を開かうとの計画もして居ります。

あとがき

私の研究室は靖国神社、千鳥ケ淵戦没者墓苑の近くにあり、時々授業の空き時間などにその周辺を散歩する。休憩をかねて、昭和の資料を中心に所蔵・公開する田安門の脇の昭和館に立ち寄ることも多い。ここは無料で昭和初期のニュースや映画などを見ることができるからだ。ある日なにげなく同館に立ち寄り映像をながめていると、今まで昭和九年に分類された資料なので気がつかなかったが、満州国少女使節と協和会の女性使節を紹介するニュース映画に出くわした。日本人の発音ではない流暢な日本語で挨拶をする、少女使節雷静淑と協和会女性使節馬士傑の声と姿を実際の映像で見聞きするうちに、歴史に埋もれた彼女たちの事例を紹介することに（思い上がった言い方かもしれないが）使命感のようなものを感じた。

＊

本書は前著『教育玩具の近代』『青い目の人形と近代日本』のいわば続編でもある。すなわち近代教育の対象として幼児を含む子ども全体を意識し始めた日本人の間に、純粋・無垢な存在という子ども観が浸透する。それが日米人形交流の成功体験と融合することで、国内外の対外イメージの形成のために、子どもや少女を活用することの有効性を知る。そして満州事変以降、平和・友好の美名のもとに、日本のアジア侵略を正当化する手段として、国民的規模で子どもというイメージを動員することにつながるのである。その代表的な事例が満州国少女使節であり、日本学童使節であり、うら若き女性を広告塔にした協和会使節であった。それはマスコミや教育関係者をはじめとする、子どもを巻き込んだ官民一体の独善的な日満親善交流である。

私の研究は、公文書や法令などの公的な資料にほとんどあらわれることない「子ども」をとおして、日本人の日常生活の動向を検証することで、これまでの歴史研究には表れにくかった近代日本の姿を、別の角度から少しでも浮き彫りにしたい、という希望から出発している。ルース・ベネディクトは名著『菊と刀』で、第二次世界大戦中にみせた日本兵捕虜の不可解な行動を紹介する。日本流に最後まで戦い抜くと思い込んでいた兵士の中には、想像を超えた模範的な捕虜に一八〇度変身するものもいて、日本軍の兵力配備や弾薬の集積場を積極的に説明し、はては爆撃機にまで同乗して軍事目標に誘導するなど、手のひらを返したような協力ぶりであった、という。おそらくそれは鬼畜米英から一転して占領軍を迎え入れた敗戦直後の日本人の姿や排日移民法の成立から日米人形交流にみられる反米から親米へと揺れる両極端な反応にも通じるものであろう。それと同じような熱狂をみせる満州事変から満州国の建国期に焦点をあてて、何かに憑りつかれたような反応をみせる日本人の集団行動の源泉の一端を、「子ども」というフィルターをとおして覗いてみたい。そこで本書は子どもによる日満親善交流から近代日本人の心性の一端に、少しでも迫ることを目的とした。

さらに機会があれば、日中戦争から敗戦までの間に近代的子ども観に映しだされる諸相、つまり学校教育をこえて軍国少年少女を国家的に創りだそうとするシステムを構築するまでに暴走する児童文化関係者の行動からみえるものとは何か、少国民文化協会を中心とする一九四〇年代を経て、その逆転現象がおこる一九五〇年代までを視野に入れて描いてみたい、と考えている。

なお「子供」「子ども」「こども」の表記は、今回は「子ども」で統一した。ただし子どもの人権云々という視点から「子供」の表記をさけているのではない（拙著『子ども像の探求』付論1）。純粋無垢というイメージを連想する意味でも、ソフトな表記である「子ども」の方がふさわしいと判断したからである。

＊

本書に取り組む直接のきかっけは、渋沢研究会の平井雄一郎さんから、ある研究誌が「異文化接触としての日米交流史」という特集を組むので、そこに論文を寄稿しないか、というお誘いを受けたことにはじまる。よろこんで承諾してみたものの、差し迫った仕事と重なり、資料を発掘する余裕がなかった。手持ちのもので勝負するしかないと腹をくくり書棚をあさっていると、自称高等遊民を卒業して研究の道に進みたいと思い始めた三〇歳になるかならない頃収集した、満州国少女使節、日本学童使節の子ども関連の資料が目にとまった。その概要などは折に触れて紹介していた。いつかまとめようとも思っていた。しかし目先のことに追われて、それ以上踏み込むことはなかった。追い詰められて、いわば苦し紛れに書き始めた論文だが、改めて調べ直してみると、少女使節と同時期にまったく見覚えない女性使節がマスコミの話題になっているなど、次々と新しい発見があった。さらに軍人となり忠霊塔に納まることを小学生の頃から望んだ日本学童使節東北代表の松岡達が、ラバウルの海に消えたという生涯を知るにつれて、前著でやり残した課題を自分なりに解決するためにも、取り組むべきテーマであることに改めて気がついた。はからずも子ども史を研究テーマにしてしまった二一世紀の大人からの、軍国少女・少年たちへの鎮魂の想いがどこかに潜んでいる。幸い一年間の国内研修の期間と重なり集中して取り組むことができた。したがって、主にここ二～三年のうちに発表したものばかりだが、（その完成度は別として）長年の研究成果だと、内心では思っている。日本人形の調査にばかりかまけて、なかなか動きだそうとしない筆者の背中を結果的に押してくれた平井さんに感謝したい。

参考までに、本書の初出論文と掲載誌をあげておきたい。

第1章「満州事変と子供――『大阪朝日新聞』の報道を中心にして」（『大妻女子大学紀要家政学部』第五一集、二

〇一五年）
第2章「日米人形交流から満州国少女使節へ——国際交流における子供の活用——」（『歴史評論』七五六号、二〇一三年）
第3章「満州国建国と子供・少女と乙女の役割——満州国少女使節と協和会女性使節を中心にして——」（『渋沢研究』第二七号、二〇一五年）
第4章「満州国承認と日本学童使節——小学生による日満親善の試み」（『国立歴史民俗博物館研究報告』第二〇一集、二〇一六年）
第5章「日本学童使節のイベント化とその政治的利用——満州国と少女・少年」（『国立歴史民俗博物館研究報告』第二〇六集、二〇一七年）
第6章　書き下ろし
第7章「『少年倶楽部』と日本学童使節——軍国少年少女誕生の背景——」（『渋沢研究』第二九号、二〇一七年）

なお第2章の「満州国建国と子供・少女と乙女の役割」は、"Children and the Founding of Manchukuo : The Young Girl Ambassadors as Promoters of Friendship"として *Child's Play : Multi-sensory Histories of Children and Childhoods in Japan and Beyond*. University of California Press.2017. に英文翻訳され採録されている。

採録にあたりカリフォルニア大学サンタバーバラ校のSabine Frühstück教授に感謝したい。二〇一五年二月同校が主催するシンポジウム『Child's Play : Multi-sensory Histories of Children and Childhoods in Japan and Beyond』にご招待いただき、米・英・独・豪・墺など一〇数名の研究者の報告と討論を聞くことができた。「日本人がどのように幼少期を過ごしているのか」、国や地域の枠を越えて歴史的に研究している研究者が交流し意見交換をする貴重な機会であった。私に求められたのは拙著（『教育玩具の近代』）の内容だったが、他の発表の多くが十五年戦争の時代の子どもに関連するテーマだったことが、私には意外であった。十五年戦争時の子どもへのまなざしや生活は、日本の近代を探る特徴的な何かが凝縮しているのだろう。海外の研究者の目から見ると、当時の子どもの姿は関心の高いテーマであることを改めて実感した。

関連論集をだすにあたりFrühstück先生から発表報告ではなく、「満州国建国と子供・少女と乙女の役割」の掲載を勧められたことは望外の喜びであった。Emily B.Simpsonさんにより英文となった拙稿は、別の言語と触れ合うことで私が思い至らない数々の発見があった。Emilyさんはシンポジウムの席でも、英語がよくわからない筆者に、随時隣で概要を説明してくださるなど本当にお世話になった。またFrühstück先生とともに同書の編集を担当されたカリフォルニア大学アーバイン校Anne Walthall教授にも感謝したい。

第3章、第4章は、二〇一五年度本務校から国立歴史民俗博物館への一年間の国内研修が認められた期間の成果である。古本のサイトをなにげなくみていると、研究者必携『日本学童使節満州国訪問記』という高価な本が目に留まった。手書きの謄写版だという。地方の本屋さんで手に取ってみることもできない。これまでみたこともない資料なので、清水の舞台から飛び降りる覚悟で手に入れたことが、本書の実質的なはじまりであった。『国立歴史民俗博物館研究報告』に投稿するにあたり、受け入れ教員であった山田慎也さんは、私の厚かましい無理難題を快く処理してくださった。的確な査読とまとまった量の論考が掲載可能な学術誌はとてもありがたかった。本当に研究環境に恵まれた一年であった、とつくづく思う。山田さんに心からありがとう、と伝えたい。

第5章は、たまたま娘が仙台にある大学の大学院に進学することになり、少しは親らしいことをしたいと思い、のこのこと入学式についていったことに始まる。時間をみてなにげなく仙台市歴史民俗資料館を訪ねたところ、そこが東北代表の日本学童使節をおくり出した地元の榴岡小学校の近くであり、しかも旧第四連隊本部の建物が資料館であることを改めて知った。佐藤雅也学芸室長、畑井洋樹学芸員にご教示いただく内に、仙台の熱烈な学童使節への歓送迎を支える背景が見えてきたような心地になった。当初の目的をすっかり見失いない（?）、入学式がおわるや否や図書館をめぐっていた。何の紹介も連絡もなく、いきなり飛び込んできた来訪者にも親切に対応してくださり、その後も数々の貴重な資料を紹介していただいた佐藤さん、畑井さんに心より御礼を申し上げたい。

国立民族学博物館共同研究会「モノにみる近代日本の子どもの文化と社会の総合的研究」（研究代表：是澤博昭・二〇一四年九月～二〇一八年三月）の国立民族学博物館笹原亮二さんをはじめとする一三名の共同研究員の皆さんからも大きな刺激を受けた。これは笹原さんのお誘いがきっかけで実現した共同研究会である。児童文化史をはじめ、幼児教育史、美術史・歴史学・民俗学・文化地理学などの様々な専門分野の人々が参加して、同館の所蔵資料などを活用し、近代日本の子どもの文化と社会の形成過程を解明する三年半の研究会は、研究仲間が限られている筆者にとって本当に有益であった。

また文化人類学が専門の宮崎広和コーネル大学教授には、贈与交換の立場から日米人形交流を再検討するという新しい視点をいただいた。宮崎さんの来日にあわせて私の研究室で幾度か意見交換をするうちに、井上潤渋沢史料館館長と三人で、渋沢研究会の協力をえて日米人形交流九〇周年を記念した東京・長崎・ロチェスター日米リレー討論会を開催することになった。その過程で、なぜ日米人形交流の続編として本書を著すのか、あらためてその意義を確認することができた。三人の研究会はとても楽しかった。

さらに渋沢研究会の島田昌和代表（文京学院大学）、片桐庸夫顧問（群馬県立女子大学名誉教授）をはじめとする研究会の皆さんには、二度の例会報告での助言などをいただいた。外交史・社会経済史をはじめ、多様な人材が集まる研究会はとても勉強になった。その他お名前を記すことができないが、お世話なったすべての方々に心より御礼を申しあげたい。思いちがいや事実誤認もあるとおもわれる。ご指摘ご教示いただければ幸いである。なお図版の掲載に際して仙台市歴史民俗資料館、さいたま市岩槻人形博物館開設準備室、国立民族学博物館からご配慮をいただくとともに、出版に際しては公益財団法人渋沢栄一記念財団から助成金の交付を受けている。記して感謝したい。

また世織書房の伊藤晶宣さんとは、『教育玩具の近代』からのお付き合いである。この三冊はいわば一体であり、それをもっともよく知っている伊藤さんに編集をお願いするしかないと決めていた。それを快く引き受けてくれた伊藤さんに感謝する。著書は編集者との二人三脚だというが、出版事情が厳しいなか発行部数が限られる学術出版に関わるプロの編集者は貴重である。伊藤さんの的確なアドバイスと誘導に、特に今回は泳がされたように思う。

最後にいつも最初の読者であり、また一番の理解者である妻優子に感謝したい。ついでに（交換条件付きだが）資料の収集と校正の手伝い、たまに厳しい助言をくれた娘櫻子にも少しだけ御礼を言っておく。

二〇一七年一二月二五日

是澤博昭

著者紹介
是澤博昭（これさわ・ひろあき）
現在、大妻女子大学博物館准教授。博士（学術）。専攻は、児童文化史、人形玩具文化論。
著書に『子ども像の探究――子どもと大人の境界』『教育玩具の近代――教育対象としての子どもの誕生』『青い目の人形と近代日本――渋沢栄一とL・ギューリックの夢の行方』（以上、世織書房）、『日本人形の美――伝統から近代まで、浅原コレクションの世界』『決定版日本の雛人形――江戸・明治の雛と道具六〇選』『子供を祝う端午の節句と雛祭』（以上、淡交社）ほか。展覧会図録に『江戸の人形文化と名工原舟月』展（とちぎ蔵の街美術館）、『日本人形の美と幻想』展（茨城県立歴史館）、『旧竹田宮家所蔵品受贈記念ひなかざり』展（根津美術館）などがある。

軍国少年・少女の誕生とメディア
――子ども達の日満親善交流

2018年3月31日　第1刷発行 ©

著　者	是澤博昭
装幀者	M. 冠着
発行者	伊藤晶宣
発行所	(株) 世織書房
印刷所	(株) ダイトー
製本所	協栄製本 (株)

〒220-0042　神奈川県横浜市西区戸部町7丁目240番地　文教堂ビル
電話 045-317-3176　振替 00250-2-18694

落丁本・乱丁本はお取替えいたします　Printed in Japan
ISBN978-4-902163-99-5